图书在版编目（CIP）数据

经济思想简史 /（意）阿列桑德洛 · 荣卡格利亚著；
刘晓丹等译. —上海：东方出版中心, 2020.1
ISBN 978-7-5473-1571-2

Ⅰ. ①经… Ⅱ. ①阿… ②刘… Ⅲ. ①经济思想史－
世界 Ⅳ. ①F091

中国版本图书馆CIP数据核字（2019）第253918号

上海市版权局著作权合同登记：图字09-2019-1022号

经济思想简史

著　　者　[意] 阿列桑德洛 · 荣卡格利亚
译　　者　刘晓丹　姚艳波　陈筱姁　卢慧霞
策　　划　郑纳新
责任编辑　王欢欢
封面设计　陈绿竞

出版发行　东方出版中心
地　　址　上海市仙霞路345号
邮政编码　200336
电　　话　021-62417400
印 刷 者　山东鸿君杰文化发展有限公司

开　　本　710mm×1000mm　1/16
印　　张　25.75
字　　数　237千字
版　　次　2020年1月第1版
印　　次　2020年1月第1次印刷
定　　价　59.00元

经济思想简史

Breve storia
del pensiero economico

ALESSANDRO RONCAGLIA
[意大利] 阿列桑德洛 · 荣卡格利亚 著
刘晓丹 姚艳波 陈筱姁 卢慧霞 译

中国出版集团 东方出版中心

经济思想简史

经济思想的演变可以追溯至古典时期。阿列桑德洛·荣卡格利亚教授在其屡获殊荣的著作《西方经济思想史》中，通过不同的视角以及关于经济和社会的各种争论来考察经济思想的发展。本书系《西方经济思想史》一书的缩略版和修订版。本书的章节涵盖了著名经济理论家(包括威廉·配第、卡尔·马克思和约翰·梅纳德·凯恩斯)以及每个时期的其他重要人物和关键论争。荣卡格利亚教授比较了边际主义-新古典(稀缺-效用)方法和古典凯恩斯方法的理论基础，并对此作出了批判性的评价。作为经济思想史的综合指南，本书对于研究经济思想的本科生和研究生，以及对于其他希望研究经济学发展历程的读者，都颇具价值。

阿列桑德洛·荣卡格利亚教授是罗马大学的经济学教授。他是《PSL 经济评论季刊》(*PSL Quartely Review*)和《货币和信贷》(*Moneta e Credito*)的编辑、意大利国家林琴科学院的成员，曾任意大利经济学家协会主席。他的许多著作被翻译成各种语言，其中《西方经济思想史》于 2005 年由剑桥大学出版社出版。

序

我的《西方经济思想史》(荣卡格利亚,2005 年)出版已十载有余,当时写这本书是希望通过彼埃罗·斯拉法在其著作中所提出的方法(如将古典主义与边际主义方法进行比较),来重构经济思想史。在此,我也对斯拉法的方法做了一些调整,例如对比大卫·李嘉图和亚当·斯密的观点,并在此基础上重新评价斯密,更多地关注价值理论和资本主义经济改良主义观点以外的社会主题。我还试图找出并阐述古典主义和边际主义方法固有的异同之处,并对马歇尔、凯恩斯、熊彼特甚至斯拉法本人——这些与众不同的学者所持的观点作出评价。

此书颇受好评,被译成多种文字,在许多国家作为教科书使用。但我开始意识到书中内容的比例设置,既不利于非经济学专业的读者理解这一学科的主要观点,也不利于此书发挥教科书或是介绍性书籍的作用,而经济学又与我们所有人的生活息息相关。因此我决定出版一个简短得多的版本。为此,我删除了一些次要内容和所有对二级文献的引用(感兴趣的读者可在编辑主页中找到它们)。这本新书让我有机会对《西方经济思想史》进行重新修订,我在多处作了细微改动,又对最后一章作了大幅修改,这些修改折射出我对经济学近期趋势的一种重新解读,具体内容将在我的下一本书中呈现。

我希望对于经济思想史的介绍也可以帮助读者理解当前的经济

学辩论。在这些辩论的背后,不仅存在对政策的不同看法,还有各种隐匿其中但又至关重要的经济学方法。许多人认为现在的主流方法是唯一真正科学的方法,甚至是唯一的方法,其实它只是随时间的推移而形成的方法之一,并不一定是最佳方法。

感谢吉尤塞佩·普里比特拉和菲利普·古德,他们鼓励我撰写此书;感谢纳里奥·那尔迪和尼古拉斯·西奥卡拉基斯,他们阅读并评论了此书的初稿;感谢卡罗·迪普利蒂和阿尔多·蒙特萨诺对最后一章的评析;感谢《西方经济思想史》的读者,他们向我提出了对于该书的宝贵意见;感谢格拉汉姆·塞尔斯,他对我意大利语式的英语文法进行修正。最后,衷心感谢保罗·索罗斯·拉比尼和皮埃罗·斯拉法的谆谆教诲。

目录

第 3 章　威廉·配第与政治经济学的起源

第 4 章　从国家到经济表

第 5 章　亚当·斯密

第 8 章　李嘉图主义者，以及李嘉图主义的衰落

第 9 章　卡尔·马克思

第 1 章

引言：经济思想史及其作用

A Brief History of Economic Thought

历史学家的目标是了解他人。要找到比这更艰巨的任务并不容易，要找到比这更有趣的任务也很难。

（库拉，1958 年，第 234 页）

第 1 节　为何有人认为经济思想史无用：累积性观点

经济思想史（HET）对于有兴趣了解经济如何运作的人来说至关重要。因此我认为，作为经济理论的提出者和使用者，经济学家更应该研究和运用经济思想史。此观点与当前的共识相反。大多数当代经济学家相信，经济思想史对于研究的进步并非必需，研究的进步需要的是对于理论前沿的研究。

经济学家的上述态度源于经济思想发展的累积性观点。该观点认为，经济分析不断地进步，对经济现实的理解水平越来越高。当代经济理论包含了之前此领域的所有成就。[1]

累积性观点与实证主义有关，具体地说，与逻辑实证主义的简化版本，即所谓的“标准的观点”相关，自 20 世纪 20 年代起，该观点有相当多的追随者：科学家的工作是用逻辑分析的方法分析来自观察经

[1] 潘塔莱奥尼在其 1898 年的著作中提出了这一立场的一个著名且极端的例子。在他看来，思想史必须是经济真理的历史（同上，第 217 页），“其唯一目的……是讲述真正教义的起源”（同上，第 234 页）；判断经济理论真实或错误的明确的标准是，“对于既清楚又符合现实的假设进行了麻烦的探索……随后又使用这些假设进行推论，其实推论结果早就有了。这些定理也在经验现实中得到了检验”（同上，第 217 页）。

验的原材料。要评估这种分析结果,就需要建立接受或拒绝的客观标准。关于抽象理论推理的分析性表述要么是重言式的(比如在假设中进行逻辑上的暗示),要么是自相矛盾(比如表述中包含逻辑上的前后矛盾)。在前一种情况下,分析性表述被接受;在后一种情况下,分析性表述被拒绝。同样,关于经验世界的综合性表述也要么被证据证实,要么被证据否定,最终出于客观原因被接受或拒绝。其他所有不能用类似的标准判断是接受还是拒绝的表述,被称为“形而上学的”,不属于科学领域。

这种观点引起了严厉的批评(具体将在下一节中讨论),但它仍然是关于经济科学的累积性观点的基础,一代代的经济学家们为经济科学提供新的分析性或综合性表述。作为一门科学,经济学被明确地定义为关于经济问题的一系列“真实”表述的集合。就这样,新知识被添加到已有的知识中,每当发现以前接受的表述中存在某些缺陷,人们就会用新的表述来替代它。因此,经济学的研究必须在理论前沿进行,运用最新的理论而不是先前的理论。但是,先前的理论还是值得适当地关注:正如熊彼特(1954 年,第 4 页)所言,研究以往的经济学家在教学上是有帮助的,因为可能会从中涌现新的想法。同时,因为经济学是介于自然科学和社会科学之间的复杂和引人深思的科学,对以往的经济学家的研究还能提供关于科学研究方法的有用材料。

在累积性观点的支持者中,维纳(1991 年,385 页和 390 页)对经济思想史作了巧妙的辩护,指出了“学术”的重要性。“学术”是“对于呈现于书面记录的关于人类思维活动历程的广泛而精确的知识的追求”。学术是“致力于对知识和理解的追求”,虽然被认为不如理论活动,但却有助于研究者的教育。“一旦对它的兴趣被唤醒,即便是小的探索也带给人广博的感觉，小的发现也带给人充实的感觉……这种感觉永远不会以任何其他方式获得。”要明智地运用分析工具，就必须接受关于科学研究的教育。[1] 因此，尽管人们认为经济思想史对于学习现代经济理论作用不大，但是对于研究者的教育十分重要。

第 2 节　竞争性观点

在过去的几十年里，一些经济学家认为在逻辑实证主义的客观标准下（逻辑一致性、假设与经验现实的对应），无法从互相竞争的理论方法中作出选择，他们引用库恩（1962 年）的“科学革命”或拉卡托斯（1978 年）的“科学研究纲领”来支持自己的观点。

首先，一些批评涉及对分析性和综合性表述的明确区分。分析性表述，如果被看作纯粹的逻辑命题，就不涉及任何真实世界的情况；因此，从解释真实世界现象的角度来看，它们是空洞的。反过来，综合性表述在定义所收集的经验数据的类别和处理数据的方法中，必须体现大量理论要素；因此，选择接受或拒绝任何综合性表述都不可能是明确的，而是受到一系列理论假设的限制，这些假设不能单独接受评估。因此，划分分析性和综合性表述没有明确的客观标准。

波普尔（1934 年）提出了对于接受或拒绝综合性表述的标准（即表述与真实世界是否一致）的另一个重要批判。波普尔说，无论综合性表述在真实世界得到多少次证实，我们都不能排除相反事例最终会

[1] 熊彼特（1954 年，第 4 页；原文中斜体）也发表过类似的言论，称经济思想史“可防止迷失感和无意义感在学生中传播”。

出现的可能性。例如,“所有天鹅都是白色”的说法可能会被在澳大利亚发现的一种黑天鹅所证伪。科学家不能证实一个理论,即证明它是颠扑不破的真理。科学家只能临时接受一个理论,同时认识到它可能被证伪,即被一个新发现的与之矛盾的经验事件证明是错误的。在随后的一本书(1969 年)中,波普尔坚持认为,科学研究的最佳方法恰恰在于一系列可能永无止境的“提出猜想和证伪”。换句话说,科学家提出假设后,不是寻找经验证实(经验证实总是会被推翻的),而是寻求反驳。证伪的过程激发和指导科学家们寻求更好的假设,这有助于科学的进步。

在库恩、拉卡托斯和费耶阿本德等历史学家和科学哲学家的影响下,在 20 世纪的最后几十年,实证主义方法论在经济理论领域被摒弃。

根据库恩的说法,科学的发展不是线性的,而是可以细分为各个阶段,每个阶段都有自己的特征。在“常态科学”的每个时期,一个特定的观点(范式)被普遍接受为科学研究的基础。在此基础上建立了一个更加复杂的理论体系,能够解释日益增多的现象。然而,常态科学的这种增长过程伴随着反常现象的积累,这些现象要么是无法解释的,要么是需要许多的特殊假设。反常现象积累到最后就产生了“科学革命”,即提出了新的范式,这标志着常态科学新发展阶段的开始。在这一阶段,研究的进行不会对基本范式质疑。

库恩并不认为不同范式的更替遵循逻辑的顺序,也不认为在此过程中积累了越来越多的知识。他认为对不同的范式是不能比较的,每一个范式都构成了解释现实的关键,每个范式都基于一组特定的简化假设,其中有些假设是隐含的。任何范式都不能涵盖整个宇宙的所有细节。严格而言，说地球绕着太阳转或太阳绕着地球转都是不正确的，因为宇宙中没有固定的点。这两个假设中的每一个都需要选择一个固定点作为研究宇宙的参照点，或者聚焦在宇宙的某一部分，这部分相对于其他任何的固定点都是持续运动的。因此，由于地球和太阳都在太空中移动，哥白尼和托勒密的学说只能是两种用简单术语来解释现象的理论方法。我们也许还记得，早在公元前 3 世纪（早于托勒密近 5 个世纪），萨摩斯人阿里斯塔克斯已经提出了日心说的观点：可见，范式不一定以线性顺序相互更迭，一种范式可能在失去关注很久后又占据主导地位。

库恩提出“科学革命”，更多的是在描述不同科学的发展道路，而不是要提出科学家行为的规范模式。与库恩不同，拉卡托斯采取的是规范性态度（1978 年），他在《科学研究纲领方法论》中提出一套针对批判和建构理论（消极和积极的启发法）的工作规则，关于一组特定问题的最基本的理论构成了“硬核”，用于构建理论体系的基础。围绕在硬核周围的许多辅助性假设构成了“保护带”，对保护带的调整、修改可消除研究纲领与经验事实的不一致。只有当明确地认为科学研究纲领已经在“退化”的时候才会放弃它，因为此后继续坚持此纲领似乎只是浪费时间和精力。因此，拉卡托斯认为接受或拒绝科学研究纲领是一个复杂的过程，并非是有明确客观标准的判断行为。

按照上述理解，拉卡托斯的观点与费耶阿本德在《无政府主义知识论纲要》（1975 年）中提出的方法并无太大差异，只是相较而言，前者不如后者激进。费耶阿本德强调要对不同的研究方法持开放的态度，与此同时，他也提防绝对化地运用自己的座右铭：“怎么都行。”他批判存在绝对真理标准（更确切地说，接受和拒绝理论的绝对标准）的观点，认为不同的，甚至相互冲突的观点之间的理性辩论是可行的。显然，在为不同观点辩护时，不应该使用基于个人的世界观的判断标准，而应去理解和采用竞争对手的观点，并试图从内部批判它。因此，科学辩论的程序类似于常见的法律诉讼程序，即控方律师和被告律师各自提出支持其立场的论据。

费耶阿本德的观点被麦克洛斯基（1985 年）稍做改动后引入了经济辩论。麦克洛斯基谈到了一种科学辩论的修辞方法，这种方法拒绝用简洁的、单维度的标准来评价理论，相反，它强调理论的相对说服力所起的作用。[1] 这并不意味着否认理论辩论的价值，其主要思想在于：我们需要包容不同的世界观，以及由此产生的不同的理论方法。按照这种理解，上述的经济学的修辞方法可以追溯到亚当·斯密的《天文学史》（斯密，1795 年）。

以库恩、拉卡托斯和费耶阿本德为代表的经济学家们认识到其他方法的存在，这或是源于不同范式的更迭，或是源于共存的不同科学研究纲领。经济思想史的作用正是在此处得以发挥。那些对经济思想的发展持竞争性观点，并参与不同方法的辩论的人，会去追溯这种辩论的历史，以找出各种方法的优缺点来解释某种方法的兴盛或衰落。

特别是，那些与主流方法相竞争的方法的支持者可能会发现，经济思想史非常有用。第一，对以往经济学家著作的分析，往往有助于他们阐明所提方法的基本特征，以及他们的方法与主流方法之间的区

[1] 在自然科学领域内，实验在控制条件下进行（即，保持其他条件不变），这种精确的实验可作为比较理论优劣的决定性证据。然而，在社会科学领域，这样的实验实际上是不可能的。因此，在社会科学领域，对不同理论的比较更为复杂。

别。第二，经济思想史揭示了不同理论的世界观、概念和基本假设，有助于评估基于不同方法的各种理论。通常，这有助于人们重拾最早的分析过程中（后来却被遗忘）的审慎态度和素质。第三，回顾辉煌的文化根源有时具有战术上的目的，它可以战胜惰性（惰性构成了主流理论的一大优势）。

竞争性观点既不意味着竞争方法之间的等价，也不意味着科学进步的缺失。竞争性观点特别反对科学进步是单维度的过程这一观点。每一种方法都可以获得内部的进步（就更大的内部一致性和更高的解释力而言，这确实是普遍规律），其研究范式或纲领也会随时间推移而不断发展。然而，在后一种情况下，进步的概念更加不确切，更加需要谨慎。其他研究领域的发展（新的数学工具、更好更丰富的统计材料、新计算机的更高计算能力）提供了更多更复杂的分析工具，这是不容否认的进步因素。但前后相继的研究范式或纲领，其背后的世界观通常有着重要的差异。对现实的某些方面重视较多，而对另一些方面重视较少，这因此导致建立理论的一系列假设（显性的或隐性的）存在差异，由此也产生了理论适用性方面的差异。分析变量或概念（如市场、竞争、自然价格、利润、租金）虽然名称相同，但在不同的理论中得到使用时具有不同的含义。因此作为理论研究工作的一部分，我们需要分析不同理论的概念基础，以及概念在不同理论框架中的意义变化。

第 3 节　经济理论化的各阶段：概念化和建模

熊彼特（1954 年，第 41—42 页）将经济研究细分为三个阶段，来分析概念基础的重要性。第一阶段是“前分析认知行为”，或称“构想”,包括找出要处理的问题,并提出一些可用的假设以便开始分析。其目的在于尝试得到暂时的结论,至少也要提出处理问题的方法。第二阶段的目标是用言语表达构想或将构想概念化。这样一来,构想就成了一个较有序的方案,其中的各元素就有了各自的位置和名称,更易于识别或处理——我们称之为概念化阶段。此阶段得到的抽象概念体系,把与所讨论问题有关的现实因素分离出来。最后,在第三阶段建立“科学模型”。

正如前一节中所讲,各种方法之间的辩论首先要选择体现经济现实的概念系统。经济思想史在这方面起着决定性的作用。要对一个概念的内涵作出详尽的定义是不可能的:分析一个概念的最好方法是通过考察它在不同作者的著作中所获得的不同含义,来研究它随时间的演变,有时在同一作者的不同著作中一个概念的含义也会有差别。这是包括哲学和政治在内的所有人文学科研究的共同经验。

此外,通过运用经济思想史来分析概念(以及概念系统),我们可以研究两个基本问题:第一,概念的内容能否适应待解释的现实中不断发生的变化;第二,概念化阶段和模型建构阶段之间如何相互影响。第一个问题,即经济史与经济理论之间的相互作用,是众所周知的问题。第二个问题很少被关注,却至关重要:在模型建构阶段出现的困难,以及对这些困难的分析与解决,往往意味着对理论概念基础的修正,这种修正可能涉及对现实的理想化。

因此,任何理论背后的概念体系都在不断地变化,这使得我们不能对经济理论进行单维度的评价。理论进步可能在某些方面构成了科学进步,在其他方面却并非如此。最重要的是,尽管在理论的发展中,其逻辑一致性越来越高,分析技术越来越先进,但其解释力并不一定更强：理论的进步可能要求进一步限制所考虑变量的含义，由此把某些现实的重要方面排除在理论的适用领域之外。当面对这一问题时，经济思想史把注意力集中在理论所使用的概念的意义转变上，因此可以帮助我们评价经济研究中所采取的不同路径。[1]

第 4 节　经济学和经济思想史

经济学是对社会的研究，有两个主要特征。第一，它是科学研究，遵循特定的方法（此处“特定”并非是“一成不变的”或“单一的”）。第二，它研究的基本对象是社会，是基于劳动分工的社会的生存与发展机制——每一个工人都从事特定的活动，合作生产某种特定的商品，并且必须向其他经济主体换取其劳动产品（全部或一部分）作为自己的生产、生活资料。这些机制存在于制度、惯例、规范、知识和偏好中，从而约束和规范人们的行为。经济学家们研究的就是个体和集体特定的一些约束和行为规则。

作为社会研究，政治经济学属于社会科学，具有历史维度。作为科学，政治经济学反映出经济学家们所处的工作环境中的主流方法标准。这里存在一个矛盾，即政治经济学作为社会科学的本质和作为科学的逻辑一致性之间的矛盾。经济思想史有助于解决上述矛盾，一方面，它凸显了经济学探究的历史维度；另一方面，在选择和评价要关注的理论和确定发展主线时，它同时参考两个标准，即逻辑严密性和实证相关性。

[1] 关于该主题的讨论情况，参见德波里提和荣卡格利亚（2016 年）。

因此,我们最初提出的问题就有了明确的答案。经济思想史的有用性不只在于教学方面(为经济学研究提供方向感或为认识论学者提供材料)。它更是不同方法间理论辩论的重要因素,有助于厘清各种方法在描述世界时的差异和所作的调整;它还是每种方法的理论工作的重要部分,有助于基本概念的发展,因为基本概念会随现实的变化而演变。

另外,经济思想史也是民主教育——正如本章开头引用的库拉的话所指出的——它教导人们交流思想。在交流思想的过程中,要理解他人的想法就必须作出努力,人们的洞察力由此得以促进,能够发现不同理论背后的复杂的世界观,正是这些世界观决定了理论的潜力和局限。这种思想的交流还会揭示出经济思想史与人类知识和行为的其他领域的关系。

“赫瑞修,天地之大,以人类的学识想不到的事情多得是。”——融合多种研究策略的经济思想史有助于让经济学家们充分地认识这一点。鉴于此,它值得每位经济学家去研究、探索。

第 2 章

政治经济学的史前史

A Brief History of Economic Thought

第1节　为何称之为史前史

政治经济学的诞生是一个非常复杂的过程，经历了很长一段时间：至少从古希腊时期到16、17世纪。[1]但是直到19世纪，大学中才开始设置经济学教授席位，自此，经济学家成为人们眼中独立的专业人士。[2]

我们现在所公认的属于经济学范畴的问题，其实在古典时期和中世纪已经出现。例如，狄奥得罗斯·西丘勒斯、色诺芬和柏拉图等考虑到了劳动分工的经济方面，认为劳动分工有利于提高产品质量。然而，很长一段时间里（至少到17世纪），经济问题的研究方法与现在的做法大不相同。的确，这期间规范生产和收入分配的经济机制已经发

[1] 在那个时期，人们开始使用政治经济学一词；法国人安托万·德·蒙克莱田（约1575—1621年）第一个使用该词，作为其著作《献给国王和王后的政治经济学》（1615年）的标题。

[2] 确切地说，政治经济学教授席位的设置始于1754年，当时那不勒斯首次为安东尼奥·杰诺韦西设置了该席位；1769年，米兰为切萨雷·贝卡里亚设置了同样的席位。其他地方（法国、英国）的进展更加缓慢。19世纪末到20世纪初，阿尔弗雷德·马歇尔仍然在为剑桥大学设立经济学学位课程和经济学专业化而努力。

生了彻底的变革。对此我们不加赘述,只需比较在以奴隶劳动为基础的古典时期、以农奴劳动为基础的封建时期和当今市场经济这三个时期中,纯粹的暴力、权威和传统在经济生活中的重要性,就可见一斑。此外,在这些历史时期中所使用的技术相对原始,人类生活主要受自然现象(诸如自然灾害、流行病)、战争和任意行使的政治权力的支配,再加上当时的人们对宗教近乎迷信,我们就不难理解为何民众更愿意循环往复地工作和生活,日复一日,年复一年,而不愿意创新和变革,也不难理解为什么古典时期的哲学家和中世纪的神学家认为他们的任务不是描述和解释经济的运行方式,而是在经济关系领域为人们提供合乎道德的行为建议。

实际上,政治经济学是在两个主要问题的结合中诞生的。其一是道德问题:人类在经济活动领域应该遵守哪些行为准则?其二是科学问题:在一个建立在劳动分工基础上的社会中,一个人或一群人生产一种或一组特定的商品,同时他(们)也需要他人的劳动产品作为生活或生产手段,以保持生产过程的持续性——这样的社会是如何运行的?

这两个问题是相互关联的,都关乎寻求人类行为道德评价的客观依据,以及寻求“善”即“遵从自然”这一观点(在亚里士多德传统中占主导地位)的依据。长期以来,不同作者在经济问题上的著作似乎并没有清楚地区分这两个问题,“自然法则”概念本身的模糊性就说明了这一点。这种模糊性在亚当·斯密和大卫·李嘉图等经典学派的主要人物的著作中仍然存在。

因此,政治经济学是作为关于道德和关于社会的科学而产生的。在最初阶段,当今许多经济学领域所包含的不同方面之间的区别,(在许多情况下)甚至比经济学与其他社会科学之间的区别还要大。

例如,经济制度研究与政治制度研究之间的区别并不大,相比之下,制度研究跟关于消费活动和家庭预算管理的良好的家长行为的研究的区别,却要大得多。例如,关于家长经济任务的讨论通常涉及对养育子女的反思。

后来,一系列自然科学的发现改变了人们的观点,进一步推进了两个研究领域的逐步分离。这些自然科学的发现包括(下一章中也有所涉及):伽利略(1564—1642)用实验证实了哥白尼的"日心说";哈维于 1616 年宣布发现血液循环;牛顿(1642—1727)提出万有引力定律和运动三定律;拉瓦锡(1743—1794)用实验证明了化学反应中的质量守恒定律,推动了描述性化学向基于数量关系的化学的转变。这些发现使人类逐步认识到科学问题的存在,认识到科学问题与我们对物理世界的理解有关,它们的解决独立于道德问题,所采用的分析方法也不同于传统上适用于解决道德问题的方法。更早些时候,马基雅维利(1469—1527)采取了同样的态度来区分政治科学和道德哲学,分析君主为追逐权力必须采取的行为,以及从道德角度来判断这些行为。

政治经济学的形成阶段非常重要,因为它为后来的阶段留下了一系列思想和概念。但是,在 17 世纪左右,解决经济问题的方式发生了变化,这一变化跟干预经济和社会生活的组织的根本变化有关。下面,我们以交换的作用为例。

早在古希腊的伯里克利时代和古罗马的凯撒时代,市场已经出现,人们在此用货币交换商品。然而,交换在当时只能解释整个社会生产中较有限的一部分,并且交换的发生也极不规律,其原因在于气候影响、运输困难,以及关于产权的普遍不安全感等。这种不安全感不只是因为民间犯罪,更主要是因为当局的任意干预往往起到了极大的且难以预测的再分配作用。

就前一方面,即交换的有限存在性而言,我们不妨回想一下,在封建经济中,通过市场进行的交换主要涉及剩余产品,即不是为了生产活动的延续性而作为生产或生存手段的那部分产品。另一方面,已经出现了香料、花边和贵金属这些奢侈品的交换网络,该网络将不同的地理区域(有些甚至相隔甚远)联系起来。与此同时,一个基于文书交换的金融关系网络也逐步发展起来,连接主要的商业中心。此阶段,自给自足的生产(即为满足生产者自身消费的生产)是小型农业社区的特征。在这些社区中,某种程度的生产专业化和货币支付跟实物交换共存。

只有当私人所有权扩展到土地并且手工制造业进一步发展时,自给自足的生产才会被以市场为导向的生产所取代,不同的社会关系体系和不同的技术结构也因此而诞生。在这个新体系中,无论是在农业中还是制造业中,劳动者都不是生产工具或他们生产产品的所有者,因为他们所生产的产品通常不同于他们消费的产品。而且,专业的生产工具越来越成为手工制造业(以及后来的工业工厂)的特征,而这些工具的生产者通常并不使用它们。

关于第二个方面,即交换的不规律性,回顾一个交换条件一致性缺乏的典型例子即可:商品度量标准(重量[标准]、长度[标准]、体积[标准])复杂多样且不断变化,这一状况直到 18 世纪一系列重大事件发生后才得以改变。[1]

[1] 在人类历史的很长一段时期内,度量标准通常是暂时的、相当灵活的,由当地习俗规定,并且是激烈的社会冲突的对象。新出现的民族国家的中央当局必须经过巨大的努力方能成功地强制施行法定度量标准。在 18 世纪末期,这种标准才初见成效。库拉在 1970 年对此有所描述。

正是因为经济活动中缺乏规律性和一致性，这一时期的作者们才得出了一般性的评论：供给条件和需求条件是市场价格的决定因素。他们指出需求和供给的可变性很大，但却未明确造成影响的因素。鉴于此，这种一般性评论算不上是成熟的价格理论，更不能预示边际主义理论的诞生。边际主义理论认为，均衡价格对应于某商品供需相等的那一点。

事实上，直到 17 世纪末，除了解决与会计起源有关的技术问题（如通常认为是意大利人卢卡・帕乔利［约 1445—1517］发明了复式记账法），人们对经济问题的思考基本上构成了对社会的政府规则研究的一部分（典型例子包括柏拉图的《理想国》和亚里士多德的《政治学》）。古典哲学或中世纪哲学家的著作中包含了关于政治经济的观点和观察，但却未能对经济问题进行系统分析。

从 16 世纪开始，关于经济的讨论迅速出现，原因之一是活字印刷术的发明使书籍成本快速显著地降低。

第 2 节　古典时代

我们可以找到很久以前的经济问题的讨论痕迹。在巴黎卢浮宫博物馆，我们能看到刻在巨石上的巴比伦《汉谟拉比法典》（约公元前 1750 年），据此来了解当时经济关系的规范性方法；还有最早的书面形式的《旧约》（可追溯到公元前 12 世纪至公元前 9 世纪）也包含了对经济生活不同方面的大量思考；在印度，考底利耶所著的《政事论》（公元前 4 世纪）讨论的全是国家在经济方面的运作，并且参考了大量更早的文献；在中国，《管子》一书汇集了公元前 5 世纪到公元 1 世纪各学派的思想言论,其中也不乏对经济问题的讨论。[1]

在《圣经》涉及的许多主题中,我们认为最重要的是劳动在人类生活中所起的作用。这是一个复杂的问题,我们在后面的章节中会不止一次地讨论到。在《创世记》中,劳动既被看作是对原罪的救赎,又被看作是人的本质的内在因素,(作为上帝劳动产物的)人通过劳动实现自我,这一看法具有决定性的积极内涵。上帝自己也“劳动”六日,第七日才休息。关于劳动是赎(原)罪的说法,让工作有了消极的意味。然而,劳动不仅是生存之必需,也是良好行为的一个重要方面,符合神的法则。[2]

“通过劳动来赎原罪”和“通过劳动来实现自我”的并存构成了《圣经》传统对现代文化的最重要贡献。我们注意到,在这方面,《圣经》传统比希腊文化更强大,后者更多的体现奴隶社会中统治阶级的看法,认为劳动(跟组织和监督生产活动的活动不同)是令人厌烦的,甚至是让人鄙视的。

一般而言,在希腊文化中,经济问题是在关于家庭管理(广义上是家庭群体,包括奴隶)或关于政治制度的讨论框架内处理的。在第一

[1] 参见考底利耶(1967年)和里基特(1985—1998)对《管子》的评论。

[2] “六日要劳碌,作你所有的工”(《圣经·出埃及记》20:9;也可参见《申命记》5:13)。特别是保罗的书信背后隐藏着强烈的职业道德。工作是尊严的源泉,是人类生活的积极价值,是人类在世界上自我实现的道路。几个世纪以来,特别是在乌托邦思想家和16至17世纪的各种思潮中,上述思想反复出现。一些这样的潮流,特别是那些与新教改革有关的潮流,将从主人的奴役中解放劳动者视为目标(但不是从劳动的奴役中解放人,那才是真正的乌托邦!)。乌托邦著作的作者包括托马斯·莫尔(1478—1535,《乌托邦》于1516年用拉丁文发表),托马索·康帕内拉(1568—1639,《太阳城》写于1602年,但直到1623年才用拉丁文发表),弗朗西斯·培根(1561—1626,《新亚特兰蒂斯》写于1626年)。

个领域，即家庭经济学中，我们发现的著作是色诺芬（约前 430—前 355）的《经济论》，或传统上认为是亚里士多德（前 384—前 322）所著的《经济学》（可能写于公元前 3 世纪到公元 1 世纪之间）。“经济”这个术语来自 oikos（家庭），以及 nomos（规范或法律），因此明确了家庭管理这一领域。在第二个领域，即在经济学-政治学的讨论中，有柏拉图（约前 427—前 347）的《理想国》或亚里士多德的《政治学》等著作。然而，上述两个领域的区别并不明确：家庭管理者的观点和城邦政府的观点之间并无不同。对生产资料的有效管理（尤其包括对奴隶的监督）被认为是获得优质产品的决定性因素，而技术改进的可能性总体上被忽视了。

在亚里士多德的《经济学》中，有条建议常被引用：“的确，一个人不会像照顾自己的财产那样照顾他人的财产；所以，只要有可能，每个人都应该亲自处理自己的事务。我们也赞成另外两个说法，一个是波斯人说的……被问及什么因素影响了马的表现，他回答‘它的主人的眼睛’。”[1] 在这方面不同的作者仁者见仁，特别是柏拉图和亚里士多德。柏拉图赞成生产资料集体所有权以及消费活动的集体主义组织。但亚里士多德对人性的观点比较实际，在他看来，“财产的共同所有者越多，该财产受到的关注就越少；人们最关心的是其私有财产，对共有物关注较少，或仅在共有物被他们个人据有时才会关心更多”。[2]

关于社会阶层化的起源，人们的观点普遍趋同，因为人的先天能

[1] （伪托）亚里士多德，1935 年，第 341 页：《经济学》，I，6.3。

[2] 亚里士多德，1977 年，第 77 页：《政治学》，II，3，1261 年 b。

力不同,个人承担的任务也就各异。柏拉图《理想国》中对农民、士兵和哲学家的区分就是如此。亚里士多德遵循柏拉图的思想,将人的本性差异视为社会阶层化的基础。这解释了男人、女人和奴隶的角色差异。然而,亚里士多德和柏拉图讨论的是社会内部角色的区别,而非工作任务的区别。在亚里士多德看来,工作任务的区别涉及的是奴隶,而非奴隶主。[1]

第 3 节　教父思想

从公元 1 世纪到 11 世纪,教父思想是最有影响力的基督教思想的代表。最初,基督教是一个少数教派,受压制被迫害,主要在社会底层传播。处于生存边缘的人们遵循基督的教导“该撒的物当归给该撒”,[2]接受现有的社会结构和经济制度。这显然并不意味着教父们从未考虑过实际问题。在研究这些问题时,我们应该牢记:适用于少数信徒的理想和适用于整个信徒群体的道德认知之间是不同的。

在私有财产问题上,教会教父广泛持有的观点是将其视为一种民事而非神圣法则的创造物。某种形式的共同财产则构成道德理想。约翰·克里索斯托(约 345—407)坚持认为世上的物品是上帝分配给所有人的共同财产;安布罗斯(约 340—397)持有同样的观点,他在篡

[1] 此文在很长一段时间里占重要地位,其观点与亚当·斯密的观点截然不同,充满了独裁意味。例如,托马斯·阿奎那(以及他之后的学术传统)谈到上天给男性公平分配天资,这种分配基于个人等级、优点、能力、手艺和条件的差别,最终体现为个人收入和财富的不同。

[2]《圣经:马太福音 22》,第 21 页。

位行为中看到了私有财产的起源。哲罗姆(约 347—419)认为富人要么是不正义者,要么是其后代。奥古斯丁(354—430)认为私有财产是战争和社会不公正的根源。虽然完全剥夺一个人的财产被认为是一个完美的建议,但却不是适用于所有人的准则。几个世纪后意大利阿西西地区的圣弗朗西斯(1181 或 1182—1226)就这么做了,他摒弃了所有物质财富,创建了弗朗西斯修道院。关于私有财产的一般规则(或实际上社会生活的所有其他方面的一般规则)都是尊重现行法律的。事实上,在所谓“人类堕落”后,关于私有财产的法律均考虑到了人性的局限,其作用是限制人类的贪婪,将冲突和社会动荡减少到最低限度。

奴隶制被认为是一个事实,是现有社会制度的一部分,因此没有受到谴责。讨论它的神父们(例如奥古斯丁和拉克坦提乌斯)将其讨论局限于一定的范围,认为在上帝面前所有人都是平等的,无论他们的社会地位如何,奴隶可能比富人更值得上天堂。这已经比柏拉图和亚里士多德更进了一步:奴隶制不再被视为自然的制度;涉及财产权时,对它适用的是人类法律而非神圣法则。

教父们对劳动的态度总体上是积极的,认可劳动是社会责任,也有助于使人远离罪恶。追求奢侈或财富的行为受到谴责,因为它使人们背离了对永恒救赎的追求。教父们不信任商业,认为商业可能导致道德风险。他们并未直接谴责商业,但坚持在基督徒的生活中商业应该以诚实的方式进行。

通过托马斯·阿奎那(1225—1274)的斡旋,上述教父的观点在接下来的几个世纪成了教会的正式教义。托马斯认为,私有财产不违反自然法,并且有利于产生有益社会的行为(之前亚里士多德已提出过此观点），而共同财产是一种完美的理想，只适合少数人（如在僧侣中）。[1] 同样，托马斯认为在很多情况下，人们追求商业利润是合法的。跟随着托马斯·阿奎那的脚步，我们来到了经院哲学的兴盛时代。

第4节　经院哲学

在12世纪和13世纪，一种新的基于“经院的智力生活”的文化模式逐渐出现，并因此得名为“经院哲学”。其特点是系统地参考了古代的一些哲学家（主要是12世纪的波爱修斯，以及13世纪的亚里士多德）。

在古希腊罗马时期和中世纪，经济学的主要目标是找寻道德行为规则。与此目标一致，所使用方法的基础是权威原则（某种程度上是我们现在不可接受的），即根据第一原则（相当于信仰条文）推导出行为规则。然而，中世纪的神学辩论提出了许多关于定义概念框架的建议，这一框架构成了对经济进行抽象分析的基础。

以上就是永恒的老生常谈的话题，其中包括将社会团体视为自治主体的观点。因此，教会被视为神秘团体、信徒的大学（即个体信徒或世俗的社会团体之上的更高级的实体）。这已经接近于“国家在逻辑上高于家庭和个人”的观点，即所谓的有机国家论，其起源可以追溯到柏拉图和亚里士多德。较之亚里士多德的原始概念，经院哲学作者们采用的是更

[1] 天主教的立场后来发生了变化。教皇利奥十三世在通谕《使徒的使命》（1878年）和《政治变革》（1891年）中，宣称财产权符合自然法。

温和的有机论，只强调社会生活是人类的自然状态：到了 20 世纪，相比方法论的个人主义和社会有机论的截然对立，两者间的中间立场得到普遍接受，特别是在借助自由主义反对极权主义政权方面。

在中世纪哲学内部，对一般术语的讨论与方法论的个人主义和社会有机论之间的争论并存，后来又被称为“唯名论”和“唯实论”之间的对立。

根据唯名论者的说法，一般术语并不特指个体实体（例如“马”或“人类”）而是用于指示一组或一类个体实体。如贡比涅的洛色林（1050—1120）所说，对一般术语的讨论仅仅是对人们语言中“声息”的讨论，但只有个体本身才具有现实性。另一方面，诸如香浦的威廉（1070—1121）这样的唯实论者将一般术语与一组事物共有的属性联系起来，因此在个体中存在相同形式的“真实本质”，个体之间得以区分的是其附带的特质。洛色林和威廉的学生皮埃尔·阿伯拉尔[1]强烈地批判了唯名论和唯实论。根据阿伯拉尔的说法，一般术语用于表示（和传达）现实的有效方面，因此它有一个共通的原因，不能被认为是一个没有客观基础的简单的声息。同时，它没有以精确、单一的方式来表示特定元素（无论是个人还是集体，如特定的足球队），而是提供了朦胧的概念，着重于某些元素而忽略其他元素（如，通用术语“足球队”无法表示球员的名字或球队的颜色）。因此，阿伯拉尔虽然对唯实论持批判态度，却维护了一般术语的有效性，我们可以说，这是一种“分析的”有效性。就现代方法论的个人主义和有机主义的二分法而

[1] 皮埃尔·阿伯拉尔（约 1079—1142），中世纪最伟大的逻辑学家之一，曾在巴黎任教多年，后成为一名僧侣。他的出名还跟他和他的学生爱洛伊丝的爱情纠葛以及二人被迫分开后的往来信件有关。

言,我们可以说阿伯拉尔会反对极端形式的方法论个人主义和有机主义,并会认为在集合范畴的基础上展开分析是合理的——因为这样的分析可避免将注意力分散到个体偶然属性上,但又免于将个体属性归于集合的自然本质(集合的自然本质逻辑上优于个体的偶然属性),当然在任何情况下都应谨慎,原因是一般术语提供的是混乱的形象,而非“单个名称”为我们提供的精确形象。

第5节　高利贷和公平价格

现在让我们回到严格的经济主题。在12世纪和16世纪之间,占主要地位的问题是公平价格和高利贷,并且人们总是从伦理学的角度展开讨论。

托马斯·阿奎那通常被认为是中世纪晚期最重要的哲学家和神学家。作为一名教师,他在多个城市教学(从巴黎到罗马,从阿纳尼到那不勒斯),他的主要著作,即1265年至1273年间写的《神学大全》,几个世纪以来一直是天主教教义的重要参考。此著作的特点在于独特地融合了基督教传统与亚里士多德哲学。

亚里士多德认为任何源于商业的财富都是违反自然的,并且谴责追求货币财富的商业资本,即有息贷款。在基督教传统中,我们也能找到对有息贷款的坚决反对;在这方面,《登山宝训》中耶稣“要借给人不指望偿还……”[1]的训诫常被引用。托马斯·阿奎那采取了一

[1]《路加福音》6:35;我们可在《马太福音》和《马可福音》中找到类似说法。也可参见《以西结书》18:8和18:13。

种更为温和的态度：谴责利息[1]之后又做了详细的是非判断，区分了哪些贷款是该被谴责的，哪些是合理的——在贷款人财产受到损失的情况下，适度的利率是合理的，而以失去获利机会为理由收取利息是应该被摒弃的，因为这会导致竞争性利率的合法化。事实上，在随后的几个世纪中就出现了这样的情形。

托马斯所采用的是决疑论（即特殊案例分析）：根据不同情况，对利息贷款合法性问题给出不同的答案 。在随后的几个世纪中，一系列的著作采用了此方法。这些著作揭露了人们对于高利贷的禁令毫无敬意，不止如此，当时的金融经营者还会创造性地寻找新的合同形式以规避禁令。一般来说，当时的作者，包括托马斯在内，都认识到了货币作为交换手段和衡量标准的作用，但他们尚未认识到其贮藏价值的作用。

伦理学和法学的辩论经常相互贯穿。[2] 这种辩论如此重要，以至于一些评论家认为，高利贷合法性问题的多种答案是解释向资本主义过渡速度的核心。对高利贷的谴责并不意味着对商业活动的敌意，这与亚里士多德的态度一样。经院哲学家只是呼吁正确的行为，谴责欺诈或胁迫，或是利用对手在讨价还价中的弱势地位。

利息合法化的进程是缓慢的，尽管它受到宗教改革的青睐（凯文，

---

[1] 事实上，利息是对货币这一商品使用的报酬，货币的交换价值在借方承诺返还等值货币时已经支付。一个更激进但基本类似的观点是，利息支付的是贷款和还款之间的时间，此观点受到谴责，因为时间属于上帝。

[2] 在宗教法规方面，尼西亚公会议（312 年）仅禁止神职人员参与利息贷款；管制逐渐地变得更加严厉，管制范围扩展到所有人；之后在 14 世纪，一个相反方向的运动开始了，高利贷的定义范围越来越小（但是，教皇本尼狄克十四世在 1745 年的通谕中从原则上确认了对高利贷的谴责，此通谕至今仍有效）。

1509—1564，他谴责消费贷款利息，却未谴责商业贷款利息）。在16世纪末，我们仍然发现对高利贷的强烈反对，如托马斯·威尔逊于1572年发表的《论高利贷》言辞就相当严厉。在其出版前不久，在英国，1571年法案宣布所有利率超过10%的贷款不合法，不过它虽未禁止较低利率的贷款，也并不为其提供任何法律保护。这种妥协使人们认识到，并非所有的利息贷款都应被视为高利贷，只有那些利用借款人的需要，收取“高额”利息的贷款才是高利贷。

对利息贷款的监管的回应随着自由主义的兴起而出现（讲到自由主义，我们可能会提到杜尔哥［1759年］，特别是边沁的《为高利贷辩护》［1787年］），而亚当·斯密本人在《国富论》中（1776年，第357页），仍然认为法律对利率的限制是适宜的，否则那些愿意支付高利率的挥霍者和投机者将会把冷静的人们挤出贷款市场。在英国，关于高利贷的法律在1854年才被废除。

现在让我们转向公平价格，该主题至少可以追溯到亚里士多德时期。自愿交换被认为对卖方和买方都有用：交换是心甘情愿地给予和接受，正如圣大亚尔伯（1206—1280）所言。根据罗马法律学说和某些教会教父（如安布罗斯和奥古斯丁）的传统，托马斯认为公平价格是在没有欺诈或垄断行为的情况下市场中通行的价格。然而，参考市场价格具有规范性而非描述性价值，因为当时竞争性市场是例外的情况，只存在于少数人参与的一些交换中。在12至13世纪，至少在意大利，政治当局（市政府和市政委员会）积极干预，规定了许多主要交换商品的强制价格或最高价格限制。此外，由于对艺术和手工艺公司特有的生产技术的严格监管，对必要的生产成本的参考，并不意味着会出现淘汰效率较低的生产者的竞争，而是对现存规章制度所导致的成本的参考。

虽然生产成本，特别是劳动力成本被多次提到，但提及效用和稀缺性的地方更多。此外，劳动力成本的结构由社会阶层化明确地决定，被假设为一个给定的数据：从本质上讲，经院哲学作者认为的“公平”，就是指商品的价格能够使其生产者维持与自身社会地位相符的生活水平。

在亚里士多德之后，托马斯和其他人确信，商品的价值反映的并非“天然的”[1]等级（无生命的物体—植物世界—动物世界—人类），而是商品满足需求的能力。更准确地说，正如彼得·约翰·奥利维（1247—1298）所指出的那样，我们必须提到三种价值来源：满足人类需求的能力，与使用者偏好的一致性和稀缺性。

公平价格的问题不应与合法价格相混淆：按照罗马法律原则和宗教法规的传统，参与者在未受强制的情况下达成的任何交易均被认为合法。或者，更确切地说，一件物品的价值就是它的售价。

第 6 节　重金主义者和重商主义者

在民族国家形成和上升时期，“君王谋士”提出了关于经济现象的新思考。这些作者在著作中采纳了如下观点：君王的经济权力是其军事力量的补充和必要的先决条件。值得注意的是，这一时期的作者们被称为“重商主义财政官员”，因为他们作为君王的智囊团成员来处理经济问题。因此，国家财富的观点在经济思想中发挥了核心作用。

[1] 塔哥里亚所佐（1937 年，第 xxxiv 页）。

对于这一时期普遍存在的经济观点，存在两种不同的看法。一方面，君王谋士的财富观点即将黄金和一般贵金属简单地等同于财富，被指责（亚当·斯密即为指责者之一）为从根本上是错误的。因此，有人称其为“重金主义者”，比如在16世纪的英国，托马斯·格雷欣和约翰·海尔斯等作家就被划入“重金主义者”之列。另一方面，从德国历史学派和熊彼特（1914年）开始，这些作者被重新评价，他们的观点被认为并不简单。他们关注货币问题是正确的，因为他们所处的时期，几乎没有关于国家的年度产品的统计信息，因此金属货币的存量可以作为国家财富的指数。

作为东印度公司董事的托马斯·孟（1571—1641），维护本公司向东印度出口贵金属以换取东印度地区商品的权利，这些当地商品通常会被转口到欧洲其他国家。托马斯·孟坚持认为货币出口增加了国家财富，事实上，通过国际贸易，一国获得的商品大幅增加，甚至超过了通过制造业和农业获得的产品。

托马斯·孟的著作可以作为从重金主义向重商主义过渡的参考点，其特点是充分发展的贸易平衡理论，该理论将一个国家的对外贸易的总收支视为一个整体，而不是孤立地计算每笔贸易中双方的差额。不过重商主义是一个相当宽泛的标签，必须谨慎使用：自16世纪到18世纪亚当·斯密出版《国富论》，众多观点各异又相当活跃的作者都被经济思想史学家归为“重商主义者”。总体来说，直接的实际利益（而非理论工作）主导着该阶段的作者对于经济现实的解释。

某些重商主义作者的著作仅部分证明了另一种解释，即利润来源于让渡（即销售），因此产生于流通过程（或者说是商业）。根据此观点，利润源于贱买贵卖。这一观点与重商资本主义阶段一致，解释了对外贸易为何被赋予如此重要的地位。事实上,交换行为一方之所得对应于另一方之所失,因此当买卖双方属于同一国家时,买卖双方的得失完全被抵消。因此,只有当我们与其他国家进行交易时,贸易才可能成为一个国家财富增加的来源。

此观点低估了生产在形成顺差中的作用,这是古典时期作者所强调的。然而,透过此观点,我们可以发现那一时代的重要迹象:军事力量在国际经济关系中的重要性、殖民地的扩张以及大型贸易公司的垄断性质。如果我们把通过武力所带来的财富转移也包括在对外贸易中,那么这个领域对于马克思所谓的“原始积累”的重要性就变得清晰了,这也解释了让渡利润理论所带来的不平等交换的印象。

第 7 节　经济思想在意大利的诞生:安东尼奥·塞拉

市政管理下的意大利经济充满活力,佛罗伦萨银行家的金融活动频繁,海洋共和国(尤其是威尼斯)在国际贸易中的作用日益突出,随之而来的是重商主义著作的繁荣,其中经济问题也偶有提及。然而,从经济学史的角度来看,值得关注的作者却寥寥无几。相比之下,与经济学更相关的贡献来自另一个不同的环境,这一环境的主要特点是经济衰退。

1613 年 7 月 10 日,维卡瑞亚的那不勒斯监狱的一名囚犯,来自科森扎的安东尼奥·塞拉博士,为自己的著作《略论可以使无矿之国金银充裕的原因》写了题献。该书提出了经济政策建议,旨在改善当时远落后于意大利其他地区的那不勒斯王国的状况。

对于安东尼奥·塞拉我们所知甚少,只知道他来自科森扎,1613

年正在狱中。他的入狱原因、职业、生卒日期均不详。加利亚尼(1751年,第339—340页)在其著作中引用了《略论可以使无矿之国金银充裕的原因》。真正使该书受到注意的是巴龙·皮埃乔·库斯托迪,他宣称塞拉是"政治经济学的第一位作者"(库斯托迪,1803年,第xxvii页),并且在他著名的《意大利政治经济学古典全集》中(共50卷,1803—1816),不惜违反时间顺序,将塞拉排在第一位。

除题献和序言外,《略论可以使无矿之国金银充裕的原因》一书分为三部分。第一部分标题为"王国可拥有充裕金银的原因",是最有趣的部分。该部分从本质上分析了最广泛意义上的国家经济繁荣的原因,并对那不勒斯王国与意大利其他地方(尤其是威尼斯)的现状作了比较。第二部分主要反驳若干年前马尔科·安东尼奥·德·桑蒂斯的提案,该提案旨在提议降低汇率以吸引外部资金进入王国。第三部分系统地讨论了已获采纳或已被提出的各种政策措施,以使"王国内的黄金和白银充裕"。

塞拉解释说,一个国家的经济繁荣取决于"特殊条件"(即每个国家特有的原始特征)和"一般条件"(即任何地方都可以成功复制的有利条件)。关于"特殊条件",塞拉提到了自然财富,特别是肥沃的土地和有利的地理位置。塞拉列举了四种"一般条件":生产的数量、人民的素质、贸易的数量和执政者的能力。也可表示为制造业的生产、人口道德素质和专业技能、贸易程度(特别是国际过境贸易)和政治制度体系,后者被认为是四个要素中最重要的(塞拉,1613年,第21页)。

塞拉指出,就"特殊条件"而言,那不勒斯王国具有优势(除了地理位置),特别是与威尼斯相比。如果那不勒斯比威尼斯更穷(这解释了为什么金银从那不勒斯王国流出),只能从"一般条件"找原因。塞拉重构了该国贸易平衡的状况,虽然他并未对这一概念进行系统分析。他认为,货币市场的不平衡是由于国际收支逆差(包括所谓的无形收支项目)而产生的,而这一局面又是那不勒斯王国生产结构薄弱和人民缺乏企业家创业精神所致。塞拉认为,王国中的资金稀缺与其生产结构薄弱之间存在着决定性的关系。

学者费拉拉认为塞拉是重金主义者,因为塞拉在其著作中将财富和货币等同于贵金属,这种归类并不妥当。不过,我们也很难将塞拉视为经济科学的创始人(如库斯托迪所建议的那样)。要成为经济学的创始人,仅仅关注现实现象尤其是制造业生产是远远不够的,而我们在塞拉的著作中根本找不到对剩余概念的清晰说明,而此概念在随后的两个世纪里构成了古典政治经济学发展的基础;同样塞拉也未提出任何价值和分配理论。很明显,塞拉对政治经济学的初始阶段几乎没有什么影响,因为在被收入库斯托迪的书系中再版前,塞拉著作的发行量几乎为零。然而,塞拉是一位有趣的作家,他几乎是直觉般地指出了金融经济和实体经济的依赖关系。他认为将政治、社会和经济联系起来是很自然的。塞拉的思维方式值得称颂:鼓励实践主义、开放性地承认自由意志的作用、具有理想主义色彩。总而言之,塞拉突出地代表了经济科学形成阶段的潜在可能性,并且在面对众多理论发展的可能思路时,表现出了开放性。重读他的《略论可以使无矿之国金银充裕的原因》会帮助我们认识到如下事实:为构建明确的概念结构和分析结构,我们付出的代价可能是忽视一些对于理解现实颇为关键的因素。

第 3 章

威廉·配第与政治经济学的起源

A Brief History of
Economic Thought

第1节　生平与著述

威廉·配第(1623—1687)有着不凡的一生。[1] 他是一位呢绒商之子,13 岁时在一艘商船上当过水手,仅 10 个月后一只腿骨折,被送上法国海岸。腿伤好后,他成功地被卡昂的耶稣会学院录取。之后,他在英国皇家海军服役。内战爆发后,他同他人一起先后在荷兰(1643 年)和巴黎(1646 年)避难。在巴黎,他学习了医学,并师从霍布斯学习了解剖学。1646 年其父去世后,他回到了出生地拉姆西。不久后他去了伦敦,试图为自己的一项发明——一种能够同时印刷两份副本的机器——申请专利。1648 年,他被牛津大学授予医学博士学位。在牛津,他的事业发展迅速,因为这一时期政治动荡,随着克伦威尔的崛起,许多老教授被认为是保王党而被解雇。1650 年,他成为解剖学教授。翌年,他转任伦敦格雷沙姆学院音乐教席。[2] 同年,他成为克伦威尔派往爱尔兰的英国军队的首席医生。英格兰战胜爱尔兰

[1] 关于本章的主题,可参考荣卡格利亚(作者本人)1977 年的著作。

[2] 在那个时代,数学关系是人体解剖学和和谐法则研究的重要组成部分。关于配第与当时新英国哲学文化的关系,参见麦考密克(2009 年)。

之后，配第被委以重任，负责对爱尔兰土地进行地理勘测，作为将其在英国士兵、国王和军事远征资助者之间分配的第一步。配第迅速完成了勘测，证明了自己的非凡能力，并由此成为一个非常富有的人，在爱尔兰拥有大片地产。士兵们出售债券（代表分配土地的权利）的交易也给他带来了大量财富。

从那时起直到去世，配第一直忙于管理他的土地，以及关于其在爱尔兰土地的所有权和税收的无休止的法律争议，并频繁地往来于英格兰和爱尔兰。在1660—1662年，他参与创立了皇家学会。1667年，他娶了一位寡妇，与其一起生育了5个孩子；此外，他至少有一个私生女，其中一位后来作为一名舞蹈演员出现在伦敦的舞台上。

配第的手稿中，只有一小部分是在他生前以他自己的名义发表的。除《赋税论》（1662年）之外，他的关于经济问题的主要著作都是在他去世后出版的，因为1688年的光荣革命使政治环境更有利于他的思想的传播。

第2节　政治算术与经济科学的方法

威廉·配第被普遍认为是政治算术的创始人，他将植根于自然科学领域的新思想拓展到社会科学领域。其目的是将定量的方法引入对社会现象的分析中，以便对这些现象进行更严谨的处理：

（代数）起源于阿拉伯，由摩尔人引入西班牙，再传播到这里，威廉·配第没有将其应用于纯粹的数学事物，而是运用它进行名为"政治算术"的政策分析,将大量对事物的文字表述简化为数字、重量和尺度术语,以便进行数学处理。[1]

这种方法上的创新反映了当时自然科学领域的发展:新的、定量的物理学方法取代了旧的物理学观点,即描述物理对象的可感知性质;在所有科学研究领域,数量的测量成为探索的重要目的;这点在关于人与世界的唯物主义——机械论观点中得到了反映,特别是受到托马斯·霍布斯(1588—1679)的支持,他曾在巴黎教授配第解剖学。在霍布斯看来,数量逻辑的研究方法反映了所研究对象的根本性质。随着这些新的方法论标准的发展,人们对亚里士多德思想所主导的传统文化进行了激烈的批判。

在这方面,培根(1561—1626)早于霍布斯:他是配第引用和钦佩的少数作者之一。培根反对亚里士多德传统的三段论演绎法,反对文艺复兴时期纯粹经验主义的传统(工匠和炼金术士),提出了经验主义与理性主义相融合的归纳方法:

> 实验者就像蚂蚁,他们只收集和使用;推理者就像蜘蛛,他们用自己的物质织成蛛网。但蜜蜂走的是中间路线,它从花园和田野的花朵中收集原料,通过自身的力量将其转化和消化。这与真正的哲学事业并无二致,因为它既不完全或主要依赖于思维,也不仅仅是把它从自然史和机械实验中收集到的材料原

[1] 配第,1927 年,第 2 卷第 15 页;1687 年 11 月 3 日致索思韦尔的信。

封不动地储存在记忆中，而是经过转化吸收后将其储存在理解里。[1]

这正是配第所使用的方法，用定量的方法描述社会现象，最重要的是，试图对所收集的数据作出合理的解释，常常以具备算术—数量性质的复杂的演绎推理链为基础，重构研究必需的数据，如此一来，收集到的少量的数据就可以被用于许多不同的目的。

此外，配第在其著作《政治算术》中（1690年，第244页）强调他决定根据客观数据进行自己的分析：

> 我进行这项工作所使用的方法，在目前还不是很常见，因为和只使用比较级或最高级的词语以及单纯作思维的论证相反，我采用了这样的方法（作为我很久以来就想建立的政治算术的一个范例），即用数字、重量和尺度的词汇来表达我自己想说的问题，只进行能诉诸人们的感官的论证和考察在性质上有可见的根据的原因，而那些以某些人易变的思想、观点、品味和情绪为根据的原因，则留待别人研究。

可见，配第明确地反对经院哲学派的逻辑演绎方法。对于配第而言，他所使用的方法不仅仅是“用数字、重量和尺度”来记录和描述现实，而是通过这种表达方式，找出现实的主要特征，并以那些“有可见根据的原因”（即客观原因）来解释现实。

[1] 培根，1620年，第92—93页：《箴言》第一篇，95页。

培根时期已初现端倪，后来由霍布斯和其他科学家进一步发展的倾向是在研究中揭示所研究现象间的精确数量关系。第一个明确提出这种趋势的是伽利略(1564—1642)，在他看来，“这本在我们眼前展开的巨著——我是说宇宙——……是用数学语言写成的”[1]；因此，要了解世界，就需要建立数学或几何模型。配第对世界的认识跟伽利略和霍布斯的观点相似，他的这种观点也反映在其用“数量、重量和尺度”来表达和解释现实的实践中。[2] 政治算术被认为是最合适的描述现实和再现现实的工具，因为根据伽利略和霍布斯所支持的机械唯物主义观，现实本身就蕴含着一种数量结构。

配第所采用的新方法论的另一个重要特征，是科学与道德的截然分离；道德问题不会产生于科学本身，因为科学只是一种手段，道德问题只会存在于人们提出并运用科学结论来实现的最终目的中。尽管这种立场在发展中也曾遇到危机，但直到今天还保持着主导地位，而

[1] 伽利略，1623 年，第 121 页。这不是个细枝末节的问题：在神学界，就哥白尼和伽利略的观点(即地球绕着太阳转动)所展开争论的早期阶段，当时的枢机主教贝拉明(1542—1621)就曾提出，将这样的一种观点作为一种有用的假说而不是作为关于现实的真实陈述提出是非常正确的。贝拉明的立场在当时被视为是耶稣会典型的一种微妙的政治妥协，但事实上，这是一种与现代认识论相近的观点。后来，牛顿用一句著名的箴言“我不会提出假说”，否定了贝拉明的这一立场。

[2] 此提法源于《圣经》：“你已指定万物的尺度、数目和重量。”见《智慧书》，xi：20。配第的追随者——“政治算术学家”格列高列·金(1648—1712)和查尔斯·达文奈特(1654—1714)——将其狭义地理解为对定量现象的描述。当然，确实存在着所谓的“万能定律”，将谷物价格的上升与低于正常水平的收成相联系。但在配第看来，政治算术有更广的含义：它旨在发现构成社会现实结构的数量关系(这与伽利略对物理规律作用的看法相似)，因为它在被选为研究对象的事物中明确了最为关键的因素，并剔除了那些被认为无用或是不重要的因素。所有这些只对分析进行了“调整”而并未改变其实质(一个半世纪后李嘉图的说法)。

且对人类科学的发展具有重要意义。[1]

第3节　民族国家与经济体系

在配第那个时代，货币、国际贸易和财政体系已经是日常讨论的话题。在论述这些话题的过程中，使配第从同时代作者和前人中脱颖而出的，除了其所持的不同立场，还有他所采用的分析方法（政治算术）以及他所分析的对象——“国家”。配第所分析的“国家”是政治制度和经济制度结合意义上的国家，不过配第和其同时代的人并未觉得有必要区分这两个方面。

资本主义的诞生一般与民族国家的诞生联系在一起。马基雅维利提出了统一的民族国家概念，特别关注城乡政治统一问题。他从复杂的相互依存的社会关系中挑出一个最重要的关系，即同一国家公民之间以及君主与臣民之间的相互依存。配第的观点与马基雅维利的“国家”的概念相似，他认为生产和交换关系受到确定的政治权威的支配。马基雅维利和配第都未从生产的角度出发来理解城乡之间，或工农业之间的相互关系。我们将在下一章中看到，后来魁奈突破了上述局限，发现了连接不同经济部门的生产技术关系，这构成了他对经济科学发展的重大贡献。

马基雅维利和配第的著作反映了当时生产结构的发展较有限。例如，配第在其爱尔兰地产上开展的矿业、制造业、农业、畜牧业和渔业活

[1] 对于人类科学的发展这一问题，马基雅维利（1469—1527，其主要著作是发表于1513年的《君主论》）代表了一个关键的转折点。他的作品因被列为政治禁书而为世人瞩目，并在16世纪和17世纪大量发行。关于政治经济学产生的科学和文化背景，参见梅弗雷达（2012年）。

动基本上是纵向一体化的，生产过程的不同阶段和不同部门之间只有非常粗略的记账方面的区别。此外，从封建主义过渡到资本主义，政治制度的改变是必要的，例如，要保障生产资料中的私有财产和私有财产的交易，特别是土地。因此，配第支持地籍登记和地产买卖契约的标准化。配第所提出的尚不完整的经济体系的概念似乎是其所处的特定的历史阶段，即从封建主义到工业资本主义的过渡时期的反映。

"国家"的概念是配第关于货币、对外贸易和税收的具体观点的基础。配第的著作中并未系统地论述，而是直接介入当时的政治辩论。他通常用简短的工作笔记或给国王的备忘录来证明政策论题，如英国相对于法国的经济优势，以及英国国王可享有更大的政治自主权。其中的一些观点如下。

关于货币，配第的观点和当时占主导地位的观点之间的一个重要区别是，配第用政治解剖和人体解剖之间的类比取代了传统的货币和血液之间的类比：

> 货币不过是政治机体的脂肪。如其过多，就会使政治机体不那么轻便敏捷；如其过少，也会使政治机体生病。的确，像脂肪能够使筋肉的运动滑润、弥补营养不足、补平身体上的缺陷、使身体健美一样，货币在国内能促进国家的活动。在国内发生饥馑时，它能从国外购入食物；而且因其可分割之故，能够用来计算各项账务、装饰整个国家，尤其是有钱人。[1]

[1] 配第，1691 年 b，第 112 页。配第还在其简明经济术语表中对货币作出了另一个有趣的定义："货币是商品的一般度量方法；联系人与人的一般纽带；商品的等价物。"（配第，1927 年，第一卷，210 页）

在配第看来(1662 年,第 28 页),政治机体的血液和营养液来自畜牧业和制造业的产品。这种类比指向古典经济系统的概念,即以劳动分工为基础的经济体系,是通过生产、交换、重新购置最初的生产资料和消费品、新的生产过程等循环过程发挥作用的。这里,我们应该想到,哈维在 17 世纪初发现血液循环,[1]引起了人们极大的兴趣,而配第(以及他之后的魁奈)恰巧是一名医生。

与配第的货币思想有关的是他关于对外贸易的思想。配第与其同时代的人一样,认为贸易顺差是使贵金属大量流入该国的理想手段,但他认为贸易顺差这一目标从属于提高国内就业和生产水平的目标。相较于其他商品,黄金、白银和珠宝因其耐磨损而被认为更适合作为交换和价值储存手段。

在税收方面,配第认为财政制度改革是确保国内情况统一和确定经济运行规则的第一步,这两者是经济发展的两个先决条件。《赋税论》大部分的论述都是关于系统地审查各种政府收入:他将自相矛盾的规定比作错综复杂的迷宫,认为这是“妨碍英国实现其壮大”的一个主要的障碍,同时又坚信这些障碍是偶然的和可以去除的(配第,1690 年,第 298 页)。重复征收和追加补征的税收,使得社会阶层化出现,因此,原来的税收制度已经不能为当初设想的目的服务,失去了最初的一致性。税收负担几乎完全由地主承担,而且税收的强度多变且不可预测。此外,税收的征收工作被分包给私人机构,导致征收费用非常高,进一步增加了税收体系的不公

[1] 威廉·哈维(1578—1657)于 1616 年宣布了其发现,但直到 1628 年才发表了相关著作。

平和不确定性。

配第建议对消费按照比例征税，因为消费税本身是“实际的”财富。[1] 衡量比例的标准是“公平”，即税收不会影响收入分配（在配第看来，财富和收入的差异对经济增长是必要的）。此外，消费税会鼓励节俭，避免双重征税（因为“任何商品都只能消费一次”），有利于收集有关国家经济状况的统计数据，这对良好的统治至关重要。财政管理必须明确简单、清晰明了（这也是为了避免争议和法律诉讼所造成的社会财富的浪费），并且要公平合理、降低成本。

第 4 节　商品与市场

配第对经济学的贡献主要是提出了一系列关键的概念，如商品、市场和价格；我们将参阅《关于钻石的对话》（配第，1899 年，第 624—630 页）来说明这些概念。

对话有两个主角：代表配第本人的甲先生（卖方）和缺乏经验的钻石买家乙先生。后者认为交易行为是偶然发生的，是买方和卖方之间的直接接触，而不是相互联系的关系网络中的一个常规事件。由于一系列数量和质量因素（即使不考虑单次交易行为的时间和地点的差别），包含在同一类可销售商品类别下的具体的单个商品（在这个例子中是钻石）千差万别。因此，在缺乏确定钻石价格的特定参考点的规范的情况下，乙先生认为此交易是有风险的，因为卖方对钻石市场的

[1] 参看配第 1662 年，第 91—92 页。霍布斯早于配第持有此观点，继配第之后也有许多经济学家持有相同观点，如 20 世纪的路易吉·伊诺第和尼古拉斯·卡尔多。

了解远多于自己。这样一来,作为买方的自己无法避免被其欺骗。

在缺乏规律性交易网络的情况下,即市场尚不存在的情况下,上文提到的各种商品特征和交易情形的差异使得每一次交易行为都是偶然事件,价格很大程度上取决于买卖双方或强或弱的议价能力。与此相反,有了市场的存在,大部分单次交易的个体因素就转化为系统的价格差异,这种价格差异是指与被视为参考点的一种理想类型的钻石价格之间的差异。因此,规律性市场的出现,使将一个特定类别的物品定义为商品,并从大量有效的交易行为中抽象出一种能够代表全部交易的理论价格成为可能。

实际上,卖家甲先生知道,重量、尺寸、色泽和瑕疵度决定了不同类型钻石的价格之间存在精确的数量关系。例如,关于重量的一般规则是,价格上涨的幅度是重量增加幅度的两倍(配第,1899 年,第 627 页)。类似的规则也适用于尺寸。根据这两条规则得到的平均价格决定了“政治价格”(稍后会讲到这一概念),它是由重量和尺寸共同决定的。这是一颗没有瑕疵且色泽优良的钻石的价格。然后,用调整系数来确定有瑕疵或色泽略逊的钻石的价格,这些系数范围由市场提供。当然,盲目适用这些规则有时可能导致荒谬的结果,因此需要根据经验和简单的常识对这些结果作出调整和修正。

配第的著作向我们展现了一个抽象的过程, 即从经济中纷繁的具体交换活动中抽象出市场和商品的概念。然而,有两个条件是必要的。第一,钻石是一种商品,其价格更多地由其稀缺性而非生产成本决定;这里的钻石市场与其他市场不同,至少就生产的相互关系而言是这样。第二,配第只是含蓄地指出市场和商品是抽象的概念,而不是构成经济现实的原子(此观点与一般经济均衡理论有别),这已经意味着某种程度的集合。最合适的集合水平由各种交换行为相互关联的程度决定。例如,根据我们所认为的最适合的集合水平,我们可以说苹果、水果、食物是商品,我们也应考虑生产者群体内部和购买者群体内部起作用的各种关系。

在讨论价格这一概念时,配第区分了自然价格、政治价格、当前价格和实际价格。自然价格取决于技术知识状况和工人维持生计所需的生活资料。除了这两个因素,政治价格还涉及社会成本,例如必需劳动之外的劳动投入:配第认为这些成本是浪费,因为它仍表明实际生产低于潜在生产。当前价格被定义为用作为衡量标准的商品来表示的政治价格,因此它也是一个理论变量。最后,我们应该区分内部原因和外部原因:内部原因决定政治价格,外部原因有多变性和偶然性,与内部原因共同决定实际价格。

因此,配第的"自然价格"具有最优价格的含义,与可使用的最先进的技术和最高效的"国家"运行相对应。后来的古典经济学家们所理解的"自然价格"与配第有所不同,实际上更接近于配第所说的"政治价格",是调节市场行为的价格,它取决于经济体系中普遍的实际生产情况。在资本主义远未完全发展的历史时期,配第对这两个概念作出区分,意在强调当时落后的社会组织会导致更高的成本。

第 5 节　剩余、分配、价格

人们传统上认为,剩余概念的提出是配第最重要的贡献之一,尽管他所认为的剩余的形式是地租(以及税收),以及由此衍生的货币资本的租金(利息):

> 假设一个人可以用自己的双手种植一块土地，完成掘地、犁、耙、除草、收割、将谷物搬运回家、脱粒等所有必要的劳动；并且播种这块土地的种子也是他的。我认为，此人从他收获的谷物中，扣除他自己的种子，再扣除用于换取食物、衣服等生活必需品的部分，剩下的谷物就是这块土地的自然正当的地租；7 年里地租的平均值，或者若干年（由歉收和丰收组成的循环周期）的地租的平均值，就是用谷物表示的这块土地的一般地租。（配第，1662 年，第 43 页）

地租（在配第举的例子中相当于剩余）在这里是用实物表示的，即一定数量的谷物。采取这种形式是因为产品是同质的，而异质的生产手段也可以用单一的产品（上例中的谷物）来表示，如用于换取生活资料的劳动（上例中“用于换取食物、衣服等生活必需品的部分”）。这里不存在价格问题，因为隐含的假设是产品和生产资料之间的比率是既定的。剩余也可以用一群劳动者能够养活的人数来表示，这些劳动者为自己和他人生产足够的生活必需品。失业成了使用剩余的一种方式，与奢侈品和气派的服务相似。

剩余的多少取决于生产性劳动者数量和每位劳动者的生产力水平，在此问题上，配第为一个世纪后亚当·斯密的分析奠定了基础。配第一直提议通过雇佣失业者和将非生产性活动转移到生产性活动，为尽可能多的生产性劳动者提供就业机会。他认为决定每位劳动者生产力水平的因素包括自然因素，如是否靠近海岸，是否拥有港口，是否交通便利，是否拥有肥沃的土地。但是，更为重要的原因是：1. 技术和组织因素，如土地改良（排水、灌溉等），基础设施投资（道路、适于航行的运河);2. 体现技术进步的新的生产工具;3. 分工的发展。其中,分工的发展尤为重要。

接下来我们讨论相对价格理论,对于此理论我们有许多不同的理解。马克思认为配第提出了劳动价值论。配第假定了经济子系统,所有必要的生产资料在其中生产,并有一种单一的商品过剩;两个子系统中作为剩余的两种不同商品所包含的劳动力数量之比决定了这两种商品的相对价格。

这样我们就有了以劳动和土地为基础的价值理论:

> 所有物品都由两种自然单位——土地和劳动——来评定价值。我们应该说,一艘船或一件衣服值若干面积的土地和若干数量的劳动,原因在于:船和衣服都是土地和投入在土地上的人类劳动所创造的。(配第,1662 年,第 44 页)

这段话(以及配第在同一著作中第 68 页关于价值理论的陈述:"劳动是财富之父和能动因素,正如土地是财富之母。")并非绝对价值理论的基本陈述。这些是传统的格言,广泛用于表明劳动和土地在生产中所起的不同作用(前者起主动作用,后者起被动作用:这一观点可以追溯至亚里士多德的著作);显而易见,这样的观点为劳动价值论提供了基础。劳动价值论建立在"把劳动视为牺牲"的自然法则之上,价格是这种牺牲的"公平"报酬,因为它与所牺牲的劳动量成比例。然而,从"自然法则"的角度来理解配第的价值论是错误的,因为配第认为劳动只是另一种生产成本,是用维持劳动力的生活资料来衡量的,在讨论价格问题时,他忽略了可能的正义或非正义的道德含义。

此外，在配第看来，土地和劳动同等重要，其中一个可以用另一个表达。事实上，“政治经济学最重要的问题，正是如何在土地和劳动之间建立等价关系和等式，以便仅用二者之一就可以表达任何东西的价值”。[1] 配第为这个问题提出了一个解决方案，假设两块相同数量的土地上产出了不同数量的食物，在第一块土地上投入人类劳动，在第二块土地上不投入人类劳动：两块土地所产的产品的差额就是第一块土地上雇佣的劳动力的工资。

最后，我们将配第的价格理论解释为基于生产的实物成本。配第一再坚持这一观点，并提供了一些生产过程所需的物品清单。但他却试图将这些生产成本的各种异质成分简化为劳动，或是土地和劳动。无论如何，这里重要的是配第系统地遵循的客观方法，即把价格归结为某种商品的生产难度：本书后面会讲到，后来的古典经济学家还有斯拉法都采用了这种方法，但是更具有一致性和严谨性。

配第的贡献仅限于对该问题的简单公式化：异质的产品不能简单相加来构成生产成本，除非先将它们用同质的单位来表示，即将生产过程中需要的每一种产品的数量与其相对价格相乘。因此，我们陷入了一个问题的循环：除非生产一种产品的生产资料的价格已知，否则无法确定该产品的价格，但是生产资料的生产过程中所需的生产资料可能会包含此产品。这一困难可能解释了为何配第会试图将生产成本的各种异质部分简化为劳动力，或劳动力和土地，但这样的尝试未能解决问题。配第提出的概念体系并不完整，特别是缺乏一个类似于利润率这样的关键概念。这种不完整性导致它无法进一步地解决

[1] 配第，1691 年 a，第 181 页。同样的问题已在《赋税论》（1662 页）中提出。

(价格)问题。要解决这一问题,必须建立一个分析体系,将经济体不同生产部门之间生产的联系考虑在内。但是通向这样一个分析体系的道路非常漫长,我们将在接下来的章节中进行讨论。

第 4 章

从国家到经济表

A Brief History of Economic Thought

第 1 节　这一时期的争论

威廉·配第著作的问世和亚当·斯密的著作相隔了一个多世纪，在此期间，经济学的思考沿着多个方向发展：对经济现象的思考是对社会和人的思考的一部分，而同一作者在同一时期研究的问题常常涉及非常广泛的领域。

正如我们在前一章里了解到的，配第是一位发明家、医生和解剖学教授，他负责爱尔兰的地理勘测，同时也拥有大量地产并进行积极管理。对他来说，对经济、制度和人口问题的思考，既是作为公民和知识分子的追求，一种施加政治影响的手段，也是保护自己私人利益的工具。约翰·洛克因其哲学探索而出名，但他在进行哲学思考的过程中也严谨地研究过经济问题，数年后的大卫·休谟也是如此。洛克在其著作中就货币问题与著名物理学家艾萨克·牛顿（1642—1727）进行了辩论（后者于 1699 年被任命为皇家铸币厂厂长）。伯纳德·德·曼德维尔是一名医生，也是一位哲学家，理查德·坎蒂隆是一位国际银行家。弗朗索瓦·魁奈，法国国王路易十五的宫廷御医，也加入了当时的学术辩论，希望自己的观点能有助于改善社会问题。本章中，我们没有把严格意义上的经济贡献与其背景相联系，但我们绝不能忘记，这种剥离会被当时的经济辩论的主要参与者认为是极其武断的。

经济学思考的另一种思路是将分析与伦理相结合（参考文献很多，此处不做赘述），该思路与配第的立场截然不同。这方面的代表是“自然法则”学说，其主要人物是德国法学家塞缪尔·普芬道夫（1632—1694）。该学说对于自然权利和自然法则思想的传播非常重要，但就严格意义上的经济问题而言，他们仍在进行“公平价格”的讨论。在这一“自然法则”的思潮中，我们看到许多关于货币问题的著作，特别是关于利率决定问题的著作，都与经院哲学家们关于高利贷的学术辩论有关。

与上述思潮相类似的还有繁多的旨在为商人的活动提供指导的小册子。其中最著名的是法国的雅克·萨瓦里 1675 年出版的《健全的商人》。在 14 世纪和 15 世纪的意大利，这类作品已经浩如烟海；在英国，马拉奇·波斯特尔思韦特的《商贸通用词典》（1751—1755）处于这一思潮和经济学分析之间，尽管它剽窃了大量内容（几乎完全抄袭了坎蒂隆的《商业性质概论》）。[1]

此外，还有一系列关于贸易的小册子，一般涉及的是与国际贸易有关的货币问题，这是继前文讨论的重商主义文献（第 2 章第 6 节）之后提出的。最常见的论题是如何采取权宜之计保护本国就业不受外国竞争的影响。然而，该时期也有自由贸易学说的捍卫者，如商人达德利·诺斯（1641—1691）和丹尼尔·笛福（1660—1731）——著名的

[1] 在这一潮流中，也有大量的出版物讨论（基础）金融数学的问题。（转引自波伊特拉斯，2000 年）

《鲁滨逊漂流记》(1719 年)的作者。捍卫自由贸易主要是捍卫其基本原则,即"自然法则"应不受约束地运作,对此不应施加任何障碍。

在法国,自由贸易在这一时期的主要支持者是皮埃尔·勒·庞逊·德·布阿尔吉贝尔(1646—1714),他的座右铭是"让自然和自由发挥作用"。布阿尔吉贝尔(1695 年)批评科尔贝尔的中央集权的经济体制和偏向制造业的政策,将法国经济的萧条状态归咎于农业停滞。

最后,在 1690 年至 18 世纪前几十年期间,许多作者就经济发展提出了一些有趣的观点,比如工人阶级的消费影响生产力,从而影响经济增长。

第 2 节　约翰·洛克

有一些作者关注货币问题,并将其作为对社会和人类的普遍思考的一部分,其中典型的人物之一是英国哲学家约翰·洛克(1632—1704)。他的著作包括《论降低利息和提高货币价值的后果》(1692 年,初稿完成于 1668 年):该书是最早使用货币流通速度这一概念的著作之一(在配第之后和坎蒂隆之前)。

在 17 世纪最后 10 年有关低利率与繁荣之间关系的激烈辩论中,洛克的文章贡献很大。印度公司董事、当时最富有的人之一约西亚·查尔德(1630—1699)认为,低利率是繁荣的原因,并以此为由要求从法律上限制利率(查尔德 1688 年)。洛克批判了上述观点,认为是繁荣产生了适度的利率水平,任何通过法律降低利率的尝试都注定会失败;通过法律降低利率就算起到一些作用,也可能是有害的,会减缓积累的速度。

洛克在《政府论两篇》(1690 年)中提出了他的观点,认为私有财产是人的一种自然权利。他反对霍布斯等人的思想,这些人认为私有财产是通过某种协议(或称“社会契约”)创立的,这种协议或契约标志着从自然状态向有组织的社会的过渡,因此具有传统性质。

一开篇,洛克就承认土地和所有低等生物是人类共有的。接着,他说道:

> 每个人对自己的“人身”享有所有权。除了他自己,任何人都没有这项权利。他的身体所从事的“劳动”和他的双手所进行的“工作”,我们可以说,是正当地属于他的。所以,只要他使任何东西摆脱自然所提供的或那个东西原本所处的状态,他就已经掺进他的劳动,在这上面掺进了他自己所有的某些东西,因此使该物品成为他自己的财产。(洛克,1690 年, 第 130 页: II.27)

然而,洛克给劳动和资本的概念赋予了比以往更广泛的内涵。劳动包括各种生产活动,既包括企业家的劳动,也包括挣工资的劳动者的劳动。因此劳动是每个人的财富源泉,也是每个人的宗教义务。类似地,洛克(1690 年,180 页: II.123)认为,财产不仅包括一般意义的私有财产,也包括人的基本权利:“生命、自由和不动产,我把它们统称为财产。”因此,与其说他的论点是为建立在私有财产基础上的经济体系辩护,不如说是对“社会契约”观点,尤其是霍布斯(1651 年)的观点,以及这些观点所导致的有利于政治专制主义的结论的一种回应。洛克捍卫那些与政府冲突的个人权利,其中包括保护私有财产不受残余封建因素的影响。例如,当时政治力量充当着财产权利的起源(而不仅仅是财产权利的保障），这就意味着财富分配具有随意性。

第 3 节　人类行为的动机和后果

几个世纪以来，人们一直从两个关键问题入手分析人类行为和社会功能：第一个问题是，人类的行为是由什么冲动所驱动？第二个问题是，极其自我中心的、不以集体福利为直接目的的动机，会有怎样的社会后果？

当分析从“应该是什么”变成“实际上是什么”时，第一个问题引起了讨论。我们已经回顾了马基雅维利的贡献，新教改革进一步推动了这一方向，因为它承认旨在个人致富的行动的合法性，同时否认个人和集体利益之间的对立。个人利益被认为是促成建设性行动的一种力量，同时保留道德判断的原则，因此可以区分破坏性行动和建设性行动。人们从而认识到人类行为动机的多样性，避免了自私和利他行为之间的简单对立。

人类行为的动机可用两个术语来概括——“激情和兴趣”，其中每个术语都包含了多种元素：人类行为中同时存在直觉的或习俗的因素（因而与理性无关，虽然不一定是非理性的），也有理性思考的因素（但不能简化为仅仅是财富或收入最大化）（赫希曼 1977 年）。我们也应记得，在一个充满不确定因素的时代，理性行为的空间是有限的，而激情的作用仍然是重要的。一般来说，从以下几个角度来判断（对不同行为可能后果的思考、通过行为后果的评估形成价值判断、认为作为分析对象的行为人也使用同样的行为标准），这一时期研究经济问题的作者们通常是理性主义者。

现在讨论第二个问题，即个人的激情和兴趣所激发的个人行为的结果。有人提出了一个比较乐观的答案：在某些情况下，当不同的激情和利益之间相互作用而产生一种建设性的动力时，那些不以改善公共利益为直接目的的个人行为有可能产生积极的社会后果。市场经济参与者之间发展起来的社会联系发挥了教化作用，因为文明的概念意味着，在选择不同的行为方式时，对自己的激情和兴趣保持某种道德控制的能力。在18世纪，认为商业起到文明教化作用的观点——所谓的温和性商业的观点——占据了上风，逐渐取代了认为商业对社会凝聚力具有破坏性影响的悲观观点。[1]

因此，在18世纪，人们对于基于劳动分工和市场的社会发展道路的态度较为乐观。这一乐观观点是当时的时代精神所固有的，尤其是对启蒙运动文化和对理性胜利的信心。然而，社会逐步发展的观点的产生并不是因为个人行为越来越受到理性（而非激情）的指引。相反，是商业精神和个人动机推动了经济和社会的发展，促进了文明的进步，从而个人利益更多地受到恰当的引导以促进集体进步。

第4节　伯纳德·曼德维尔

伯纳德·曼德维尔（1670—1733）出生于一个医生家庭，后来成为

[1] 赫希曼1982年发表了《对市场社会的对立解释：教化的、破坏的还是无用的?》。赫希曼所说的“自我破坏观点”的例子包括20世纪的熊彼特和希尔斯，以及19世纪的马克思和恩格斯。“马克思和恩格斯充分地解释了资本主义是如何侵蚀所有的传统价值观和制度，比如爱情、家庭和爱国主义。一切事物都进入了商业领域，所有的社会联系都通过金钱而瓦解。这种观点并不是马克思第一个提出来的。”（同上，1467页）

一名医生。他生于荷兰，在鹿特丹受洗，先后就读于伊拉斯谟学院和莱顿大学，并于 1691 年获得医学博士的头衔。不久后，他搬到了伦敦，在那里定居直到去世。

他最著名的作品是 1714 年出版的《蜜蜂的寓言：私人的恶德，公众的利益》。该书广泛发行，并引起了激烈的争论。1723 年该书的增订版出版，被米德尔塞克斯大陪审团谴责为“不虔诚”。随后的几版中，曼德维尔对这一指控进行了辩护。

由于在当时最进步的文化环境中接受教育，曼德维尔在他的作品中讨论了 17 世纪和 18 世纪典型的，与自由思想相关的一些话题，解决了人类行为选择的严格性标准和效用标准的冲突，该冲突在当时被认为是不可调和的。具体而言，曼德维尔的辩论反对普遍和谐的理念，即善与美相一致的理念。曼德维尔认为，我们应该认识到，人类通常受到以自己为中心的激情和兴趣的驱动，而不是（或者至少不是直接）以社会利益为目标。然而，一个自私行为盛行的社会最终却可能带来集体利益，即“私人的恶德”可能变成“公众的利益”。

众所周知的公式“私人的恶德 = 公众的利益”并不意味着这两个元素之间的一致性。自私的行为只是可能（但不一定）带来集体利益。这一切都取决于当权者是否有能力利用人类行为根源上同时存在的不同激情（不是否定这些激情，而是把它们引导至正确的方向）。一位老到的政治家的巧妙管理可能会把私人的恶德变成公众的利益。[1]因此不能简单地认为曼德维尔是“私人恶德”的支持者（这里的“恶德”不能被理解为反社会行为，而是追求个人动机的行为）：曼德维尔

[1] 曼德维尔，1714 年，第一卷，第 369 页。

认为我们应该承认私人恶德的存在，只有这样我们才能获得积极的结果。

曼德维尔将传统社会与以劳动分工为基础的商业社会进行了对比：前者通常规模较小，每个人都能看到其他人在做什么；而商业社会以劳动分工为基础，规模也较大。此外，因为劳动分工有利于技术进步，因此社会规模越大，就越富裕。在曼德维尔看来，传统社会被道德家们理想化了，他们对社会持有误导人的乐观态度。曼德维尔（1714 年，第 1 卷，第 183—184 页）断言：

> 传统社会中的人既不懂艺术，也不懂科学，比邻居们所期待的更安静；他们贫穷、无知，几乎完全不存在我们所认为的舒适生活，所有的基本道德加起来也不够买一件能御寒的衣服或一口锅：在这种怠惰安逸、无知愚蠢的状态下，你不用担心大恶，也不要指望大善。人只有受到其欲望的驱使，才会竭尽全力。

而在大型商业社会中，人的行为受个人主义动机的驱使，因而有利于财富的增加，进而带来人类个性的丰富和公民的成长。[1]

显然，这意味着必须预先制定游戏规则；法律、教育和对于社会生活的适应非常重要，因为它们能对不同的激情作出正确的引导，带来公众的利益。从某种意义上说，平衡的情感相互作用构成了一种

[1] 曼德维尔吸收了自由思想的另一个典型主题，他注意到道德习惯和性的习惯以及宗教和政治信念的可变性（当时广为流传的文学体裁——游记——证实了这一点）。这意味着否定了存在着一种人生来固有的，与主流观点（公论）一致的道德信念，因此，公正和不公正的概念只是教育和社会生活的结果。

"看不见的手",确保了社会的进步,即使这不是个人行为的直接目标。然而,这只看不见的手并不是个人行动的必然结果:它本身是一种有意识的建构,在这一建构过程中,社会管理者的能力得以体现。

第 5 节　理查德 · 坎蒂隆

对许多经济学家来说,斯密的著作《国富论》的出版标志着经济科学的诞生,而马克思认为更早的配第才是政治经济学之父。杰文斯(1881 年)的看法比较折中:认为政治经济学的创始人是国际银行家理查德 · 坎蒂隆。坎蒂隆出生在爱尔兰,但大部分时间生活在巴黎,并于 1734 年在伦敦被谋杀(尽管仍有一些谜团,有人猜测是坎蒂隆自己策划了这起谋杀,目的是逃往美国)。他是《商业性质概论》一文的作者,该文大约作于 1728 年至 1734 年之间,但在坎蒂隆去世后才于 1755 年发表了法文版。发表前曾被波斯特尔思韦特在其《商贸通用词典》(1751—1755)中用英语大量抄袭。而且,该文的手稿多年来一直保存在米拉波侯爵的手中,他似乎也有剽窃的意图。[1] 坎蒂隆对魁奈和重农主义者确实影响深远。

《商业性质概论》一文结构紧凑,逻辑严密;它由经济的内部组织、货币与内部货币流通、对外贸易与交换三个部分组成。正文后附有一份统计学附录,后来遗失,其中可能包括一些依据配第的政治算术方法所做的练习。

[1] 米拉波于 1756 年出版的《人类之友》获得了巨大的成功——在几年内出版了四十多版,并有许多译本。该书辞藻华丽,主要是对坎蒂隆著作的评论。后来,包括贝卡利亚在内的许多作者都引用了坎蒂隆的观点,但未指明出处。

坎蒂隆并不像配第那样认为算术计算能够揭示现实背后潜在的定量规律，而是认为这些算术计算仅是大致描述现实和解释现实的工具。他从配第那里汲取了许多元素，比如"国家"的概念，国家能够在满足生产资料和生活资料的需求之外获得剩余农产品。但是在配第看来，"国家"的各部分之间的联系在于它们受制于单一的国家权力。坎蒂隆则认为这种联系源自商品流通的过程，明确地与生产过程相关。因此坎蒂隆是从配第到魁奈再到斯密的发展道路上的关键人物，他在基本概念的阐释和理论分析方面都做出了贡献。

对于第一个要素，坎蒂隆将部门分工（农业、手工业和商业）与社会阶层分化（农民、手工业者、商人和贵族）还有社会地理组织（农村地区、村庄、城镇）相联系，即我们可以从不同的视角来看待一个经济体系（如部门分工、社会阶层、地理组织）。然而，由于不同分类之间无直接对应的关系，坎蒂隆的分类被认为不如现代的分类法（将经济体划分为农业、工业、服务业等部门和工人、资本家、地主等社会阶层）。

至于价值理论，坎蒂隆（1755 年，第 27 页）吸收了配第的思想："一般而言，一件产品的价格与内在价值，衡量了该产品生产中投入的土地和劳动的数量。"但是，对于配第提出的判断劳动和土地之间等价的标准，坎蒂隆并不赞同，认为该标准的基础是使用可互相替代的劳动或土地过程中的相对生产力，这意味着使用单一生产工具的技术或循环论证。实际上，坎蒂隆（同上，第 35 页）将劳动归纳为生产成本，"一个最卑贱的奴隶每天的劳动价值相当于维持他生活所需的农产品价值的两倍"；实际上，除了考虑工人自身所需的生活资料，我们还需要考虑等同于其两个后代的生活资料的一部分成本，以确保在当时的死亡率条件下，该工人无法从事生产性活动时能够有人代替。坎蒂隆似乎倾向于一种纯粹的土地价值理论，因为土地是创造价值的唯一的原始的不可再生的生产要素。坎蒂隆的思想为重农主义者的思想提供了背景，我们将在下一节加以讨论。

坎蒂隆认为上流社会的奢侈消费推动着经济的发展：我们可认为此论点是现代性的一个元素，类似于凯恩斯主义体系中自主需求项目的作用（特别是投资），同时此论点又是封建制度的残余，关注有产阶级的消费却忽视资本主义工业投资对经济的推动作用。[1] 无论如何，这一思想构成了坎蒂隆对重农学派影响的主要因素之一。

但是，重农主义者并没有采纳坎蒂隆的“三级地租”理论。第一种地租是农民用于生产成本的一部分产品，包括工人的生活资料；第二种地租是农民的收入，相当于我们今天所说的农业企业家的利润；而第三种地租是为了使用土地而付给地主的租金。农业企业家（当时占主导地位的资本主义者）的利润与地租被认为是正当的租金。因此，利润还没有与资本预付相联系，以得到统一收益率（利润率）的概念。如果我们回顾一下当时有限的竞争力量，就会更好地理解这一点。《商业性质概论》中某些研究利率与实际利润率关系的段落也反映了这一点：经济活动不同，具体情况不同，利润也不同。

坎蒂隆的货币思想与配第很相似：货币是商品流通的必需品，但贵金属并不等同于财富；经济运行良好所需要的货币数量取决于交换的价值和货币的流通速度。利率取决于可贷资金的供求比率，因此与货币供应没有直接关系。货币的价值（与商品价格成反比）本质上取

[1] 伯格（2005 年）展示了 18 世纪奢侈品的发展及英国中产阶级的奢侈品消费，如何促进了资产阶级文化和意识的形成。

决于它的生产成本，在这一点上，坎蒂隆的观点和配第一致，但是洛克的立场与他们不同，洛克更关注需求和供给。市场对货币的估价可能与其价值不同，影响货币流通速度的因素和其他因素一起对货币的估价产生重要影响：金融制度和惯例——例如清算协定和商业信贷。此外，货币现象以不同的方式影响着不同的商品。由于这些关系与坎蒂隆作为银行家所从事的活动相关，因此他很轻松地完成了对它们的考察，但并未详细论述：《商业性质概论》是一篇经济学论文，而非关于银行和金融技术的论述，尽管我们会不自觉地注意到货币问题占了大量篇幅，而财政问题几乎鲜有涉及（虽然财政问题的讨论在当时非常重要）。该文章讨论问题的逻辑极其严谨，因此，论述显得简单，有些地方甚至是显而易见的。很明显，这部作品（即使是手稿形式）对读者产生了深远的影响。

第 6 节　弗朗斯瓦·魁奈和重农学派

重农学派（他们习惯于自称为经济学家）是一群有着共同信念且充满斗志的法国经济学家，核心人物是弗朗斯瓦·魁奈（1694—1774），路易十五宫廷蓬巴杜夫人的医生，《经济表》（1758—1759）的作者。重农学派是第一个拥有自己的出版机构来倡导明确政策观点的经济学派。他们占据统治地位的时间跨度不长，只有 25 年甚至更短，但他们对政治经济发展的影响显著，部分原因在于巴黎是当时文化生活的中心。

重农主义者认为农业对经济发展起了关键作用，认为农业是唯一能够产生剩余的部门。此外，正如他们的名称所暗示的（重农主义在希腊语中是“自然”和“统治”两个单词的结合)，他们与法国启蒙运动中的笛卡尔一样赞同自然秩序，自然秩序是永恒不变的，因为它是事物内在的本质的东西——对于任何一个被赋予理性之光的人来说，其逻辑性和最优性都是不言自明的；对于开明的统治者来说，应该将自然秩序作为积极的秩序来实施。私有财产也属于这一自然秩序，因此保护财产权被认为是“积极秩序”的主要任务之一。

维克多・里克蒂，即米拉波侯爵(1715—1789)，以及其他重农主义者认为农业能够产生剩余的能力在于土壤的肥力(从一粒小麦生产出一穗小麦的能力)，因此也是大自然的礼物。这一解释剩余来源的理论可以证明贵族们将剩余据为己有的合理性，他们不仅是土地的合法所有者，而且是生活在这些土地上的农奴的主人。魁奈也认为唯有农业能产生剩余，虽然他的解释有所不同，他考虑了当时法国普遍的情形：鉴于当时世界市场上农产品和制造品的价格，法国农民通过使用最先进的技术，能够收获价值超过其生产成本的产品，而制造商们只能收回其成本(包括制造业企业家们的生活资料)。因此魁奈强调了改革后的农业体系在促进经济发展方面的潜力——他称之为“大文化”。与小文化相比，大文化关注的问题更加宏观，而且使用了资本密集度更高的技术(比如用马拉而不是用牛拉的犁)。

因此，魁奈在其著作中强调农业革命的潜力，当时农业革命已开始，但进展缓慢：魁奈反对重商主义传统，尤其是让-巴普蒂斯特・柯尔贝尔(1619—1683)的经济政策，该政策支持通过原材料进口关税和制造业进口关税的自由化来促进商业和制造业的发展，结果是增加了制造业的盈利性，却阻碍了农业的发展，减少了其盈利性。魁奈与柯尔贝尔不同，他认为应该给农产品一个适当价格：这个价格不仅要足够支付生产成本，而且还应通过确保足够的回报来促进农业的投资融资。

适当价格或是基本价格（对应纯粹的生产成本）都不是市场自发产生的价格；魁奈认为市场价格取决于供求关系。因此，只有采取相应政策来支持产品自由出口、改变国内消费习惯、鼓励人们消费更多生活必需品而非更多奢侈品（即鼓励人们消费超过维生水平的农产品而非制成品），适当价格才能得到执行。[1] 虽然竞争性利润率的概念当时仍未出现（几年后杜尔哥提出了这一概念，并由斯密进一步发展），魁奈完全认识到资本积累在生产过程中的关键作用，尤其是在促进先进技术的使用方面。魁奈区分了最初基本投资（用于耕种一块土地并提高其生产力）、生产工具（牛）和流动资本（种子、工资等）。魁奈把注意力集中在农业上，然而，与此同时，他把资本预付视为生产和资本积累的必要条件，因而是经济发展的一个关键因素，这些决定性的进步后来被杜尔哥、斯密和整个古典传统所采用。

魁奈和重农主义者发展了在“系统精神”和一致性上令人钦佩的理论。特别是魁奈，他是第一位用分析性图解识别和表现不同部门的生产性联系的经济学家，在一个以劳动分工为基础的经济体系中，不

[1] 重农主义者因此将高价格与繁荣发展的经济联系起来。在这种经济中，高价格是原因（或原因之一），而经济富裕是结果。这一观点在整个重商主义阶段被广泛接受，人们对此观点的看法并不一致，因为在许多情况下，高价格被视为匮乏的表现。相反，斯密和古典经济学家认为，适度的价格与富足的经济有关，而适当的物价在本质上是经济富足的结果。显然，在逻辑层面，两个观点并不相互排斥，因为它们考察的是发展过程的不同方面，因此得出了截然相反的因果关系。一方面，高需求导致相对较高的价格，从而刺激了生产，而较低的价格水平可能表明市场难以吸收这些产品，从而可能对生产者产生抑制作用；另一方面，在竞争条件下，伴随经济发展的生产力增长导致价格下降，而高价格则表明供给方面存在瓶颈，即生产增长存在困难。

同部门的存在源于每个部门生产工具的异质性。在《经济表》中，魁奈通过关注确保经济体系持续运作所需的交换，解决了一致性的问题。

让我们大致看一下魁奈的模型。农业被认为是经济中唯一的生产性（即能够产生剩余）部门；魁奈假设在农业中普遍采用了最先进的技术，即大文化。其他活动都属于非生产部门，因为这些活动仅仅将给定的一组原材料（包括该部门劳动者的生活资料）转移到加工品中；加工产品的价值等于生产它们的生产资料和工人的生活资料的价值之和，因此没有创造新的价值。将经济体系按照部门划分，与将社会按照阶层划分相对应：农业活动者（农民和农场主）组成生产阶层，非生产阶层包括工匠（包括制造业工人和商人）、贵族阶级、神职人员、土地所有者，他们获得农业部门生产的剩余。

经济表包括一系列图表，勾勒出了不同生产部门和不同社会阶层之间的商品与货币的一系列交换，这些交换对于经济的存在和发展十分必要。经济的运行是个循环过程，生产、交换和消费交替进行，年复一年。在生产周期结束时，流通过程由贵族启动，用所收的租金来购买农产品和制成品。然后发生一系列交换：非生产阶层用其收到的资金向生产阶层购买食品和原材料，生产阶层则向非生产阶层购买制成品。最后，生产阶层出售了剩余产品，从而获得用于向地主支付租金的资金。因此可以开始新的生产循环。剩余（经济中劳动者的生产资料和生活资料被弥补后的剩余部分）跟贵族和神职人员的消费相对应，他们不生产任何东西，但能够年复一年地购买农产品和制成品，因为他们从生产性部门获得了租金。

在魁奈描述的循环过程中，不同的部门和社会阶层是相互联系的；产品在不同社会阶层中的分配与交换过程同时进行，这样每个部门才能重新整合最初投入的生产资料和生活资料。由于剩余在地主那里不断累积,显然全部税务负担都应该从地租中支出。考虑到税收对农民的积累和技术变革的抑制作用,尝试让其他阶层承担税收的努力注定要失败,而且对整个经济体系来说也是代价高昂的。在魁奈和重农主义者看来,农民是经济发展的积极推动者。

第7节　启蒙运动时期的政治经济学:杜尔哥

18世纪的文化被启蒙运动所主导。其普遍特征是相信理性的指引会带来社会和人的物质进步和文明进步。正如我们所看到的,当我们考虑温和性商业的概念时,进步也包含人性的进步。大致遵循这些思路,同时铭记当时文化的国际性本质和巴黎所起的主导作用,我们可以发现法国、苏格兰、意大利(那不勒斯、米兰和托斯卡纳)和德意志启蒙运动的不同思潮。

巴黎当时是欧洲文化生活的中心。来自其他国家的一些主要知识分子作为各自大使馆的工作人员居住于此,如苏格兰人大卫·休谟,那不勒斯人费迪南多·加利亚尼。对亚当·斯密来说,访问法国时居住在巴黎的一段时间成了他思想发展的一个关键阶段。

法国启蒙运动大部分根深蒂固的特点是,继承了笛卡尔的思想[1]——一种系统精神和一种上升到绝对方法论水平的理性主义,最终发展为对理性女神的崇拜。例如,在重农主义理论及其对经济政策的推论中,“系统精神”是显而易见的。然而,同时期存在许多不同

[1] 勒内·笛卡尔(1596—1650),法国哲学家、数学家,《方法论》(1637年)的作者。

立场，启蒙运动的泰斗伏尔泰（1694—1778）的开放和宽容便是很好的证明。众多思想百花齐放的表现之一是狄德罗编纂的《百科全书》，从其经济学条目中可见，这部书是包括魁奈和杜尔哥在内的这一时期诸多关键人物合作的结果。

启蒙运动对经济学的贡献之一是批判了从中世纪继承下来的行会制度，这些制度对生产技术、产品质量、工资和学徒的工作条件有着严格的规定。启蒙运动还重新评估了农业相对于对外贸易和制造业的重要作用，这也构成了启蒙运动和重商主义的重要区别。在配第和坎蒂隆之后，许多作者将其分析建立在剩余和价值概念的基础上，把生产、分配和流通（交换）作为相互联系的过程。他们通常支持高工资，考虑因为贫困和穷人的困难产生的问题（如在关于建立慈善机构和医院，通过社会援助帮助病人和孤儿的讨论中），并且普遍认为经济发展和文明进步之间的关系非常重要。

这一时期法国经济文化的杰出代表人物是安·罗伯特·雅克·杜尔哥（1727—1781），他是一个文人、经济学家和高级官员，1774 年至 1776 年担任财政大臣一职，代表作是 1766 年出版的《关于财富的形成和分配的考察》。

杜尔哥属于魁奈之后的那一代，在许多方面成为重农学派和同时代的亚当·斯密之间的桥梁。他的理论认为资本和资本主义企业家非常重要，他还坚定地拥护自由主义，其座右铭是“别干预我们”。[1]

[1] 参见杜尔哥，1759 年，第 151 页。杜尔哥认为其友文森特·德·古尔奈（1712—1759）提出了以下箴言，“每个人都比其他人更了解自己的利益，因为其他人对他的利益根本不感兴趣”（同上，第 131 页）。斯密在《道德情操论》中也谈到了类似的观察结果：“每个人……都比其他任何人更适合也更能够照顾自己。”（斯密 1759 年，第 219 页），该观点可追溯至希腊传统。

放任自由也是杜尔哥采取的一系列政策措施的特征，包括谷物贸易自由化和废除手工业行会。他的政策措施可能是大革命前政府合理干预经济的最后一次尝试，但这些措施与既得利益者发生了冲突，最终导致了杜尔哥的下台。

在经济分析方面，杜尔哥提出了一种基于效用的交换价值理论。认为所有估价都是主观的；买方和卖方接受交易，因为他们对交易商品有不同的估价，双方的估价构成价格上限和下限。根据杜尔哥的说法，实际价格将介于上下限之间，与根据两个估价的平均值确定的价格一致。[1]

杜尔哥分析的其他方面预示了后来的理论，例如他的收益递增理论关注的其实是（后来提出的）集约边际，即在一块给定的土地上使用的递增的资本和劳动。斯拉法在1925年的一篇批判性文章中引用了其理论。尽管如此，这些关于经济领域中要素间相互关系的引用，并不足以让我们得出杜尔哥先于瓦尔拉提出一般经济均衡理论的结论。

第8节　意大利启蒙运动：加利亚尼

相较于法国启蒙运动，苏格兰和那不勒斯的启蒙运动更加承认人性的不完美，以及无法直接从先验推理来解释特定经济现象或制定明确的经济政策。例子之一是费迪南多·加利亚尼（1728—1787）所著的《关于小麦贸易的对话》（1770年），早在23岁时他就已经撰写了一

[1] 杜尔哥明确提出这一观点，但未详细说明。该观点可能源于经院派学者们关于公平价格的辩论，尤其是每位参与者都应该从交换中获得同等利益的论点。

篇著名的论文《论货币》(1751 年)。他对系统精神进行了直接批判,这构成了他对重农主义学说评论的基础,并表明在对经济政策进行推理时,具体的实际情况的重要性。[1] 加利亚尼是理论极简主义的拥护者。他宣称:"我不偏好任何事物。我认为我们不应该胡言乱语。"[2]他的所有著作都表明,任何理论观点和经济政策的有用性,都是相对于特定的时间和地点而言的。在这方面,他是启蒙运动怀疑论思潮的主要倡导者,甚至比伏尔泰更为极端。

在那不勒斯启蒙运动中,值得一提的还有安东尼奥·杰诺韦西(1713—1769),他是(自 1754 年以来)第一位政治经济学教授,在其著作中他强调经济跟社会组织和公共道德等公民问题之间的密切联系。他在经济领域的主要著作《商业讲座》(1765—1767)基本上是说教性的,其目的是在启蒙运动的视野下振奋人类精神,增进年轻人的知识。他的一些观点并不新颖:经济发展阶段论、鼓励消费(而非高工资)、主观价值论(包括关于生产成本的引用,可能受到加利亚尼《货币论》的启发)以及促进国家财富增加的因素。其观点与塞拉相似,但行文结构不及后者。杰诺韦西在当时取得了巨大的成功,很可能是由于他将哲学和政治经济相融合的做法符合当时的精神。

米兰和托斯卡纳的知识分子的著作中,对经济问题的讨论更多的

[1] "没有人会无缘无故地犯错误。每个人都想遵循理性和经验,但如果你遵循的是本身合理的想法或被证明过的经验或事实,但这想法或事实并不适用于当下的具体情况,你会认为你做得很好,但你错了。"(加利亚尼,1770 年,第 55 页)。又或者:"政治中没有什么可以被推到极端。在某个限度内善大于恶,超过这个限度恶就大于善。……只有圣人才知道如何确定这个限度。普通人只能通过本能去感觉。掌权者需要时间来找到这个限度。现代经济学家并不怀疑这一点。"(同上,第 233 页)

[2] 加利亚尼,1770 年,第 61 页。

是关于旨在促进经济和公民发展的改革。切萨雷·贝卡利亚(1738—1794)去世后,其《公共经济学原理》于1804年得以发表,但他最出名的文章是《论犯罪和刑罚》(1764年)(可能受其友彼得罗·维里的影响[1728—1797]),在文中他谴责了当时对死刑的滥用。维里和贝卡利亚都采纳了基于稀缺性和效用的主观价值理论;总体来说,他们认为市场是某种商品买卖双方的交易场所(这也适用于利率,即利率由贷款的需求和供给情况决定)。此外,维里和贝卡利亚都对实际问题有广泛兴趣,包括财政和货币情况、关税问题、季节性失业问题等。

第9节　苏格兰启蒙运动:弗朗西斯·哈奇森和大卫·休谟

苏格兰也采用了启蒙运动中“自然秩序”的概念,不过清除了笛卡尔的理性主义的影响,从而演化为“自发的秩序”的概念。“自发的秩序”被认为是适应性进化过程的结果,在此过程中多种不同的个人选择导致了一种结果——一组复杂,运转良好的社会结构,而不是一个广泛的、理性的设计目标(因此不同于从笛卡尔开始的建构理性主义传统,最终导致“解围之神”[代表仁慈而开明的立法者]被赋予关键角色)。

斯密是这一思潮最杰出的倡导者,尽管在他之前以及在他周围,同时期的其他主要人物在各个领域都做出了重要贡献。

弗朗西斯·哈奇森(1694—1746),曾在格拉斯哥大学给斯密授课,在其著作《道德哲学体系》(共三卷,他去世后于1755年发表)中提出“最好的道德行为能够确保大多数人最大的幸福”,从而为古典功利主义奠定了基础。哈奇森认为人本质上是一种社会性动物,甚至拒绝把伦理与政治相分离。对他人的仁慈和效用共同规范着人类的道德行为。遵循这一行为准则，人们可以获得自己的利益，但这不是其行为的直接目标，也不会导致效用和德行的对立。

亚当·弗格森（1723—1816）与斯密是同时代的人，他的主要著作是《文明社会史论》（1767 年），其中提出了语言起源的进化论观点。弗格森详细讨论了劳动分工问题，并强调了其消极方面。他的一些观点受到了斯密的大学讲稿的影响（虽未注明），因此，弗格森被认为是第一个提出这些观点的人（《国富论》的出版比他的著作晚了 10 年），但这也造成了他和斯密之间关系的紧张。

詹姆士·斯图亚特（1712—1780）是苏格兰政治和文化的主要倡导者之一，他于 1767 年出版了巨著《政治经济学原理研究》，比斯密发表《国富论》早 9 年。然而，斯图亚特并未被看作苏格兰启蒙运动的主要人物之一，而是被归入重商主义的代表人物之列，因为他认为政府积极干预经济和用关税保护制造业非常重要。

著名的经验主义哲学家大卫·休谟（1711—1776）比斯密年长 12 岁，是斯密的好友，著有《人性论》（1739—1740）。书中认为，在语言和货币等不同制度中产生的自发的秩序，是各种个人行为无法预料的结果，这些行为受到私心的引导，同时受到仁慈情感的调节。引导人类行为的不是理性，而是习惯。经济学家最熟悉的是大卫·休谟的《政治论丛》（1752 年）。在《论贸易平衡》一文中休谟阐述了在金本位制度下使不同国家的贸易达到平衡的调节机制。这一机制基于货币数量论：一国中流通中的货币数量增加（减少），会造成价格的上升（下降）。因此，当一个国家的贸易出现顺差时，黄金大量流入，国内货币供应量就会增加，同时价格也会上涨。这降低了国内生产的商品的竞争力,出口随之减少。贸易出现逆差的国家情况则恰恰相反。[1]休谟、哈奇森和苏格兰启蒙运动的其他主要人物之所以重要,是因为他们提出了人和社会的概念,尽管他们对这些概念的理解不尽相同。总体上,他们对于健全社会制度的实现表现出温和的乐观主义,认为这是追逐个人利益的结果(虽不是个人利益追求的直接目的)。他们对于人性给予了较积极的评价,同时也承认其缺陷。

[1] 休谟并没有像后来众多学者那样认为这一理论特别重要。该理论的基础是众多的假设:货币数量论成立;黄金储备与流通中的货币(包括银行存款)之间的比率足够稳定;贸易差额是国际收支中的重要因素,以及/或者国际收支中其他因素未发生显著变化;进出口商品数量增加的百分比较进出口商品价格下降(上升)的百分比更重要;最后是金本位制度的主导地位。

第 5 章

亚当·斯密

A Brief History of
Economic Thought

第 1 节　生平与著作

亚当·斯密于 1723 年出生在苏格兰小镇柯卡尔迪。他的父亲在他出生前不久去世了，他的母亲在亲戚（一个中等富裕的地主家庭）的帮助下抚养他长大。1737 年，他搬到了格拉斯哥接受当地的大学教育。

在当时，14 岁读大学并不少见，当时的大学实际上只是一种高中。在苏格兰的教育体系中，学生按所学课程支付教师学费，所以教师工资取决于学生对其教学的评价。斯密认为这一体系优于牛津等英国大学，后者的资金来自财政拨款和私人捐赠，教授们拿着固定工资，因此没有动力对自己的职业投入热情。

事实上，自 1740 年起，斯密正是在牛津大学继续他的学业，并获得了一份为期 11 年的奖学金，为他的牧师生涯作准备。斯密并不喜欢这所著名的英国大学，因为它传统又专制。在这里，年轻的斯密阅读大卫·休谟的《人性论》（1739 — 1740）被抓住并受到惩罚。休谟支持的是模糊的有神论，后来他成为斯密的挚友之一。大概是那时的阅读促使斯密放弃了从事牧师职业的想法，并于 1746 年回到柯卡尔迪，在那里他花了两年时间自学，并写了一些文学和哲学方面的文章。从 1748 年到 1751 年，斯密在爱丁堡举办了关于修辞学和英国文学的公开讲座，并且颇为成功（从听众数量和所获收入来看）。1751 年，斯密成为格拉斯哥大学的教授，先是担任逻辑学教授（但他的课程，正如他在爱丁堡的课程，本质上是修辞学），随后担任道德哲学教授，讲授自然神学、伦理学、法理学、政治学和政治经济学。

关于上述期间的讲座，后人根据斯密学生的笔记加以整理并发表。其中之一是一名学生于 1762—1763 年间所做的修辞学课程的笔记，于 1983 年发表，还有两门"法学"课程的笔记（分别记录于 1762—1763 年和 1763—1764 年：斯密 1978 年）。上述笔记内容清楚地反映出，在接触法国重农学派之前，斯密头脑中就已经形成了日后《国富论》中所提出的主要观点。在同一时期，斯密撰写并出版了《道德情操论》（1759 年），获得了广泛的成功。

《道德情操论》的读者之一是年轻的巴克勒公爵的继父，他邀请斯密担任继子的家庭教师，陪其去欧洲大陆游历，并为斯密提供了丰厚的酬劳。斯密接受了这一邀请，辞去了格拉斯哥大学教授一职。当时的苏格兰有着不错的文化生活，但真正的知识分子聚集中心是巴黎。斯密在日内瓦结识了伏尔泰，在巴黎结识了达朗贝尔、魁奈和其他许多人。

1767 年至 1773 年间，斯密回到故乡柯卡尔迪，致力于《国富论》的创作。1773 年他前往伦敦，操办该著作的出版。1776 年 3 月 9 日，该著作在各大书店上架，受到了公众的热烈欢迎。

1778 年，被询及美国的情况，斯密撰写了一份备忘录，提出应在大不列颠、爱尔兰和美洲殖民地采用一种统一的税收制度，同时爱尔兰和美洲殖民地应选举代表进入议会(依据的原则是“无代表权则不纳税”)。此外,斯密预见到英国会丧失美洲殖民地(加拿大除外),并且经济和政治重心会逐渐从英国转移到美国。[1]同在 1778 年,斯密被任命为苏格兰海关税务专员,搬到了爱丁堡,一直住到 1790 年 7 月 17 日去世。遗嘱执行人遵照他的指示,销毁了他的十六卷手稿。

第 2 节　方法

斯密在其论文《天文学史》(《哲学问题论集》中的一篇文章)中,提出一种具有现代特征的灵活的方法论。在他看来,我们对于科学理论的态度可以用三种“情感”来解释:“惊奇、诧异和赞美。”“新鲜和异常的事物”让人“惊奇”,“意料之外的”事物使人“诧异”,“伟大美好的事物”叫人“赞美”。哲学的使命是“通过描绘所有杂乱的对象之间的看不见的联系”,“将秩序引入一片看似不一致的混沌中”。通过这种方式,哲学“使自然的舞台更加连贯,更加能展现壮丽的景观”。在完成这一使命的过程中,“哲学体系”得以构建(如两种不同的宇宙观:托勒密体系和哥白尼体系)。这些体系只是想象力的创造,目的是将杂乱、不和谐的自然现象联系起来。[2]

换言之,探究世界并尝试解释其运行的哲学家们发挥着积极的作用,他们创造而非发现了这些理论。持有此立场的斯密反对伽利略的

[1] 很长时间内,斯密是美国独立的领导者之一本杰明 · 富兰克林的朋友。和当时其他的知识分子一样,斯密宣称自己反对奴隶贸易。

[2] 斯密,1795 年,第 33 页、第 45 页、第 46 页、第 105 页。

观点,后者认为科学家的任务在于揭示构成真实世界框架的自然规律("揭示"一词的词源学解释是:"揭开本来盖着的面纱")。用同样的方法,我们也可解释斯密对配第的政治算术的不信任:斯密并不只是怀疑政治算术家们通过充分发挥想象力所获得的统计数据,因为当时统计数据的收集方法确实比较原始,斯密否定的是可以用数学结构来解释现实这一观点。此前,霍布斯以及孔狄亚克的感觉论已经将这一观点延伸到人体,而配第和政治算术家们则将其延伸到"政治实体",即社会。

"哲学体系"通过"想象力的创造"帮助我们认识真实世界的混沌。但是,这些理论无法通过证明其对应的自然法则来得到验证,因为自然法则并不是理论外的真实存在,而只是我们思维的创造物。与当代的费耶阿本德和麦克洛斯基观点相似,斯密在其著作《修辞学与纯文学演讲集》(1983 年,第 178 页)中提出了修辞学方法,尤其提到法律诉讼模型来说明如何选择接受或拒绝不同命题。理解这一观点时,应牢记公正的旁观者这一概念(斯密的伦理学与知识理论之间的联系),在下一节我们将看到,这个旁观者被赋予仲裁者的角色,在此情况下,他要判断的不是公正或不公正,而是真实或不真实(暂时的而非绝对的)。

因此,斯密采取的是一种灵活的方法论。他拒绝接受现实内部存在数学结构的观点,从而赋予了人类更复杂的动机:激情和利益。二者的平衡正是其《道德情操论》的讨论对象。这些因素——对"自然法则"在客观现实中的不变性这一观念的不信任,以及在认识人类行为复杂动机方面的全方位开放性——构成了斯密成长的文化环境,也成为苏格兰启蒙运动的特征。

第 3 节　同情的道德原则

斯密作品的大背景是关于人类行为动机的辩论。斯密的贡献在于指出：对个人利益的追求，与社会公共生活正常开展的重要道德原则之间是互补的。对斯密贡献的这一理解，源于对其两大基本著作《道德情操论》和《国富论》的阅读，并且这一理解与其作品评注版[1]的编辑的观点大体一致。这两本著作是互补的而非相互冲突的。[2] 因此，人类“必须……克服他自爱的傲慢，将其转变为别人可以接受的东西……在追求财富、荣誉和升迁的竞争中，他可能会竭尽全力……以超过其他所有的竞争对手。但是，如果他冲撞或推倒任何一个对手，观众的兴致就完全没有了。这违反了公平竞争，人们不能容许”。这种道德态度是人类社会存在的前提：“社会……不可能存在于那些总要互相伤害的人中间。”[3]

换言之，斯密的自由主义观点基于两个假设，即，通常每个人都比其他人更了解自己的利益，每个人的利益中都包括被他人爱的渴望，

[1] 六卷本的《亚当 · 斯密作品和信件的格拉斯哥版本》(D. D. 拉斐尔和 A. S. 斯金纳编辑，牛津大学出版社，牛津，1976—1983；平装影印再版，自由出版社，印第安纳波利斯，1981—1985）包括 A. L. 麦克菲和 D. D. 拉斐尔编辑的《道德情操论》；R. H. 坎贝尔和 A. S. 斯金纳编辑的《国富论》；W.P.D.怀特曼编辑的《哲学问题论集》；J. C. 布赖斯编辑的《修辞学与纯文学演讲集》；R. L. 米克、D. D. 拉斐尔和 P. G. 斯泰因编辑的《法学演讲录》；E. C. 莫斯纳和 I. S. 罗斯编辑的《亚当 · 斯密通信集》。

[2] 有一种观点认为这两本著作有矛盾，对个人利益的追求对应的是《国富论》中的成熟的立场，但斯密之前在《道德情操论》中却为同情行为辩护。该观点似乎站不住脚，因为《道德情操论》多次再版，每次都是在作者的监督下，即使在《国富论》出版后也是如此。而且，在斯密的信件中，没有任何迹象显示斯密或其通信者觉察到了两本著作之间的任何(哪怕是细微的)冲突。上述“冲突”的观点出现在 19 世纪末期，那时“单向度的人”理论盛行，而在 18 世纪，“激情和利益是人类行为的基础”被认为是事实。

[3] 斯密，1759 年 5 月，第 41 页、第 83 页、第 86 页。

因此能尊重他人的利益。第一个假设解释了为何他反对通过集中的方式管理经济，即使管理者是开明的君主；因此，市场经济优于指令经济。第二个假设构成了前提条件，确保不同经济主体在追求个人利益的竞争中能同时带来社会福祉。

此外，根据斯密的观点，个人通过一个公正的旁观者的视角来评价自己的行为，这个"旁观者"拥有个人所知道的一切知识。[1] 司法机构的运行对保障市场交易的安全必不可少，上述道德行为原则为其提供必要的、确实的支持。因此斯密在其著名的言论中说道："屠户、酿酒商、面包师每天为我们提供食品和饮料，这并非是出于他们的仁爱，而是出于他们自利的打算。"[2]这其中暗示了一个对于市场经济的运行至关重要的假设，其基础是同情的道德原则在社会中被普遍接受，这一基础赋予行政和司法机构必要的权力，使其能够处理违反公共道德的事件。

只有在狭义地解释个人利益时（即将个人利益理解为自私而非自身利益），个人利益和公共利益之间才会对立。自身利益意味着对他人利益的承认（更确切地说是"同情"），弱化了对个体利益的关注。[3] 遵循苏格兰学派社会思想的传统，斯密提出了一种关于人和社会的观点，既不同于当时社会从封建主义所继承的独断专制的社会和政治结

---

[1] 公正的旁观者的概念，以及更广泛的斯密的道德哲学，参见拉斐尔 2007 年的著作。

[2] 斯密，1776 年 7 月，第 26—27 页。这一段或与它稍有出入的段落也出现在《法学演讲集》和《〈国富论〉的部分早期草稿》（1978 年再版，第 562—581 页）中。斯密提到的"仁爱"其实是含蓄引用了其导师哈奇森的观点，哈奇森认为"仁爱"具有指导人类行为的重要作用。

[3] 斯密对于个人利益的观点不能简化为单维度的最大化行为，如下面这段话所显示的："有谁能比身体健康、没有债务、问心无愧的人更加幸福？对于这类人，财富的增加可以说是多余的；如果他因此而兴高采烈，那一定是最愚蠢的轻浮心理造成的。"（斯密，1759 年，第 45 页）

构(与亚里士多德传统相关),也不同于霍布斯的契约论，即由开明仁慈的政府支配人民的生活。斯密(1759 年,第 82 页)提出了对个人自治能力更有信心的原则:“毫无疑问,从本质上讲,每个人首先并主要照顾他自己；而且,既然他比任何人都更适合照顾自己,那他这么做就是应该和适宜的。”然而,对个人利益的自由追求有两个限制：一个是外在于个人的限制(司法监管,斯密认为是国家的基本职能之一),另一个是个人自身的限制,即“对人类同胞的同情”。同时提出这两个因素,体现了斯密忠实于亚里士多德反对极端立场的传统,对人类有着积极但不理想化的认识(康德也是如此)。

第 4 节　国富论

《国民财富的性质和原因的研究》(斯密,1776 年)分为五篇：第一篇关于劳动分工(乃至由此产生的技术进步)以及价值论和收入分配理论；第二篇关于货币和积累;第三篇是对罗马帝国衰落以来的制度史和经济史的简要漫记;第四篇批判性地解说了重商主义和重农主义学说；第五章关于公共开支和收入,以及国家在经济中的作用。

斯密将“国民财富”等同于今天我们所说的人均收入，本质是所研究国家的国民生活水平,[1]因此摒弃了几十年来作为君主谋臣的

[1] 事实上,斯密的观点更为宽泛：在一个文明社会中,物质财富、自由、个人尊严以及共同遵守的规则(法律和道德规范)都很重要。繁荣的经济本身很重要,而且是文学和艺术发展的先决条件,因为商业具有教化功能。斯密的国民财富的概念让人们认识到分配的冲突(正如两个世纪前“共同财富”的概念一样：参见佚名,1581 年,以及荣卡格利亚 2015 年的评论)。关于《斯密和其之前的“财富的科学”》,参见阿斯勃姆伍格斯,2009 年。

经济学者或重商主义作家的观点，即一国的经济和军事政治力量源自国民总收入的最大化（按照此观点，瑞士尚不及印度富有）。

国民收入（Y）等于每个工人获得的平均产品数量（或劳动生产率π）乘以从事生产的工人人数（L）：

$$Y=\pi L$$

国民收入除以人口（N），得到人均收入；因此，人均收入等于劳动生产率乘以总人口中从事生产的工人的比例：

$$Y/N=\pi L/N$$

更具体地说，一国人民的生活水平取决于两个因素：从事生产性劳动者所占比例和他们的劳动生产率。

此处，劳动分工开始起作用。事实上，斯密认为劳动生产率主要取决于劳动分工所达到的阶段，而这又取决于市场规模。斯密（1776年，第14—15页）用了别针制造厂这个著名的例子，阐明了第一个观点——劳动分工对生产率的积极作用，这个例子引自达朗贝尔和狄德罗编辑的《百科全书》中“别针”的条目。斯密指出了将生产率和劳动分工联系起来的三种情况：工人通常只完成一项具体任务而非多项任务，因而其技术得到提高；工人不必从一项工作转移到另一项工作，因而节省了一定的劳动时间；由于每个工人专注于一项特定的工作，因而带来了技术的进步。

现在让我们讨论市场增长和劳动分工发展之间的联系。当一个工厂扩大规模以提高其劳动分工水平时，由于雇佣工人数量的增加和生产率的提高，该工厂在市场上出售的产品数量必然会增加。在别针工厂的例子中，如果一个工人必须靠自己完成所有的工序，那么他一天可生产大约 10 枚别针;而一个雇用了 10 名工人的小工厂每天可生产大约 5 万枚别针。由于工人数量增加了 10 倍,生产率提高了 500 倍,总产量增加了 5 000 倍。因此,市场规模必须增长 5 000 倍(较之一个工人就可以满足的市场规模),以消化该厂的产品。显然,市场规模构成了劳动力分工发展的主要制约因素。这就是斯密的自由经济主义:商业发展的障碍构成了劳动分工发展的障碍,同时也是生产力提高和公民福利增加的障碍(即国民财富增加的障碍)。

劳动分工有三个相互联系但又不同的方面:微观经济层面的劳动分工,即同一工厂内不同工人之间的劳动分工;社会分工,即不同工作和职业之间的分工;宏观经济层面的分工,即生产不同产品的工厂和行业之间的分工。因此,有必要考虑这种经济体系中特有的社会分层和不同生产部门之间的关系。

政治算术学家金和达文南特将英国的国民经济划分成数个地理区域,以此来说明英国的经济状况:他们采用这种方法是因为当时的运输困难极大地阻碍了商业发展。后来,该方法进一步发展为将社会划分为社会阶层和生产部门。在坎蒂隆和魁奈之后,斯密认为社会可划分为三个阶级:工人、资本家以及地主(与之对应的是三种不同类型的收入:工资、利润和地租)。他的三分法不同于先前的经济学家(将社会划分为农业工人和农场主、手工业者,以及贵族和僧侣)。后一种分类反映的是从封建主义向资本主义过渡的社会形态,而斯密的分类反映的是资本主义的社会形态(尽管现在地主阶级已基本失去了其重要性,而中产阶级却在扩大)。因此,斯密的三分法代表了之后经济学科学特有的概念框架。

由于资本家和工人议价的能力不同,可假定工人得到的工资刚刚足以维持他们自己和其家庭的生计。如此一来,资本家和地主的收入之和,即利润和地租之和,等于经济体获得的剩余。

斯密从配第、坎蒂隆和魁奈那里继承了剩余的概念。剩余是扣除了再生产所需的初始生产资料和生产过程中雇佣工人的生活资料后,剩余的那部分产品。在一个又一个生产过程周期中,工厂使用了作为初始生产资料的那部分产品(工人使用了作为初始生活资料的产品),在生产过程结束时,他们获得的产品首先用于弥补初始生产资料和初始生活资料,以使生产周期得以重复,之后余下的即为剩余,可用于增加(新的生产过程的)初始生产资料和初始生活资料,增加新的生产过程中雇用的工人数量,或者用于“非生产性消费”(奢侈品消费以及失业者或从事无法产生有形成果[即可在市场上售卖的产品]工作的人的生活消费)。

积累,即用作生产性用途的剩余,不仅包括追加的生产资料的投资,还包括用作增加的生产性工人的生活资料的一部分剩余。

这里出现了生产性工人和非生产性工人之间的区别问题。在这方面,斯密似乎在生产性劳动的三种定义之间摇摆不定。第一种定义:产生有形产品的劳动,即农业和制造业的劳动,不包括服务业的劳动。第二种定义:除收回用于生产的资金外还能产生额外利润的劳动。第三种定义:工资来自资本的劳动。仆人的工资来自主人的收入(而非资本),因此仆人的劳动是一种非生产性的劳动。[1]

这三种定义并非是互相替代的关系。最后一种方法适用于说明性目的,因为它有助于读者理解斯密的推理,但作为一种理论,它意味

[1] 对于这三个定义,参见斯密,1776年,分别在330—331页、332页、332—333页。

着逻辑上的恶性循环。第二个定义和第一个定义是一致的,如果我们假定农业和制造业是资本主义企业家的活动领域。在此假设下,我们可以认为斯密的观点是传统观点和后来马克思著作中的主流观点的折中。传统观点认为生产性劳动就是耐用性商品的生产(其中贵金属和对外贸易占主要位置,后者是获得前者的手段),马克思著作的主流观点则认为生产性劳动存在于资本主义经济体的内部。

谈及生产性劳动的问题,我们又回到了剩余的起源上。斯密超越了传统的生产部门划分的观点。他特别批评了重农学派的观点,即认为只有农业可以产生剩余。生产性工人占总人口的比例(L / N)取决于积累过程所达到的阶段,即可获得的生产资料的数量能为增加的生产工人提供的工作机会,也取决于制度要素和习俗,例如关于基础公共教育或童工的法律,或妇女对工厂工作的态度。反过来,这些制度因素和习俗又受到当局政治选择的影响。

采取政策来扫除自由贸易的障碍和扩大市场,可能会带来“良性循环”:市场扩大带来分工的发展,由此生产率得以提高,进而人均收入增加,最后市场又进一步扩大。这些积累性的动态机制构成了斯密的国民财富理论的精髓。

第 5 节　价值与价格

亚当·斯密(1776 年,第 82 页)对于使用价值和交换价值作出了明确的划分:

> 价值这个词……有两种不同的含义,有时表示某一特定物品

> 的效用,有时又表示因占有某物而获得的购买其他商品的能力。前者可称为“使用价值”,后者可称为“交换价值”。在使用中最有价值的东西往往交换价值很小或没有交换价值。没有什么比水更有用,但是水不能用于购买任何东西,也不会拿任何东西来交换水。相反,钻石几乎没有任何使用价值,但却需要大量其他物品才能交换到。

使用价值是交换价值的前提:一种没有用处、任何人都不想要的商品,不可能有价值为正的交换价值。但是,一旦这一条件满足后,任何商品的交换价值都是由使用价值以外的因素决定的:它取决于经济系统再生产的条件,而非所讨论的商品的效用。更准确地说,古典经济学家不认为商品的使用价值可以用数量来衡量。最多像斯密在上面引文中所表明的,我们可以说使用价值较大或较小,这种方式下,我们无须将经济主体的所有偏好进行完整的排序。斯密明确反对如下观点:物品使用价值的大小可以解释其交换价值的差异。

当提及商品的价值时,古典经济学家通常指的是交换价值。但是,价值问题可能具有不同的特征,取决于:(1)研究目标是否回到第一原则——价值的来源;(2)研究重点是否在于对价值标准进行跨期比较或跨国比较;(3)研究是否解决了交换价值的确定这一理论问题。

无论研究的具体问题是什么,经济学家最初关注的都是劳动。劳动价值论在推崇自然法则的哲学家中非常普遍;在配第和坎蒂隆的理论中,劳动和土地构成了商品价值的要素。然而,劳动价值论在不同的作者那里有着不同的含义。推崇自然法则的哲学家认为,劳动价值是人们为获得所需要的商品而作出的牺牲的一个衡量指标；配第和坎蒂隆的观点接近于实际生产成本的理论，不具有将劳动比作牺牲的意义：劳动价值本质上只是用简化的方式来表达某产品相较于其他产品的生产难度。

斯密身上兼具了上述两种特征。此外，斯密提出劳动价值论，是作为一种必要劳动理论（生产商品所需的劳动：用马克思的术语来说就是商品包含的劳动）和一种可支配劳动理论。我们先来研究后者：

> 一个人的贫富取决于他能在多大程度上享受人类生活的必需品、便利品和娱乐。但是，劳动分工出现后，一个人所需要的物品，仅有很小的部分来自他自己的劳动，更大的部分需要别人的劳动供给。他是富有还是贫穷，取决于他可以支配的劳动，或者他可以购买的劳动。因此，若一个人拥有一件商品，但并不打算自己使用或消费它，而是打算用它来交换其他商品，那么对于这个人来讲，该商品的价值就等于他能够用其购买或支配的劳动量。因此，劳动是衡量一切商品可交换价值的真实尺度。（斯密，1776 年，第 47 页）

在上文引用的段落中，斯密并无意指出决定交换价值的因素，而只是简单地说明衡量交换价值的标准，并且借助劳动在经济中的核心作用来证明这一标准的合理性。此外，可支配劳动这一标准更适合于不同国家之间的比较或同一国家不同时期的比较，因此很适合斯密所提出的“动态”国民财富理论。斯密认为可支配劳动适用于衡量基于劳动分工的社会，因为各部门所生产的商品的交换实质上将各部门的工人联系起来，将他们纳入同一个社会中，在这个社会中每个人都依赖于他人的劳动。

但是，一般意义上的价值问题仍未能解决，换言之，决定不同商品交换价值的因素尚未确定。我们可以通过将给定商品的价格除以工资率来得到可支配劳动的数量，但这一方法的前提是价格和工资率已知。

必要劳动理论提供了确定价值的方法，根据该理论，两种商品之间的交换比率与生产它们所需的劳动量成正比。然而，斯密认为这一理论只有在“资本积累和土地私有尚未出现前的未开化的社会状态”中才成立。[1] 根据他的观点，如果社会中的工人不再拥有其工作中使用的生产资料和土地，我们就不能够再使用必要劳动来解释交换价值。事实上，资本家和地主已成为跟工人阶级不同的社会阶层，但必要劳动却未考虑到构成产品价格的一部分的地租和利润。在这样一个社会，交换价格与“自然价格”一致。斯密用下面的话来定义“自然价格”，将其与“市场价格”区别开来：“一种商品的价格，如果不多不少等于生产、制造这种商品，乃至将其运送到市场所使用的按自然比率支付的地租、工资和利润，该商品就可以说是按照其自然价格出售的……通常，商品的实际售价被称为市场价格。”[2]换言之，市场价格就是我们看到的实际交换行为中的价格；自然价格则是表示重复该生产过程所需条件的理论价格。在阶级化的社会中，交换价值或“自然

[1] 斯密，1776 年，第 65 页。斯密并没有提到任何真实的原始社会，这只是个理想的社会模型，其中的社会行为人（猎人和渔夫）采用了商业社会典型的理性行为。斯密假定此社会具有原始特征，即未划分工人、资本家和地主等社会阶级。

[2] 斯密，1776 年，第 72 页。

价格”必须在弥补生产成本之余，保证生产活动中所投资的资本能够获得与其他部门的生产活动同等的回报。

“生产成本”这一概念并不足以构建价格理论，因为它意味着逻辑上的循环论证：如果我们需要钢来生产煤，同时需要煤来生产钢，如果煤的价格未知，我们就无法确定其价格。由于这个原因，斯密之前和之后的一些经济学家都求助于第一原则，比如必要劳动（在配第和坎蒂隆那里是劳动和土地），这使他们能够不用循环论证就能解释价格。然而，正如我们之前讲到的，斯密不认同上述做法，认为必要劳动作为一种解释原则，只有“在原始未开化的社会”才能被接受。

在斯密的分析中，交换价值仍然是个未解决的问题。一些解释者试图用“成分加总理论”（adding-up-of-components-theory）来解决此问题，即认为无论哪种商品，其总价格最终都由地租、劳动、利润三个部分中的一种或几种组成（斯密，1776 年，第 68 页）。换言之，一种商品的价格等于工资、利润和地租，加上劳动和土地之外的生产资料成本；生产资料成本又分解为工资、利润、地租和生产资料成本；这样一直类推，直到生产资料的成本消失或可以忽略不计为止。该理论提出从商品层面解释国民财富的原则：国民产品的价值相当于国民收入的价值，换言之，国民产品的价值等于不同社会阶层的收入之和，斯密自己也这么强调（1776 年，第 69 页）。但是，该理论忽视了在商品层面上可能出现的困难，因为必须假设这三个构成价格的变量彼此独立，该理论才能成立，并且生产资料的剩余量一般也不能归纳为零。因此这一理论受到李嘉图的批评，因为其隐含的观点是：工资率的提高导致价格的提高，而利润率保持不变。总之，我们可以说，斯密没有提出完善的交换价值理论；只有在李嘉图那里，价值理论——现代意义上的相对价格理论——才开始占据中心地位。

第 6 节　自然价格和市场价格

斯密认为,市场经济的运行相当令人满意:虽然交换自由地进行,各部门分散地作出关于生产量、销售量、购买量的决定以及交易和价格的决策,但是工厂的产量基本上等于买家的需求量。市场以两种不同的方式,将经济中不同部门的生产单位联系起来:通过市场交换,每个生产单位从其他单位获得继续其生产活动所需的物资;通过竞争,各个分散的决策中心得以协调。

斯密认为存在两种竞争。第一种是每一种商品的市场内部竞争:每一个买家都会在市场上众多卖家中寻找最终卖家,该卖家能以最低价格出售买家所需要的商品;要价过高的卖家可能会面临商品滞销的风险。同样,每个卖家都在买家中寻找愿意支付最高价格的买家;出价过低的买家有空手而归的风险。在理想条件下,买卖双方之间的竞争不会遇到障碍,每一个商品的价格只有一个,并且对所有的买家和卖家都是相同的,即所谓的"一价定律"。第二种竞争是资本家在不同的部门中寻找资本回报率最高的投资机会。如果资本家可以自由地将其资金从一个部门转移到另一个部门以寻求最丰厚的回报,那么一个部门提供的投资回报就不可能高于其他部门,否则新资本会流入回报率较高的部门,该部门的生产会增加,其产品市场价格会降低,利润和回报率也会降低。同样,一个部门提供的投资回报也不可能低于其他部门,否则投资回报低的部门会资本外流,导致生产下降,随之其产品市场价格上升,利润和回报率上升。因此,在自由竞争中,资本回报率（利润率）在所有行业都趋于一致。这样，“资本的竞争”就把一个资本主义市场中不同的经济部门联系起来。

上述两种竞争是市场调节机制（它基于市场和自然价格间关系）的基础：当一种商品的产量超过实际需求（即买家准备以自然价格购入的数量），卖家之间的竞争导致市场价格低于自然价格。如此一来，生产者将无法获得“自然”利润，该部门的资本会外流，生产也将减少，过剩的供给因而被吸收。

斯密（1776 年，第 75 页、第 77 页）用著名的“万有引力”比喻来阐释这种调整机制：

> 自然价格可以说是中心价格，不断地吸引着所有商品的价格。各种特定商品的市场价格有不断接近自然价格的趋势，但有时由于特殊的意外，有时由于自然原因，有时由于政策规定，许多商品的市场价格可能很长一段时间内大大高于自然价格。

许多作者将上述万有引力的比喻理解为一种基于供求关系的市场价格理论。事实上，斯密的想法远非如此：首先，他认为市场价格并不是理论变量，而是经验变量。其次，斯密借用“万有引力”的比喻似乎暗示着牛顿理论中的精确的理论结构（牛顿理论用精确的数学公式表示一物体受另一物体引力的吸引而运动的情况），实际上这一引用是很模糊的。包含“万有引力”的两个句子同时包含“可以说”“虽可说”这样的表达，表明它仅是一种不精确的比喻。在斯密的时代，“需求”和“供给”这两个术语并不表示商品价格和数量的稳定和易识别的关系，而是一系列偶然的依情况而变的元素，不能被完全简化为技术(规模经济和规模不经济)或心理因素(消费者偏好)。

斯密只是暗示,无论出于何种原因,当供给小于实际需求时,市场价格将高于自然价格;反之,市场价格将低于自然价格。此外,市场价格偏离自然价格将引发买方和生产者的反应,有利于改变这种不均衡状态。这些一般规则的具体表现取决于当时的情况,因此不可能形成精确的反应函数,来描述供需不均衡对市场价格的影响,以及需求与供给两个变量对价格的影响。

因此对于斯密,万有引力仅仅是个比喻,用来凸显竞争在促进市场稳定中所起的作用。在《国富论》中,他还曾用过另一个比喻“看不见的手”,目的也是如此。不过此处这个比喻他只用了一次,并且是在特定的语境中(资本家偏好投资于本国而不是外国产业中获利最丰的部门,尽管这一选择是受私利驱动的,它对社会仍有着积极的作用,因为它可以增加国民收入,此所谓“受一只看不见的手的引导”)。[1]

第 7 节　劳动分工的起源:斯密和波纳尔

斯密认为劳动分工源于人类社会生活的倾向,而波纳尔[2]则认

[1] 参见斯密,1776 年,第 456 页。“看不见的手”这一术语在斯密的其他著作中只出现了两次,每次出现的著作不同,语境也不同。(《天文学史》,Ⅲ.2:斯密,1795 年,第 49 页;《道德情操论》,第四卷第一章第十节:斯密,1759 年,第 184 页)而且至少在第一次时他的语气是很嘲讽的。随着作为公理的一般均衡理论和福利经济学两大基本“公理”的发展,“看不见的手”这一主题才被提出。根据上述理论和定理,完全竞争可确保最优均衡,任何最优均衡都可被理解为完全竞争市场的结果。现代理论认为是斯密提出了“市场是带来最优均衡的看不见的手”的观点,无异于为斯密的文化架构戴上了桂冠。但事实上,两种观点差别很大。参见荣卡格利亚,2005 年 b。

[2] 托马斯·波纳尔(1722—1805)1757—1759 年间担任马萨诸塞州总督;1767—1780 年间任议会成员。

为劳动分工源于个人先天的能力差异。这两种观点对一系列问题,如社会契约论、将社会阶层化视为自然事实的观点,以及对劳动本身的正面或负面评价,有着深远的影响。斯密认为(1776 年,第 25 页):

> 这种劳动分工有很多优势,但从本源上看,它不是人类智慧的结果。尽管人类智慧预见到劳动分工会带来普遍富裕,并期望通过它实现普遍富裕。劳动分工是人类本性中某种缓慢发展的倾向的必然结果。互通有无、物物交换、互相交易,这是人类的共性,而且这种倾向是人类所特有的。其他动物似乎根本不知道这种契约,也不知道任何其他种类的契约。

斯密当时的观点是,劳动分工源于人类建立相互交换关系的倾向,换言之,人类的社交性。斯密认为人类的这一特性也是语言的起源,并且该特性将人类和其他动物区别开来。不过,波纳尔(1776 年,第 338—339 页)却认为,劳动分工源于人类对发挥个体不同的内在劳动能力的愿望:

> 一个人具有以物易物的倾向之前,他一定已经获得了某些他并不需要的东西,而且他一定感觉到他需要的是另外的某些东西,这些东西是其他人通过自己的方式获得的……自然造就了这样的我们,我们每个人的劳动都沿着特有的方向发展,而未选择其他同样必要的劳动分工……个人能力的局限和他对物品的需要程度,必然使每个人积累了一些可以供给的物品,而这些物品是其他人所没有的。这是人类本性最原始的本质。这种本质,加

> 之互相交换的需要,使双方通过交换互通有无成为必要。这不仅是劳动分工的成因,也是个人所在的共同体形成的原因,这种共同体是政府的基础和起源。

波纳尔的立场基于两个假设,这两个假设并未包含在斯密的观点中。第一个假设是,每个人都知道自己的能力,在与他人接触之前,他就知道自己需要什么以及他人能为自己提供什么;这种认知应该是与生俱来的,只有这样才能构成劳动分工和交换的起源。第二个假设是,不同个体之间的能力生来就存在差异,这种差异除了构成劳动分工的源泉,还构成了社会经济分层的自然前提。[1] 就第一个假设而言,将个人视为先于社会的一个逻辑单位的观点,与斯密将个人视为本质上的社会生物的观点(苏格兰启蒙运动传统所特有)相对立。至于第二个假设,即经济和社会差异存在自然基础,斯密明确表示反对。事实上,斯密断言,不同的工作能力主要是劳动分工的结果:

> 个体之间天赋才能的差异,事实上远没有我们所设想的那么大。在许多情况下,这些十分不同的,看来是使从事不同职业的成年人彼此区别的才能,与其说是分工造成的,不如说是分工的结果。例如,最不同的人物——哲学家和普通的搬运工之间——

[1] 内在能力差异学说在希腊传统和经院哲学时期就已经存在(并占主导地位);大约在18世纪中叶,加利亚尼(1751年,第49页)在主观价值理论的框架内提出了这一观点:上帝使每个人生来具有不同的技艺,这些技艺与人类的需求是一致的,但每种技艺的稀缺程度不同。这段话也指出了传统观点的一个关键问题:如果我们承认个人能力是与生俱来的,那么只有上帝的"看不见的手"才能保证个人获得的能力与人类需求相一致。

的差别,与其说是先天造成的,不如说是习惯、风俗和教育造成的。(斯密,1776 年,第 28—29 页)

斯密观点的民主内涵和波纳尔观点的保守因素形成了鲜明的对比,这种对比值得重视:因为它可帮助我们了解斯密的社会哲学的创新和进步的本质,并且随着时间的推移,这一对比会重复出现。

第 8 节　经济自由主义和政治自由主义:斯密的财富

将斯密称为经济科学的创始人并不恰当,因为在他之前还有配第、坎蒂隆、魁奈等作者分析过具体的经济问题。或许,与先前的作者相比,斯密的独特之处在于作为一名大学学者,他非常注重精确定义和准确表达自己的思想,在不同观点中游刃有余,博采众长。斯密不会无条件、不加说明地接受一种观点,这种严谨和细密在他人对其著作解读的争议中可见一斑。

争议之一是斯密的自由主义。斯密对其所处时代的主要政治问题(如美国殖民地独立的冲突)持进步的态度。在大革命前后的法国,《国富论》受到进步人士的青睐,而保守知识分子则视斯密为危险的颠覆分子。所有这些思想家,无论他们是支持还是反对斯密的思想,都认为在其思想中,政治领域自由主义和经济自由主义之间,以及政治自由和捍卫自由贸易之间并无差异。

这种情况在随后的一些年里发生了变化,英国舆论对法国大革命的过激(恐怖时期)产生了强烈的负面反应,因而对斯密的自由主义也越来越缺乏信心。因此 1794 年斯密的第一个传记作者,杜格尔·斯图尔特(1753 — 1828),重新阐释了斯密的思想。为使其更容易被接受,杜格尔区分了经济自由主义和政治自由主义。政治自由主义(认为最重要的是反对任何形式的权力集中),这一原本进步的政治观点被转变为保守观点,提倡赋予企业家最大的行动自由。在工业化阶段该观点甚至被用来为企业家阶级辩护,而他们对新生产技术带来的沉重人力成本以及普遍的贫困漠不关心。这种做法跟斯密这位苏格兰经济学家反复表明的对人类不幸的体恤和对普通大众生活水平持续提高的关注,相去甚远。

另一个争议源于斯密对劳动分工的表面矛盾的两种立场。在《国富论》第一篇中,劳动分工被誉为生产力提高的基础,也是人民福利提高和文明进步的基础;在第五篇中,有一个常被引用的段落被称为马克思异化劳动理论的前身。在这段话中,斯密强调了劳动分工的消极特点,认为劳动分工使人变得粗暴。[1] 然而,上述两种立场的矛盾只是表面上的:分工既有积极的作用,也有消极的作用,斯密认为积极作用占主导地位。因此,他非但没有怀疑继续深化劳动分工的做法,而且主张用基础教育来平衡分工的消极作用。

之所以强调上述方面,是因为它很可能构成斯密的社会哲学与马

[1] 在劳动分工的发展过程中,靠劳动生活的大部分人,即广大的劳动人口,其工作变得局限于一些非常简单的操作,通常是一两种简单操作。但是,大部分人的智力必然在其日常中形成。一个人一生都在执行一些简单的操作,这些操作的结果总是相同的,或者几乎相同,因此,他没有机会运用其智力,或是锻炼其在解决困难时的创造力(因为根本不会遇到这些困难)。他很自然地就失去了运用智力的习惯,变成最愚钝无知的人。他精神麻木、思维迟缓,这使他无法参与理性谈话、享受其中乐趣,也不能拥有宽宏的、高尚的或温柔的情感,因而即使对许多私人生活中的日常职责也无法作出公正的判断。对于国家的重大而广泛的利益,更是完全无法判断。(斯密,1776 年,第 781—782 页)

克思的社会哲学之间的主要区别。他们二人都充分意识到劳动分工以及随之产生的工作的需要（或称“强制劳动”）的负面影响。然而，马克思认为，在共产主义社会中，对强制劳动的需要是可以解决的；正是实现无须强制劳动的完全自由的可能性，使得无产阶级革命和随后的无产阶级专政的血泪代价，在道德上是正当的，在政治上也是可接受的。因为无产阶级革命和专政（以及资本积累）都是生产力发展的必然阶段，它们构成了实现最终目标的必要前提。相反，斯密却认为克服劳动分工的负面因素显然是不可能的。劳动分工的深化使生产力的提高和经济福利的增加成为可能，这是人类社会进步的先决条件。但是，这是一个连续的过程，市场经济的局限和缺陷（如强制劳动和社会不平等），是无法一下子被克服的，也不存在市场经济的“出路”。人类社会的进步是可能的，但完美的社会仍然是乌托邦。

第 6 章

法国大革命时期的经济科学

A Brief History of Economic Thought

第 1 节　乌托邦和改革：人类社会的可完善性

1688 年英国不流血的“光荣革命”标志着英国政治秩序的根本性变革，但并未激烈中断国家制度的延续性。1789 年爆发的法国大革命，尤其是之后的激进化，使社会科学家面临两个关键问题。第一，制度变革能否使社会变得更好？第二，如果要以暴力或流血作为代价才能换来制度变革，那么变革可能产生的益处能否证明为其付出的代价是合理的？

18 世纪的启蒙运动传统给了第一个问题基本肯定的回答：理性引导下的干预可能会促进社会进步，这在任何情况下都始终是人类历史前进的方向。关于第二个问题，人们很少考虑。

我们对第一个问题也有不同看法：保守主义者认为，推动社会进步的做法是徒劳的，他们反对革命派。而革命派则认为彻底的变革很有必要，对于政治制度也是如此。革命派参考了理想社会的乌托邦模式，该模式通常以集体主义形式为特征，不仅涉及生产资料，还拓展到了日常生活的种种习俗中。乌托邦著作作为一种文学体裁，自 16 世纪晚期便开始流行，当时流行的还有另一种游记著作，这些著作通常是作者凭空而作，充满浪漫主义色彩，大都阐述与欧洲社会大相径庭的社会组织形态。启蒙运动的理性主义精神让知识分子相信，人类智慧能够创造出的制度体系，优于历史上传承下来的制度体系；有些知识分子对新的制度体系坚信不疑，甚至认为实现它是一种责任，即使遭到保守主义统治者和无知大众的抵制。

苏格兰社会学启蒙运动的传统对制度变革也是有利的，例如，斯密就强烈反对封建残余。然而，斯密并非要提出对理想制度的先验设计，而是指出现存制度存在改善的可能。有两个因素能够调和对理性的信任：首先是斯密在《道德情操论》中提出的自由主义观点，即每个人都最了解其自身利益；其次是一种对人性所持的基本乐观的态度，但它并非像田园诗般的完美主义，其中仍存在对统治者实际能力和动机的怀疑。同样，这也暗示了对于理想社会理论模型启发下的革命性变革的态度，作者即使不是敌视，也是缺乏信心。那不勒斯启蒙运动的倡导者在很大程度上也支持这一立场，例如加利亚尼、杰诺韦西、托斯卡纳的知识分子（主要关注农业变革），以及包括维里和贝卡里亚在内的米兰知识分子圈。另外，这一立场在法国启蒙运动中也有一些支持者，例如伏尔泰、杜尔哥以及孔多塞侯爵（1743—1794）。

事实上，正是在大革命前夕的法国，我们发现改良主义和保守主义观点之间存在冲突，其中一个有趣的例子是内克尔和杜尔哥之间的冲突，以及随后孔多塞和内克尔之间的冲突。

杜尔哥在1774年到1776年间任法国财政大臣，他曾尝试推行改革，旨在废除封建限制（对农产品自由贸易的限制，以及行会对劳动和生产过程的管制)和提高穷人社会待遇。雅克·内克尔(1732—1804)是一位银行家,是杜尔哥政治上的反对者,并且是法国在大革命之前的最后一任财政大臣。与杜尔哥相反,他认为穷人贫困是自然事实,是人口增长速度超过生活资料生产的增长速度这一趋势所导致。

孔多塞侯爵属于百科全书学派,同时他还是一位数学家,因研究概率论在社会科学中的应用而闻名于世。对于内克尔等人的观点,他的看法是:当代社会的问题并非源于自然的力量,而是源于人类制度;因此,制度变革的措施可能会影响经济发展和文明进步。孔多塞与斯密一样,都支持利于全民教育的公共干预措施;他还提倡设立集体事故保险方案和确保老有所养的方案。和斯密一样,孔多塞认为政治自由以及穷人的社会融合能够促进经济发展。孔多塞是当时进步知识分子的一员,他们在法国大革命早期起到了先导作用,但最终成了恐怖时期的受害者,因为恐怖时期的倡导者将温和的改良主义视作比保守主义更危险的敌人。

作为对法国大革命激进化的回应,反对变化的激进主义也出现了。在恐怖时期的极端主义和保守主义的双重压制下,改良主义思潮步步后退,直到半个世纪以后,随着英国的合作运动和约翰·斯图亚特·穆勒的出现,改良主义的地位才有所恢复,但同时这些思潮又一次陷入了革命激进主义和保守主义的两面夹击之中。

第 2 节　马尔萨斯和人口论

众多大不列颠知识分子原本对攻占巴士底狱表示同情,但这种同情之心很快为反对恐怖时期的保守主义所取代。仍有少部分人对法国大革命持赞同立场，其中就包括威廉·戈德温（1756—1836）。他的作品《政治正义论》广为流传，他提倡小规模生产和社会决策的分散化，认为收入再分配措施必须有利于人口中最贫困的阶层。戈德温和孔多塞一样，强烈推崇人类的可完善性：人类必须废除或改变那些原有的政治制度和社会制度，因为它们阻碍了经济和人类理性的发展。

托马斯·罗伯特·马尔萨斯（1766—1834）的观点截然相反。他曾在剑桥大学读书，毕业后被任命为英国国教会牧师，于1804年结婚并养育了三个子女。1805年他成为东印度学院历史和政治经济学教授，教学基础是斯密的《国富论》。

马尔萨斯最著名的作品是《人口论》，内容出自他与父亲的讨论。他的父亲是戈德温的追随者。该书实际上就戈德温的观点给出了保守的答复。该书的第一版只是一本小册子，内容生动，能够激发读者在政治方面的兴趣；接下来几版的篇幅不断扩充，内容精深，充斥了大量经验例证和对中心论点的证明，但比较艰深。该书读者众多、影响深远，引起了长期而活跃的争论。

马尔萨斯的论点常被总结为一条著名的原则：农业生产按算术级数增长，而人口按几何级数增长。更确切地说，人口数量每25年就会翻一番。实际上，马尔萨斯虽然多次用数字举例来阐明这一论点，但它在论述中并非不可或缺。人口论的观点很简单，即人口增长必然会受到生活资料可获得性的限制。一旦生活资料超过了严格意义上实际需要的数量，人口的增长速度就会超过农产品的增长速度。这会导致农产品价格上升，最贫困阶层的生活条件会变得更糟糕，更为广泛的贫困和苦难使得死亡率上升、出生率下降，人口增长率也因此下降。[1]

除了上述的自动调节机制外，马尔萨斯还提出了另外两种途径来保持人口和生活资料之间的平衡：第一种是“美德”途径，即独身时保持贞洁和婚后禁欲；另一种是“邪恶”途径，即避孕。第二种途径受到了所谓的新马尔萨斯主义者的拥护，但在马尔萨斯之前，边沁和孔多塞等作者早已对此表示支持。

马尔萨斯的观点并不新颖。在法国大革命之前杜尔哥和内克尔的争论中曾出现过这一论点，但是早在 16 世纪，一位名叫乔万尼 · 博泰罗（1544—1617）的意大利人已将人类的繁衍能力和增加生活资料的能力进行了对比，并且强调，人口具有增长潜力，而使生活资料生产与之同步增长相当困难，这导致两者之间的压力。另一位意大利人吉昂马利亚 · 奥特斯（1713—1790）在其著作《对人口的思考》中强调，人口具有按几何级数增长的潜力。

然而，马尔萨斯的小册子影响更大，此书不仅关注人口增长与生活资料增加之间的关系，而且关注其对政治的影响（即制度改变毫无用处）以及对收入分配的影响。这一时期的诸多经济学家，包括大卫 · 李嘉图，均引用了马尔萨斯的人口论来支持所谓的“工资铁律”，根据这一理论，工资率趋向于围绕最低生活水平上下波动。[2]

---

［1］ 查尔斯 · 达尔文（1809—1882）宣称马尔萨斯的观点是其基于自然选择的进化论思想的一个灵感来源。

［2］ 最低生活水平这一术语不仅应当作为一个生物学术语来理解，也应当从社会意义上进行理解，因为这一水平不仅使工人（不包括移民）能够在国内生存下去，而且能够组建家庭并养育后代。

上面的论述可概括为：假设大多数工人的工资仅略高于维持最低生活水平，人口开始增长，农产品的增长跟不上人口增长的速度；因此食物价格上涨，实际工资下降，回归到维持最低生活水平。与此相反，如果一开始我们假设大多数工人的工资率低于最低生活水平，那么人口数量就会减少（一方面是因为死亡率上升和出生率下降，另一方面则是因为移居外国的情况增加）；这样一来，人们对食物的需求减少，食品价格下降，实际工资上升。

我们之前看到，斯密也认为工资有停留在只能维持最低生活水平的倾向，但把原因归结为工人和资本家议价能力不同。斯密的论点似乎比基于人口论的观点更可信：如果工资率高于最低生活水平，因而出生率上升或婴儿死亡率下降，由此使得人口数量增加，那么要经过14年至16年的时间（新生儿需要这么多年方可进入劳动力市场）人们才会感觉到劳动力市场工资下行的趋势。此外，马尔萨斯的人口论假设第一产业不会发生技术进步；但事实上，历史经验表明，只需越来越少的农业人口（当代经合组织国家中，农业人口比例从70%多下降到不足4%），便可为不断增长的总人口生产超过最低生活水平所需的食物。

然而，马尔萨斯《人口论》的主要目标是主张，任何试图改善大多数工人生活状况的努力都只是徒劳。他认为，这些努力即使在短时间内是成功的，但生活水平的提高随即会导致人口更快地增长，最终使工资降低到最低生活水平。人们希望改善现状，但这不能依赖于有利于穷人的制度变革或社会政策，而只能依靠预防性抑制人口增长的方法：只有当工人们被对贫困的恐惧所笼罩，他们才会采用这种方法，这同时也能够刺激他们努力工作。因此，所有旨在消除贫困的措施都是无用的，最终只会适得其反。[1]

斯密、孔多塞、戈德温以及整个改良主义传统与马尔萨斯的观点截然相反。他们认为，激励穷人辛勤工作的是改善自身状况的希望，而非对贫困的恐惧。戈德温在其著作《论人口》中提出，工人生活水平的提高（而非他们对贫困的恐惧）促使了预防性抑制人口增长的方法的产生。

然而，最终在古典政治经济学领域占统治地位的仍是马尔萨斯的观点；这些论点对社会发展前景持悲观态度，因此导致当时的舆论将政治经济学看作是“忧郁的科学”：[2]一种抽象理论的构建，最终结果是用科学的严谨来掩盖失败主义。在某种意义上，政治经济学代表了科学中的悲观主义，这与人们乐观主义的意愿恰好相反；然而，事实表明，这种悲观主义具有很大的误导性，因为它低估了科技进步带来的潜力。有人反对政治经济学，反对其冷漠抽象的逻辑和悲观主义，认为政治经济学是基于一些非真实的假设。因此，公众舆论对于整个古典政治经济学，尤其是对李嘉图及其追随者的不信任与日俱增，但其实，马尔萨斯的人口论并不是其分析结构的关键组成部分。

第 3 节　萨伊定律

马尔萨斯《人口论》发表数年后，法国经济学家让-巴蒂斯特·萨伊（1767—1832）提出了后来广为人知的萨伊定律。其最简洁的表达形式就

[1] 但是马尔萨斯支持免费基础教育以及为穷人提供免费医疗服务。

[2] 托马斯·卡莱尔（1795—1881）在 1849 年一篇名为《黑人问题》的文章（卡莱尔，1888—1889 年，第 7 卷，第 84 页）中使用了这一表达。

是“供给创造其自身的需求”。当时该定律为诸多古典经济学家所引用，虽然这些引用看似大同小异，其实区别很大；得到进一步完善的“萨伊定律”（即总需求和总供给事前一致性）成了“李嘉图学派”的一个鲜明特征。

萨伊最初在1803年发表的著作《政治经济学概论》[1]中提出了“萨伊定律”，初衷是批判重农学说的某些方面。斯密认为储蓄和积累奠定了国民财富增长的基础，并且批判“非生产性”消费。当时诸多经济学家运用重农学说来反对斯密的上述观点。坎蒂隆和重农主义者认为地主和贵族在激活流通过程上起到了积极作用：生产过程结束时，他们拥有货币，并且利用货币从“非生产性阶级”和“生产性阶级”购买产品。然而，如果地主和贵族决定不花费其部分收入，或者不管出于什么原因，他们的需求减少了，那么就有可能出现“普遍生产过剩”或市场销路短缺的局面。因为地主和贵族的消费在流通过程中起到的积极作用，其实际上调节了交换比例和生产水平。

然而，最初的“萨伊定律”并没有这么清晰，其主要目的是再次强调斯密已提出的两个观点。第一，技术进步可能会推动生产的长期发展，人们的生活水平提高，并产生更多的需求；第二，经济增长更多依靠储蓄（以及其自动转化形成的投资），而不是非生产性消费推动。这两个观点是当时争论的真正对象，萨伊（以及之后的詹姆斯·穆勒）[2]在支持这两个观

[1] 这本著作取得了巨大的成功，同时成为美国和英国的大学教材（在法国也是如此，萨伊在1815年成为法国的第一位政治经济学教授）。书中包括基于效用的价值理论以及将生产性劳动等同于产生效用的劳动的观点（此观点不同于斯密的观点）；这意味着提供服务的劳动也是生产性的，生产性劳动不局限于生产商品的劳动。

[2] 詹姆斯·穆勒（1773—1836）是约翰·斯图亚特的父亲，是边沁的支持者和朋友，也是李嘉图的朋友，并在李嘉图创作《政治经济学及赋税原理》时提供了帮助；他曾经多年担任东印度公司的高层管理人员，他还著有一本的政治经济学手册（《政治经济学要义》，1821年），其中大多是对李嘉图的理论的复述。

点的同时也发展了其他观点。例如，人们对货币本身没有需求，而是将其作为一种获取商品的工具，最终导致的结果是总供给必然等于总需求，因此也不可能出现普遍的生产过剩危机。经济思想史学家将上述观点命名为"萨伊一致性"，并把它与所谓的"萨伊等式"区分开来。后者认为，商品的总供给和总需求之间可能存在短期的不均衡，但均衡机制很快就会让二者恢复到均衡状态。[1]

西斯蒙第、马尔萨斯和劳德戴尔（Lauderdale）等大力批判这种最激进的"萨伊定律"，他们讨论的并不是长期停滞状态的存在性，而是发生普遍生产过剩危机的可能性。其他众多"李嘉图学派"的经济学家也遵循了相同的思路，例如罗伯特·托伦斯和约翰·斯图亚特·穆勒，尤其是后者在其 1844 年发表的第二篇文章中提出：对货币的需求也可能是用作流动的存货而不是立刻用于消费。之后，马克思和凯恩斯也沿用了这个思路，尤其是凯恩斯明确表示其理论反对的正是"获得发展后"的"萨伊定律"，而非边际主义传统下古典经济学家的著作

[1] 鲍莫尔（1977 年，第 147—154 页）区分了萨伊著作提到的不同观点：1. "一种商品的购买力（有效需求）受其产量的限制，同时也等于其产量，因为生产提供了购买产品的手段"；2. "产量增加，支出也增加"；3. "既定水平的投资远比相同数量的消费支出更能促进一个经济体财富的增长"；4. "在过去的几个世纪中，某一团体总能为增加的产出找到需求，哪怕增加的幅度极为巨大"；5. "物品生产而非货币供给是需求的主要决定因素。货币促进商业发展，但它并不能决定交换的物品总量"；6. "市场上任何一种商品的供过于求必会导致其他一种或多种商品的供小于求，从而资本从供大于求的领域流出，流入到那些供小于求的行业。资本的这种流动性将迅速消除生产过剩"。斯密已经采用了较为广义的"萨伊定律"，来支持储蓄对积累和发展的重要性；另一方面，李嘉图学派则运用了"发展更完善"的"萨伊定律"，来批判斯密提出的"资本之间的竞争"理论，根据这一理论，资本积累会导致利润率的逐渐下降，因为能够为资本带来最丰厚利润的用途已经被耗尽，不得不转向其他收益较低的用途。"发展更完善"的"萨伊定律"实际上认为生产本身创造（前所未有的）市场销路，从而确保新的资本用途也能获得与之前用途相同的回报。

中所引用的"萨伊定律"。

第4节　消费不足理论：马尔萨斯和西斯蒙第

19世纪前20年，其时马尔萨斯《人口论》第一版和萨伊《政治经济学概论》第一版均已出版，基于"萨伊定律"等理论的李嘉图正统学说尚未建立。这期间许多作者加入了关于普遍生产过剩危机可能性的论战。[1]

马尔萨斯于1820年发表了其主要经济学理论著作《政治经济学原理》，其中他借鉴了斯密将可支配劳动作为一种价值标准的观点，并将其与李嘉图的理论做了对比——李嘉图认为劳动包含在商品中。马尔萨斯还强调了需求在决定商品价格以及全球生产水平和收入水平中的作用。谈及需求不足的风险时，马尔萨斯强调了地主的"非生产性消费"对收入的支持作用。

然而，马尔萨斯的观点不同于其他作者。后者通过区分储蓄和投资而发现需求不足的可能性，认为在货币经济中储蓄和投资可能会不一致。但在马尔萨斯看来，投资和储蓄两者会自动一致（李嘉图的观点也是如此）。马尔萨斯考量的是由投资引起的生产能力的提高是否会超过需求的增长；事实上，在没有资本家或者地主的非生产性消费的情况下，投资增加会导致工资上涨，这会产生额外的需求，但额外需求的产生赶不上生产能力的提高。马尔萨斯提出了基于供求的价值

[1] 我们必须把对生产过剩的恐惧和对"物品的恐惧"，即对经济增长的敌对态度区分开来，后一观点源远流长，可追溯到古希腊罗马的古典文化的作者，并且在文化争论中屡次被提及。（参见佩罗塔，2004年）

理论：在上述情况下，增加的产品将会找到销路，但价格会下降，从而导致利润和利润率下降，其结果就是普遍的危机。

然而，以上这些与凯恩斯理论毫无关系，凯恩斯理论是基于严格的货币经济中储蓄和投资的区别。马尔萨斯是凯恩斯理论的先驱（凯恩斯在其 1933 年的《传记随笔》马尔萨斯部分中如是说），这一观点体现在马尔萨斯对货币数量论的反对上。事实上，马尔萨斯（1800 年）认为，价格上涨是流通中的货币量增加的原因，而不是结果，银行会调整流通中的货币量使之与需求相适应。

马尔萨斯可以说是一个温和的保守主义者，而西斯蒙第（1773—1842）无疑是一个左派人士。他对资本主义持批判态度，并支持团结一致和社会公平等观点，而这些观点在许多方面都体现了即将到来的社会主义运动的特征；他支持公共干预，设定最低工资，限制工时，为病人、老人和失业者提供财政救助。同时，他也支持普遍存在的私有财产以及工人以多种形式参与企业利润分配，此举旨在减少收入分配不平等、促进社会流动。他的消费不足理论与捍卫劳动者购买力的需要相关：工资可被视为需求的一种来源，收入的增长促进需求的扩大，而日益增加的生产并无法自动确保需求的扩大。西斯蒙第的主要作品是 1819 出版的《政治经济学新原理》。

可见，经济学家们认为，即便消费不足理论的主要代表人物没有发现古典传统的一大致命弱点（即将储蓄等同于投资），他们也并不缺乏敏锐的洞察力。然而，他们的洞察力并没有通过严谨的分析结构表现出来；与李嘉图的理论体系（将在本书下一章中介绍）相比，他们的观点分析显得略逊一筹。尽管如此，我们也不应低估这些观点，因为它们很好地反映了当时盛行的尚未加分析的观点和政治理念。

第5节 关于济贫法的争论

至少从19世纪前10年开始，关于济贫法的争论就成了马尔萨斯人口论起核心作用的领域之一。这一争论还包括其他主题，例如政府在经济中的作用以及政府干预对个人责任感可能造成的影响。我们再次面临一个反复出现的问题：面对深受贫困之苦的最底层人口，我们可以做些什么？

显而易见，贫困问题表现为不同的形式，可概括如下，一是孤儿和弃婴，以及老人和残疾人，这些人由于各种原因无法正常工作，也没有家人可以照顾他们。二是那些具备工作能力却找不到工作的人，或者其工作收入不足以维持生计。最后是第三类人，包括那些比起工作更喜欢贫困生活（比如乞丐）或更喜欢生活充满风险的人（比如强盗）。人们对第三类人的看法有所不同：保守主义经济学家认为这类人更重要，他们反对将有利于第一类和第二类穷人的政府干预措施延伸到第三类；而支持政府干预的进步经济学家则认为，第三类穷人可以被忽略不计（或者将其纳入前两个类别）。

虽然贫困问题是地方性的，但在技术发生巨大变化的时期，它以非常剧烈的形式出现。比如第一次农业革命和之后的工业革命导致工人大众的贫困。16世纪的圈地运动——划定土地界线，用于牲畜养殖——强行将许多人及其家人赶出了世代耕种的土地，导致他们穷困潦倒。托马斯·莫尔（1516年，第65—67页）对此发表了讽刺性评论："羊原本是如此温顺、饲养成本极低的动物，现在却开始变得……贪婪凶残。它们不仅吞噬了人类，还破坏田野、房屋和城镇，导致人口数量锐减。”18 世纪下半叶和 19 世纪上半叶，在英国以及欧洲大陆较先进的国家，制造业蓬勃兴起，排挤传统手工业，从而再次导致普遍的贫困。

之后我们将讨论关于“补偿”的争论，换言之就是以下观点：机器的出现带来生活水平的提高，从而需求也进一步增加，新的工作机会产生，从而弥补了因为使用机器而失去的工作机会。然而事实上，贫困现象随处可见：至少补偿机制无法马上起作用。

伊丽莎白一世统治时期的英国，《济贫法》不仅考虑为第一类穷人——孤儿、老人和残疾人——还为那些无法通过工作养活自己的人提供系统支持。1601 年的法令规定在全国范围内征税来资助穷人，然而，征收税款和分配收益这两件事都是在地方选举的监督员的监督之下进行的，地方行政部门可以自由选择“户外救济”（分发食物、补贴和开展市政工程）或“室内救济”（强制救济对象在政府开设的济贫院中居住并工作），或者将两种方式相结合。

因此承担政府干预的成本的，是穷人所居住的社区的那些小康阶层。这意味着不同地方的穷人占当地人口的比重不同，税赋也有差别；其结果是，各个社区都试图鼓励穷人移居到国内其他地方，同时禁止其他地区的穷人进入他们的社区。此外，税收也引起了人们不断地抱怨，他们认为这一救助体系对那些有工作能力，但不愿意工作的人来说过于慷慨，造成了他们更加游手好闲（18 世纪这一观点的支持者包括丹尼尔·笛福和伯纳德·曼德维尔）。

18 世纪，尤其是 1772 年随着《新济贫法》的颁布，上述两种问题最终引发了一系列新规则的产生。新规则禁止穷人从一个教区移居到另一个教区，而且供给的食物（虽然微不足道）只能分给生活在济贫院里的人,因此济贫院形同监狱。尽管存在这样那样的限制,但济贫范围得到极大扩大,并且受到所谓的“斯宾汉姆兰制度”等因素的刺激进一步发展(这一制度得名于伯克郡地区地方官员的会面之所)。它从1795年开始广泛使用,为那些低收入人口提供补充收入,使其能达到最低生活水平,而这一水平是由接受救助的人数决定的,并与食物价格挂钩。

这便是19世纪上半叶英国关于《济贫法》争论的背景。正如我们之前看到的那样,包括马尔萨斯和李嘉图在内的许多古典经济学家都引用了人口论的观点,旨在说明救济四肢健全的穷人是徒劳无功的。西尼尔等经济学家也认为,如果为那些四肢健全的穷人提供救济,会降低他们的工作动力和工作效率,最终结果是生产缩减和可获得的用来支付工资的资金(即所谓的“工资基金”)减少。

保守主义观点和进步主义观点争论的关键在于:如果不要求具有工作能力的穷人在济贫院进行强制劳动,而直接为其提供救济,这种做法是否会抑制其工作动机?其关键与其说在于是否应当在原则上为穷人提供帮助,不如说是如何在户外救济和室内救济间进行选择。救济工作管理不当的问题,并非纯粹理论经济学争论关注的重点。与其相关的刺激个人工作动机、政府的干预作用等问题,以及贫困对相当一部分人来说不可避免的观点,才是其关注的。

第6节　关于殖民地的争论

马尔萨斯人口论认为,人口增长对生活资料形成压力。这一观点在拿破仑战争时期的英国具有现实主义色彩,当时大陆封锁阻碍了从大陆国家进口低成本的农产品。1815 年维也纳会议之后的数年中，尽管已时过境迁，但那些关于战争的回忆让人们普遍坚持这一理论。人口论的影响力日益减弱的一个领域是关于殖民地的争论，现代经济思想史学家在很大程度上忽视了这一争论，但它在当时却是十分迫切的问题。[1]

这一争论可追溯至更早的时期。例如，亚当·斯密在其代表作《国富论》（与美洲殖民地的《独立宣言》同年问世）的总结部分，提到了殖民地和母国之间的关系。斯密（1776 年，第 761—771 页；1997 年，第 377—385 页）似乎不仅愿意承认殖民地的权利，甚至描绘了一个“联邦”（与很久之后才形成的联邦类似）。斯密看出了北美未来会成为世界经济主导的潜力。而在斯密之前，配第参与了他朋友配恩的北美殖民地之行，这后来导致了宾夕法尼亚州的建立；[2] 另外坎蒂隆还有举足轻重的苏格兰银行家兼经济学家约翰·罗，曾在涉及密西西比殖民地化的金融动荡中发挥了重要作用。

现在让我们回到古典政治经济学的黄金时期。当时，隔海相望的两个国家——新近获得独立的美利坚合众国和成为殖民运动新前沿的澳大利亚——面临的主要问题之一就是人口极度稀少。可供耕作的土地广袤无垠，然而移民数量却寥寥无几，这意味着刚成立的制造业公司在招工方面困难重重，由于制造业的兴盛取决于劳动分工，因此这一问题阻碍了一个整合的经济体系的发展。

---

[1] 赖纳特在其 2011 年的著作中阐述了以下两种争论的重要性：1. 关于殖民地的争论；2. 关于殖民国家与殖民地之间冲突的争论。

[2] 配第也反复建议“移民”，或者大规模驱逐爱尔兰人，这样做是为了将爱尔兰改造成一个巨大的畜牧业养殖场，并雇用一批工人饲养牲畜。

许多作者尝试解决这一问题：托伦斯（1817年）回顾了马尔萨斯的人口论，他是最早提出将殖民地作为移民出路的作者之一，这一移民措施能够改善联合王国工人，尤其是爱尔兰工人的现状。然而，西尼尔等则反对殖民政策，他们认为人口增长很快就会填补移民造成的人口缺失。

爱德华·吉本·韦克菲尔德（1796—1862）（1829年、1833年）认为，为确保殖民地拥有足够的劳动力，殖民地的土地应当被卖给殖民者，其售价应定在部分人可以承受的范围内；如果殖民者自由占用可耕种的土地，那么他们会四处分散居住，很难实行劳动分工，从而导致极大的生产力损失和新殖民地的贫困。

托伦斯接受了韦克菲尔德的观点之后，便开始以其特有的热情来捍卫它。他在南澳大利亚（该地有一个以他的名字命名的大湖泊）的殖民地化过程中起到了积极作用。因此，曾对人类社会进步的可能性持悲观态度的人口理论，开始转变为扩张主义力量合理化的基础，从而导致了大不列颠帝国的形成。

第7节　边沁的功利主义

我们现在开始研究另一个重要的思想流派，即边沁的功利主义，它是在斯密的《国富论》（1776年）和约翰·斯图亚特·穆勒的《政治经济学原理》（1848年）之间的这段时期形成并产生影响的。我们将会在第十章里看到，它在某些方面为杰文斯的“边际革命”开辟了道路；而且，它可以帮助我们理解从斯密的“人是为丰富的激情和利益所驱动”的观点，到李嘉图关于“经济人”的概念的转变，从很多方面讲这一转变都是一大后退。

杰里米·边沁(1748—1832)的“功利主义革命”属于伦理学领域,而这一领域中长达几个世纪的争论焦点在于道义论方法和后果论方法的冲突。边沁为后 ·种方法的发展做出了杰出贡献。

简言之,道义论认为,行为本身就有“好的”和“坏的”;而后果论方法认为,任何行为的好坏要以其后果作为判断标准。伦理学中的道义论一般是基于权威原则,与宗教戒律有关,并且在以尊重传统为导向的社会中更为典型。另一方面,随着启蒙时代新的理性主义取向的出现,[1]伦理学中的后果论逐渐引起人们的关注。

边沁(1776 年,第 393 页)指出,“最大多数人的最大幸福即为判断是非的标准”。这一原则意味着两个要素(“最大幸福”和“最大多数人”)的同时最大化;然而,边沁的“幸福微积分”(包括对某一个或某一类行为所带来的幸福和痛苦进行数量评估和加总。此处快乐用正值表示,痛苦用负值表示)似乎只意味着一种最大化:社会幸福总量。任何代数运算产生正值的幸福数量的行为都是“好的”,因此增加了人类社会内部的“幸福总量”;反之,产生负值的幸福数量的行为都是“坏的”,因此减少了人类社会的“幸福总量”。

“幸福微积分”被用来评估个人行为和公共政策选择的社会效果,不过边沁更关注后者。

让我们来思考一下这一点。如果个人在追求个人利益的同时没

---

[1] 很显然如此明确地划分道义论方法和结果论方法过于简单,并且掩饰了诸多问题。阿马蒂亚·森在 1991 年已表明,一般而言,道义论理论倾向于(至少是间接地)承认行为后果的重要性,而后果论方法也通常保留了先验判断的某些因素。然而从整体上看,这一划分有助于理解这两种方法。

有损害他人利益,那么个人行为的私人影响和社会影响就是一致的;在这种情况下,自私行为也能自动实现公共福利,所谓的"利益的天然一致性"的观点是成立的。这一观点正是最极端的自由放任思想的基础,认为个人在追求个人利益的同时,能够实现最优社会条件。这一观点与亚当·斯密的立场不同,斯密认为个人在社会中相互作用,个人行为对他人产生影响,因此个人行为应该接受一系列法律和道德规范的引导,这些规范由政府(包括警察和司法机关)维护。斯密的自由放任主义基于以下信念:在这个不完美的世界中,每个人都能更好地照顾自己的利益而非他人的利益,所以我们应该抛弃"开明君主"这一梦想。然而边沁将"开明君主"思想(这决定了立法者的中心作用)与极端自由放任观点(并不明显,但他为了反对斯密为利率设上限的提议而为高利贷辩护,由此得出判断。边沁,1787 年)相结合。

事实上,边沁理论的指导性目标在于制定一部法典,以便让理性在人类社会中取得至高无上的地位。立法者运用幸福微积分理论,通过法律规定奖惩措施,从而影响个人行为,使其能够与最大程度的幸福原则相一致。当然,不同行为所带来的幸福数量是将社会作为一个整体来计算,并由立法者自己进行评估。幸福微积分需要两个前提条件:首先,对每个人的快乐和痛苦都可以通过一个单维度的量化测量加以简化;其次,对不同个人的幸福程度可以进行算数加总(并且假设所有人感受快乐和痛苦的能力是相同的)。

边沁在许多方面坚信理性的力量,并且坚信幸福微积分可以用于评估同质的、单维度的人性。然而据我所知,在他数量惊人的手稿中并未找到用数字计算快乐和痛苦的实例。边沁只是系统地阐述了影响快乐和痛苦"数量"的因素(比如"强度、持续时间、确定性、时空接近性、丰度、纯度和广度”)，但这已经足以实现他的目标，比如确定法律(尤其是与惩罚，比如死刑有关的法律)应遵循的标准。边沁是在这一语境下(更广泛地说是在伦理学争论的语境下)而不是在消费者行为分析语境下，提出了幸福微积分这一方法。从边沁的“立法者”的角度来看，边际效用概念和边际效用递减假设都是没有必要的；事实上，边沁及其追随者，尤其是约翰·斯图亚特·穆勒，很可能认为边际效用的推理思路将幸福微积分的应用延伸得过广。从边沁的功利主义到边际主义价值理论还有很长的一段路，后者需要一些假设条件，比如严格定义的需求函数和供给函数，没有这些函数就无法运用微积分这一工具。

第 7 章

大卫 · 李嘉图

A Brief History of
Economic Thought

第 1 节　生平与著作

大卫·李嘉图于 1772 年生于伦敦一个塞法迪犹太人之家,其父是一位富裕的证券经纪人。遵循家族传统,他到荷兰阿姆斯特丹学习,阿姆斯特丹是当时重要的金融中心,也是李嘉图家族的故乡。大卫 14 岁时回到伦敦,随父从事证券交易工作。然而,不久,他就成了一个浪漫爱情故事的男主角。他爱上了一位年轻的贵格会女子,并不顾家人的反对与她结婚,由此家人与他断绝了关系。为此,他被迫自力更生。由于能力出类拔萃,他很快在商界成为举足轻重的人物。

他在证券交易所的工作经历促使他系统地思考英国经济的兴衰更替。1799 年李嘉图在度假时,无意中读到斯密的《国富论》。他不是学者出身,但他才智敏锐、思维清晰、逻辑性强。他的分析爱好主要围绕以下三方面:他那个时代正在发生的经济事件、围绕这些经济事件而展开的争论以及斯密的著作。

他最早的经济学著作,研究的就是当时货币领域有争议的问题。然而,直到 1815 年离开证券交易所之后,他才开始对政治经济学做出巨大贡献。当时他才 43 岁,但得益于在公债投机买卖上取得的成功,他已经非常富裕。李嘉图搬到了格特康乡下，在那里过着宁静的富裕乡绅的生活。同时他还开始参与政治活动，并于1819年成为代表波塔林顿的议会议员。波塔林顿是爱尔兰的一个行政区，只有12名选民。按照当时的惯例，选民将选票卖给了出价最高者。他加入了这一时期的经济辩论，但更多的是通过与朋友的信函往来和在议会发言，而不是发表著作来表达自己的观点。在他发表的著作中，1815年出版问世的《论谷物低价对资本利润的影响》引起了极大反响。他的代表作是1817年出版问世的《政治经济学及赋税原理》一书。[1]

李嘉图在其出版的著作和议会活动中，主要研究货币、财政和公债问题。他建议征收财产税，以便在几年之内偿还拿破仑战争期间堆积的公债。1823年，他提议银行纸币的发行应被委托给一家国家银行，英格兰银行应当只能从事商业银行的业务。李嘉图于1823年去世，他给妻子及其在世的孩子留下了一笔巨额遗产。此外，他也给他的朋友马尔萨斯和詹姆斯·穆勒留下了一些遗赠。

尽管李嘉图被誉为领袖人物，但在他去世后的短短几年内，他的科学遗产已经逐渐消失无余，他原本的思想也越来越被人曲解。1870年边际主义方法兴起后，“李嘉图是个天才”的想法逐渐获得认可，但是他的著作还是被认为不值一读；事实上，甚至有人认为，正是李嘉图的非凡智慧，使他将政治经济学引入歧途。直到斯拉法在1951年到1955年期间编辑出版了共十卷的巨著《李嘉图著作和通信集》后，李嘉图以及他对政治经济学的贡献才重新引起了经济学家的关注。

---

[1] 《论谷物低价对资本利润的影响》重印在《李嘉图著作和通信集》(1951—1955)第四卷；《政治经济学及赋税原理》第一卷。

第 2 节　李嘉图的动态观点

李嘉图秉承了斯密关于经济体系的观点，并在此基础上建立了一个分析结构。这一结构因特有的系统性和逻辑一致性而令人称道。与斯密一样，李嘉图研究的是一个以劳动分工为基础的社会。这样的社会有两大部门（农业和制造业）、三大社会阶层（工人、资本家和地主），以及与此相对应的三类收入（工资、利润和地租）。工资对应生活消费，因此构成了必要的生产成本的一部分；地租和利润对应剩余，即弥补了最初拥有的生产资料以及生产中所雇用的工人的生活资料后，剩下的那部分依然可自由支配的产品。地主将他们的地租用于奢侈品消费，而竞争促使资本家几乎将他们的全部利润用于投资。因此，经济发展源自资本家以利润为基础而实现的积累。

然而，李嘉图的分析结构在框架上与亚当·斯密截然不同。斯密采用的是历史分析框架。在此框架下，经济学家关注的是最重要的影响因素，但也时而提及其他背景因素。李嘉图具有分析性思维，天生要求逻辑严谨，因此他建立了一个分析结构，并且通过缜密思考，从分析框架中剔除了一切被认为与所研究的问题没有直接关系的因素。此外，斯密阐明的是与劳动分工的发展相关的整个经济体系的演变过程，但李嘉图关注的则是剩余在地租和利润之间的分配，以及剩余对资本积累和经济增长节奏的影响。这意味着假设技术和工资率既定，按照李嘉图认可的“萨伊定律”，任何时候的生产水平是指可用的生产能力能实现的产量，而可用的生产能力是由资本积累过程决定的。[1]

关于工资率既定这一假设，李嘉图沿用了马尔萨斯的人口理论，假定工资处于维持最低生活水平（根据托伦斯提出的建议，维持最低生活水平不是从纯粹的生物学角度来理解的，而是应当将其理解为工人可接受的历史-社会最低生活标准）。因此，剩余最终是在主要用于奢侈品消费的地租，和主要用于投资的利润之间进行分配的。

级差地租理论可以解决地租问题。人们通常认为是李嘉图提出了这一理论，但事实上，是马尔萨斯和（可能的）韦斯特，在 1815 年关于谷物关税的短暂但激烈的争论中，先于李嘉图提出了这一理论，但是李嘉图理解并使用了这一理论。根据这一理论，对于任何一块土地而言，其地租等于用于耕种的土地中"劣等土地"的单位生产成本与该土地的单位成本之差，跟该土地可获得的生产数量的乘积。"劣等土地"的地租为零，因而不计入生产成本。由此，利润就是余额量，即没有成为地租的剩余部分。

由于经济增长源于积累，从而也就是源于利润，因此任何导致利润减少的因素都阻碍了积累。假定剩余数量既定，那么地租的增加必然导致利润的减少。根据李嘉图的观点，在其他条件不变的情况下，这是经济增长本身的结果，因为经济增长必然伴随着食物消费的增加，这反过来又导致耕种面积的增加。让我们假设已用于耕种的土地比那些未用于耕种的土地更优，随着新土地的耕种，"劣等土地"更劣。因此，由于单位产出的成本增加，在边际土地上获得的利润减少。已

---

[1] 有人指责李嘉图低估了技术进步，并且过度悲观，因为他将经济长期发展趋势降至静止状态。

用于耕种的土地的地租增加，结果农民的利润减少。通过农产品价格和工资的增加，利润的减少从农业传导到制造业。这一切都阻碍了积累。

这一现象的政策含义不言而喻。应对粮食需求增加的最佳方式是从外国进口谷物，而不是新开垦更劣的土地。因此，排除阻碍农产品进口的所有障碍（如关税）是恰当之举。下文将要研究的比较优势理论也强化了这一政策结论：国际分工使每个国家获得了更多的商品。

由此，李嘉图在分析层面上反映了他那个时代在政治上占主导地位的地主阶层，与新生的制造业资产阶级之间的利益冲突。这一冲突集中表现在是否应对进口谷物征收关税上。[1] 李嘉图为古典政治经济学建立了一个合理的分析框架。这是他对经济科学发展所做出的重要贡献，也是对他所支持的政治立场逐渐获取胜利所做出的卓越贡献。

第 3 节　从谷物模型到劳动价值理论

上文我们已看到，李嘉图赋予利润在经济发展中的核心地位。然而，不是利润总量，而是利润率才占据了李嘉图所构建的分析体系的中心位置。之所以如此，主要是由于以下两个原因。

首先，在一个由竞争驱动的资本主义社会里，资本家可以自由地

[1] 多年以后的 1846 年，英国才废除了谷物进口关税。其中，1838 年由科布登在曼彻斯特成立的“反谷物法联盟”在这场激烈的政治斗争中发挥了重要作用。因此，从这个时期开始，“曼彻斯特主义”这一术语指的就是自由贸易的概念。

将其资本从一种投资转移到另一种投资,因此投资于不同部门的资金回报(即利润率)必须基本相等。由此,利润率调节社会对不同商品的生产投入。正是这种利润率趋同的竞争机制,确保了经济体中不同商品的生产数量基本等于销售数量。

其次,在李嘉图所采用的假设中,利润率也是衡量经济潜在增长速度的一项指标。事实上,根据定义,利润率等于利润与预付资本的比率。假定利润全部用于投资,则该比率也等于投资与预付资本的比率,即积累率。此外,如果我们不考虑技术变革,根据萨伊定律,如果我们假定现有的生产能力已被充分利用,那么我们就会发现利润率等于国民收入增长率。[1] 当然,李嘉图没有清晰地阐明这些关系,但它们确实以分析的形式反映了他思想的实质。对于李嘉图而言,如果能解释利润率是否或者为何随着时间的推移有下降的趋势,以及找出可能扭转这种趋势的因素,就意味着能解释经济的发展速度。

正是由于利润率在调节资本主义经济竞争机制中的作用,及其在经济发展过程中的作用,如何确定利润率是李嘉图分析体系的核心所在,或者广而言之,是整个古典传统经济学的核心所在。在这一领域,李嘉图做出了至关重要的分析性贡献,远远超越了斯密的正常利润率的概念(正常利润率是由可用于投资的资本之间的竞争压力决定的)。

根据斯拉法(1951 年)的推测解释,李嘉图的思想发展经历了两个连续阶段。第一阶段始于 1814 年关于"资本利润"的一篇笔记(已逸失),终于 1815 年的《论低价谷物对资本利润的影响》;第二阶段始

[1] 我们用 Y 表示收入,P 表示利润,I 表示投资,K 表示投资资本,r 表示利润率,g 表示积累率(如果资本与收入比率恒定,那么 g 等于经济增长率)。根据定义,$r=P/K$,$g=I/K$。如果我们假定投资等于利润,即 $P=I$,则 $r=g$。

于马尔萨斯对李嘉图的“谷物模型”的批评，终于 1817 年的《政治经济学及赋税原理》（尽管李嘉图直到去世前夕还在苦思冥想这个问题的各个方面）。现在让我们更进一步研究这个问题。

利润率等于利润与预付资本的比率。为了计算该比率，利润与预付资本必须用同类量的量值表示。在李嘉图研究的第一阶段，他用同一商品“谷物”的不同数量来表示农业部门的利润和预付资本：谷物是农业部门生产的唯一商品，也是唯一生产资料（作为种子），以及耕种土地所雇用的劳动者所需的唯一生活资料。前文提到，根据“李嘉图的地租理论”，在用于耕种的土地中，劣等土地的地租为零，因此所有剩余都可算作利润。例如，我们假定边际土地的产量为 100 吨谷物，其中 30 吨用作种子，50 吨用于劳动者维持生存，全部算作利润的剩余等于 20 吨谷物（100-30-50=20），那么利润率达到 25%（20/80=0.25）。

通过这种方式，我们可以规避价值问题，即：在计算利润率时，不需要通过确定构成预付资本和剩余的商品的相对价格，来计算利润和预付资本的价值。显然，在竞争状态下，资本使用方式可以不同，但利润率必须趋同。也就是说，不仅整个农业部门的利润率，而且所有制造业活动中的利润率都要等于边际土地的利润率。因此，相对价格需要接受调整，以确保经济体中所有部门的利润率是一致的。

马尔萨斯在 1814 年 8 月 5 日的一封信中反对李嘉图的这一观点，“在任何情况下，产品都不可能与预付资本一样是性质完全相同的物品（甚至在农业部门也不可能）”。[1] 换言之，李嘉图试图通过同一商品的不同实物数量的比率来确定利润率，但即便如此，他还是不

[1] 《李嘉图著作和通信集》（1951—1955），第六卷，第 117 页。

能规避价值问题，因为在任何生产过程中，所使用的生产资料彼此之间是异质的，与产品也是不同质的。

面对这些批评，李嘉图反复斟酌后承认它们是准确无误的。随后他在《政治经济学及赋税原理》中提出了一个新的解决方法：用劳动价值理论来解释相对价格。根据这一理论，两种商品之间的交换比率，等于生产这两种商品直接或间接所需的劳动量之间的比率。李嘉图认为与先前的解决方法相比，这一新的解决方法是一大进步，尽管他认为这个新方法也不是尽善尽美的，因为正如托伦斯和马尔萨斯随后马上提醒他的那样，这个新方法是建立在极端简化的假设基础之上的。然而，从李嘉图的政治目的——抨击地租——这一视角来看，李嘉图认为他的推理非常有效，并且可以克服种种困难（为了解决价值问题而不得不引入的“复杂因素”）。

经院哲学传统中早已出现了这一理论，斯密也已经提出过这一理论，认为该理论只在“早期未开化的社会”才成立。在这样的社会里，尚未出现劳动和资本以及土地所有权之间的分离，从而也没有工资、利润和地租的不同分类。李嘉图将这一理论的应用推广到资本主义经济中。他假设，对于每种商品而言，为了计算价格而必须加到劳动成本中的利润和地租的总量，与生产过程耗费的劳动量大致成比例。这显然又是一个不切实际的假设，但这一点并没有让他很担心。事实上，他的主要目的与其说是提出相对价格理论，不如说是为了收入分配和积累理论，而收入分配和积累理论涉及的并不是个体的生产过程，而是整个国家的经济活动。

由于劳动价值理论，李嘉图能够以同质的方式衡量产品、生产资料以及生活资料：它们生产过程中所耗费的劳动量。更准确地说，一个经济体的年产值等于同一时间段内所耗费的全部劳动量。剩余价值是产品价值与生产资料价值之间的差异,也可用一定数量的劳动来表示。一旦地租问题得到了解决,利润也可以确定了。然后,利润率等于利润和预付资本之间的比率,两者都用同类量(劳动时间)的不同数量来表示。[1]

第 4 节　绝对价值和交换价值:不变的价值标准

李嘉图在《政治经济学及赋税原理》一书中指出了劳动价值理论的局限性。根据他的观点,相对价格是由生产不同商品直接和间接所需的劳动量之间的比率决定,这违反了经济体中不同部门之间利润率趋同这一条件,原因有三:不同的生产过程的持续时间不同,固定资本和流动资本之间的比率的变化,以及不同部门所使用的固定资本的耐用性不同。因此,劳动价值理论最多只能被认为是一种与相对价格理论近似的理论。然而,对于李嘉图来说,问题并不在于确定近似边际可能有多大,而是在于是否有可能为交换价值找到一个最佳的度量尺度,即:为交换价值找到"不变的标准"。

在寻找这种"锚定"时,李嘉图使用了传统的参考术语,即为获得

[1] 我们用 L 表示所雇用的工人数量(因此它就是用"人年"来表示的一年中使用的劳动量)。因此,L 就是用劳动表示的该经济体的年产值。我们用 Lw 表示所雇用的工人维持生存所需商品的价格(也用劳动来表示)。根据假设,它等于支付给工人的工资。Lc 表示一年中全部使用的生产资料的价值(假定只使用流动资本)。为简化起见,我们不考虑租金。假定所有的生产过程都持续一年,并且资本家在年初预付工资和流动资本。全部预付资本的价值等于 $Lw+Lc$,而利润 P 的值等于产品和生产成本之间的差值,即 $P=L-Lw-Lc$,利润率 r 等于利润与预付资本的比率,即 $r=(L-Lw-Lc)/(Lw+Lc)$。

一定数量的产品所需要耗费的劳动时间。将劳动作为标准(即:将既定不变的劳动量可以生产的商品作为标准)具有优势,在面对技术变化时,仍然可以提供精确的答案。它还满足了把建立在劳动基础上的交换价值理论和建立在一直争论不休的供求机制理念基础上的交换价值理论,进行比较的辩证需求。和斯密一样,在李嘉图看来,供求关系只是令市场价格相对于自然价格发生调整,而非决定自然价格:

> 最终支配商品价格的必然是生产成本,而不是人们常说的供给和需求比例。如果商品的供给未能按需求的增减而增减,供求比例确实可能暂时影响商品的市场价值,但这种影响只是暂时的。[1]

然而,一旦收入在工资和利润之间的分配发生变化,李嘉图所选择的标准被证明是不适用的。实际上,在不同的生产时期或不同的固定资本和流动资本比率的情况下,如果收入分配发生变化,相同的劳动量生产的两种商品的相对价值也会发生变化,而我们使用的不变标准就无法说明这种交换价值变化的原因。

面对这些困难,李嘉图的研究道路似乎也走到了尽头。我们来分析一下原因。就像从配第以来的许多经济学家一样,李嘉图的交换价值理论是以劳动为基础。用这种方法可以解决价值问题,但前提是能否找到度量尺度,从而精确地度量生产所需的劳动。为了解决这一问题,不变的价值标准应具有双重特征,即相对技术变化和收入分配变化,这一标准能够保持不变。生产所需的劳动这一标准满足了第一个

[1] 《李嘉图著作和通信集》(1951—1955),第一卷,第382页。

必要条件,但就第二个必要条件而言,它背离了整个古典政治经济学的一个关键假设,即竞争状态下利润率趋同。

李嘉图意识到沿着这一方向所作的任何努力都将是徒劳无益的,但他仍然坚信——我们可以说在一个尚未加分析的层面上——劳动时间必然与这种不变的价值标准有关。这意味着李嘉图理论中存在着一种形而上学的因素,即精确度量价值这一纯粹的分析性问题,与寻找价值基础(价值的最终起源,或者正如马克思所说,"物质")这一纯粹的形而上学问题结合起来:在李嘉图(或马克思)的思想中,价值的最终起源只能在劳动中找到。人类在解释一个基于劳动分工的社会的运作时,渴望将其"自然"方面分离出来,寻求将劳动作为绝对度量标准的种种尝试在某种意义上就对应了这种渴望。然而,上述观点有一根本性的缺陷:只有在连接不同经济部门和不同经济主体的交换网络存在的情况下才能实现分工;交换机制不仅反映了生产各种商品所耗费的劳动,而且也反映了所研究的社会的制度、习俗和社会结构。这些因素规范了交换网络和社会阶层之间收入分配的运作。在资本主义经济中,除了技术(用李嘉图的术语表达,即生产难度),还必须考虑到如关于利润率趋同的假设等因素,因为关于利润率趋同的假设在分析层面反映了资本主义社会的一个基本特征,即"资本竞争"。

第 5 节　货币

人们一般认为是古典经济学家(当然也包括李嘉图)提出了货币数量论。根据这一理论,流通中的货币数量的变化(被认为是外生的,即独立于其他经济变量)决定了一般价格水平的变化,而不影响生产水平(根据萨伊定律,生产水平取决于可用的生产能力以及长期实现的资本积累)或货币流通速度。货币流通速度取决于制度和习俗因素,如工资、地租和税收的支付频率。

这一理论的各种因素在李嘉图时代已经有了悠久的传统。例如,货币流通速度的概念可以追溯到配第或洛克等这些作者。他们也认为货币流通速度相对稳定。流通中的货币数量影响价格这一观点在16世纪和17世纪的作者中很常见,当时他们面临着在"新大陆"发现新的金银矿所带来的通货膨胀现象。在18世纪,大卫·休谟在解释贸易平衡的自动调整机制时,认为货币数量论是一个既定事实。

李嘉图的理论包括了构成货币数量论的不同因素(从萨伊定律到相对稳定的货币流通速度的概念)。另外,他还考虑了其他使情况变得更加复杂的因素。首先,有一种观点认为黄金或更为一般的贵金属是生产出来的商品,其数量可以增加。因此,根据劳动价值理论,通过生产黄金和其他商品所需的直接和间接劳动量之间的比率,可以确定黄金相对于其他商品的价格。其次,还有黄金与银行发行票据之间的关系问题。这是李嘉图货币理论的关键所在。所谓货币,李嘉图指的是通常用作支付手段的一套标准化的金融活动,例如主要银行发行的纸币。正是对这一货币概念,李嘉图应用了货币数量论的核心原则:主要银行发行的纸币价值与其数量成反比变化。换言之,货币(纸币)相对于一般商品的购买力必须分解为两种不同的关系:货币与黄金的交换比率,即货币的价值;以及黄金与其他商品之间的交换比率。后一种关系只是已生产的和可再生的商品的一般交换价值理论的一个特例,而前一种关系是借助货币数量论来研究的。

不同于货币数量论的现代追随者,李嘉图和他同时代的人一样,没有考虑如何从货币数量中推断出价格水平这一问题,因为货币数量很难观察且多变。因此,在李嘉图的分析中,货币政策的关键变量不是商品的价格水平,而是货币的价值,即货币与黄金的交换比率:当这个比率稳定时,那么货币数量虽然未知,但处于自然水平。此外,通过使用黄金作为货币的标准,只要商品的货币价格发生变化,就可以确定这是出于"真实"原因还是"货币"原因,前者可以追溯到技术和收入分配,后者可以追溯到货币数量的变化:在第一种情况下,发生变化的是商品和黄金之间的交换比率,而在第二种情况下,发生变化的是货币相对于其度量标准(即黄金)的价值。

正是凭借这种分析结构,李嘉图解决了他那个时代关于货币的争议问题,特别是关于央行角色的金银本位主义的争论。当时所有重要的经济学家都参与了这一争论。对这一争论有着重要贡献的是英国银行家兼议员亨利·桑顿,其著作是《大不列颠票据信用的性质和作用的探讨》(1802 年)。桑顿先于李嘉图,提出价格和货币数量之间的联系不是直接的,因此也不是自动的;但是,他提出的中间因素是贴现率。此外,桑顿也先于维克塞尔分析了信贷扩张过程,将其与银行利率和利润率之间的差异密切联系起来。在此背景下,桑顿认为央行的货币政策选择起到了积极的作用。[1]

[1] 对货币问题的争论在几十年后重新开始。当时的通货学派(包括罗伯特·托伦斯、奥弗斯通勋爵等人)和银行学派(包括托马斯·图克、约翰·斯图亚特·穆勒等人)展开了争论,争论的焦点是银行运作方式以及票据发行时应遵从(或不遵从)的规则,即货币在商品流通中充当交换媒介时,银行所起的作用是积极的还是消极的(或者,换言之,面对需求的变化,货币供应量的性质是外生的还是内生的)。托马斯·图克(1774—1858)以六卷本的《物价史:1793—1856》(图克,1838—1857)以及《通货原理研究》(1844 年)而闻名。他是李嘉图、马尔萨斯和詹姆斯·穆勒的朋友,也是"政治经济学俱乐部"的创始人之一。

第6节　国际贸易与比较成本理论

国际贸易是17世纪争论最为激烈的问题之一。然而,众多关于贸易的文章在某种程度上还处于初期阶段。只有安东尼奥·塞拉和托马斯·孟的著作才能让我们准确地理解贸易平衡概念和贸易平衡的组成部分。总体而言,当时"绝对优势"理念占主导地位。根据该理念,每个国家应该出口那些它能够以低于其他国家的成本生产的商品。

在这方面,李嘉图提出的比较成本理论向前迈出了决定性的一步。根据这一理论,每个国家都专门生产那些在生产成本上具有相对优势的商品。这意味着即使就生产所需的劳动而言(用以小时计算的必要劳动时间来表示),即使所有商品在一国的生产成本都高于另一国,两国之间仍然可以进行国际贸易。例如,如果在葡萄牙需要10小时的劳动来生产1单位布,1小时生产1升葡萄酒,而在英国生产1单位布和1升葡萄酒分别需要20小时和5小时,那么英国将出口布而进口葡萄酒。事实上,国际贸易是有利可图的,因为它允许一国从他国以低于国内必要生产成本的价格(就进口商品中所含的劳动而言)获得某种商品。由于对外贸易,两国都变得更加富裕,这是李嘉图理论中最重要的一点。[1]

[1] 如何在各国之间分配国际贸易收益的问题尚待研究。约翰·斯图亚特·穆勒(1844年)考察过这一问题,强调两国相对需求规模的重要性。通过这种相对次要的路径,需求作为决定相对价格的因素之一出现在古典经济学家的分析中。正是通过建立"国际贸易纯理论"和"内部价格纯理论"之间的联系,马歇尔开始建立他的分析体系,旨在综合古典分析和边际分析。

李嘉图的比较成本理论的基础，是不同国家之间的技术结构的差距，但李嘉图没有诠释这种差距的根源。直到边际主义理论兴起，这些差距才与“生产要素”（资本、土地和劳动）的不同禀赋联系起来。但是，对贸易保护主义的辩护正是基于对两国技术水平既定这一假设的批判，认为在工业化进程中落后的国家面临着困难。这个被称为“幼稚产业保护理论”的观点，早在 19 世纪中期就由德意志和美国经济学家提出。尤其值得一提的是弗里德里希·李斯特（1789—1846）和其《政治经济学的国民体系》（1841 年）。其他新近的批评强调，在规模报酬递增的情况下，国际贸易可能影响不同国家之间的技术差距，并使这种差距复杂化和永久化。然而，这些批评虽然构成了检验自由贸易政策的重要标准，但并没有否认李嘉图认为对外贸易能够为参与国带来直接好处的观点（这一好处相当于改良了所使用的技术）。[1]

第 7 节　论机器：技术变革和就业

我们已经讨论过萨伊定律及其种种变体，李嘉图沿用了其中之一。根据他采用的萨伊定律：对任何收入水平，乃至任何就业水平而言，供给和需求都是相等的。如果这确凿无疑，那么技术进步就不会成为就业困难的根源，因为人均生产率的提高可以转化为生产的增加，而生产的增加可以被日益增长的需求（对应的是生活水平的提高）

[1] 在这方面，李嘉图的理论现在被重新拿出来以捍卫全球化。但是，我们应该区分商业全球化和金融全球化。李嘉图的理论不适用于后者，后者可能会遭到凯恩斯主义的批判。

所吸纳，而不是造成生产保持不变的情况下所雇用的工人人数的减少。

根据李嘉图的补偿理论，在某一特定部门引入先进技术时，会在该部门中造成失业；然而，在随后的阶段，该部门失去的工作由其他部门的新工作弥补，然后生活水平普遍提高。这是因为，技术进步意味着引入该技术的部门的成本降低，从而降低了产品价格；这导致整个经济体的实际收入普遍增加，从而促进需求增加。反过来，这又引起产量增加，从而导致就业增加，因为在其他部门，技术是假设不变的。换句话说，技术进步的部门中就业的减少通过其他部门就业的增加得到补偿。

约翰·巴顿在其名为《论影响社会上劳动阶级状况的环境》的小册子(1817 年)中阐述了相反的论点，认为技术进步导致失业。当时，拿破仑战争刚结束，经济低迷，在此状态下，虽然巴顿的观点更多的是在应用经济学层面而非理论层面，但对许多人来说似乎更合情合理。然而，李嘉图在那些年被奉为经济学权威人物，这在很大程度上有助于补偿理论成为古典政治经济学不可或缺的一部分。但是在《政治经济学及赋税原理》第三版(1821 年)出版之际，发生了一场“叛变”：在新增的“论机器”章节中，李嘉图摒弃了补偿理论，转而通过分析发展了一个新的观点：在一个部门中引入机器可能意味着整个经济中就业的减少。

李嘉图的论证可以简单概括如下：资本家引入新机器以增加利润，从而等同于利润和地租代表的经济净产量增加。然而，对机器的投资意味着需要雇用一定数量的工人来生产机器，而这些工人以前是被雇用来生产生活用品的。因此，我们的生活用品产量降低，结果就是经济体足以维持其生存的工人数量必然减少，从而就业减少。尽管就业的减少最终能被净收入的增加所带来的更高的累积率重新吸纳，但在最初阶段这种减少是不可忽视的，并且可能会持续相当长的一段时间。

李嘉图这一鼓动性的立场很典型地反映了他作为知识分子的诚实，以及他对逻辑严谨性的热爱。他的立场随之引起了激烈的争论。尽管如此，李嘉图的补偿理论在古典学派所支持的乐观的经济发展观中占据了核心地位，也成为这一学派的经典观点。因此，在李嘉图去世后的几十年里，尽管他的论证被搁置一旁，但经济争论的主角们在他们的著作中重申的仍然是本质不变的补偿理论。

第 8 章

李嘉图主义者，以及李嘉图主义的衰落

A Brief History of Economic Thought

第1节　这一领域的各种力量

《政治经济学及赋税原理》一书出版问世后，李嘉图的理论建构、政治目标（如废除谷物税）以及其包括利润-积累链在内的动态观点，成为任何研究经济的人必不可少的参考。然而，即使是李嘉图的追随者（包括约翰·斯图亚特·穆勒，李嘉图主义在19世纪下半叶的持久影响力归功于其1848年写的一篇文章）也摒弃了李嘉图在某些方面的分析，或引入了一些重要的变化，从而为改变研究范式开辟了道路。同时，在当时的经济学家中，我们可以发现与李嘉图的方法截然不同的研究方法的范例，如在研究如何确定交换价值这一问题时，它们所关注的是供给和需求以及稀缺性和效用，而不是生产难度。

甚至在政治经济学俱乐部内部，讨论也日渐热烈。这个成立于1821年的俱乐部总体而言是一个李嘉图学派的组织，但马尔萨斯等人也参与了俱乐部的创立以及俱乐部举行的活动。李嘉图去世后不到数年，政治经济学俱乐部在其中一次讨论会上提出的辩题就是：李嘉图的理论还有多少生命力？经济辩论往往与政治辩论错综交织在一起。这种情况不仅仅出现在俱乐部内部，也体现在当时文化界的主要期刊中：创刊于1802年的《爱丁堡评论》倾向于辉格党，赞成改革，支持李嘉图的观点；《评论季刊》创刊于1809年，倾向于托利党；而创刊于1824年的《威斯敏斯特评论报》更接近边沁的功利主义以及其追随者的哲学激进主义，也赞同李嘉图的观点。

在接下来的几节中，我们将简要介绍从李嘉图到杰文斯这50年中的主要争论。许多重要人物参与了争论。争论的中心位置理所当然被李嘉图以及其思想所占领。与李嘉图并肩站立的是他最忠实的朋友詹姆斯·穆勒和麦克库洛赫。站在争论右翼的是他的朋友兼对手马尔萨斯，还有贝利、西尼尔、洛伊德和斯克罗普等。站在争论左翼的是“李嘉图派社会主义者”。根据不同的思潮，“李嘉图派社会主义者”又可细分为两派：支持相对温和的合作主义的学者和赞成从伦理角度阐释劳动价值理论的学者。右翼的内部人物，我们可以算上托伦斯，或许也可以算上德·昆西；对应的左翼内部人物非约翰·斯图亚特·穆勒莫属（虽然这一事实恰恰表明了对于这个领域的所有立场而言，这种线性呈现方式过于图示化和简单化）。

正如我们所看到的那样，争论主要发生在英国：至少就政治经济学而言，在19世纪中叶，欧洲和世界的文化中心是伦敦，而不是巴黎。造成这种情况的原因有若干：经济条件（英国在工业化进程中的领导作用）、政治条件（更大的思想自由）和李嘉图等一些特殊人物的存在，以及这些人物通过直接联系（如在政治经济学俱乐部）在促进文化繁荣发展上的影响力。

第2节　罗伯特·托伦斯

罗伯特·托伦斯（1780—1864）是最早批判李嘉图劳动价值理论

的学者之一。他是位英勇的皇家海军军官，担任议员多年。他也是政治经济学俱乐部的创始人之一，并主持了其第一次讨论会，当时与会者有李嘉图、马尔萨斯、詹姆斯·穆勒和图克。

托伦斯于 1808 年发表了《经济学家的反驳》一文，批判斯宾塞的观点。在斯宾塞看来，尽管拿破仑的欧洲大陆封锁政策给英国的外贸带来了沉重打击，但不可能损害整个英国，因为英国的财富只来源于农业。[1] 托伦斯重提斯密对重农主义理论的批判，指出除了农业部门，制造业部门也能够产生剩余，而且两个部门都为生产活动提供必需的生活资料和生产资料。最后，他强调贸易有利于劳动分工，并提出了"区域劳动分工"这一表述。后来，在《论财富的生产》(1821 年)中他又详细地论述了这些观点。

托伦斯在 1815 年的《论对外谷物贸易》中再次探究了区域劳动分工所带来的优势。在托伦斯的文章发表前几天，马尔萨斯出版了两本小册子，韦斯特出版了一本小册子(这 3 本小册子的发表时间分别是 2 月 3 日、10 日和 13 日)。此外，在托伦斯出版《论对外谷物贸易》的当日(2 月 24 日)，李嘉图发表了《论利润》一文。这些几乎同时发表的不同著作带来了两个理论归属问题：地租理论和比较成本理论归属于谁？关于地租理论的归属，通过把发表的优先权归于马尔萨斯而得以解决。韦斯特、(可能还有)托伦斯也有功劳。他们二人各自独立形成了这一理论，而李嘉图则明确表示自己引用了马尔萨斯的观点。至于比较成本理论，托伦斯和李嘉图都有首创权的观点得到了多数人的支持。然而，托伦斯的分析依据是不同国家生产相同商品的成本之间

[1] 威廉·斯宾塞(1783—1860)，《不受商业约束的英国》(1807 年)。

的差异,而非不同国家之间不同商品的成本结构之间的差异。因此,托伦斯的方法与李嘉图的方法形成鲜明对比,但后者的方法更准确无误。

在接下来的几年中,托伦斯积极参与关于劳动价值理论的争论。他在批评劳动价值理论时指出,由于不同行业中劳动比例不同、固定资本和流动资本比例不同以及固定资本品使用年限不同,总会出现劳动价值理论无法解释的例外情况,如何看待这些例外情况极其关键。因此,他提出劳动价值理论应被摒弃,取而代之的是具有一般适用性的理论:“当资本家和劳动者变得极易区分时,决定商品交换价值的永远是生产中耗费的资本量,而绝不是劳动量。”(托伦斯,1818 年,第 207 页)他在《论财富的生产》中再次提及了这一论断,提出等量资本生产的产品具有相同的交换价值。这些是一般性表述,李嘉图认为这些表述犯了循环推理的错误:“我会问,你有什么方法能确定各种资本具有相同的价值?……这些资本种类不同……如果它们本身的生产时间不相等,那么它们会与其他商品一样受到波动的影响。除非你已经明确了用来确定价值的标准,否则等量资本无从谈起。”[1]换言之,如果我们通过生产商品所用资本的价值来确定商品的相对价格,那么我们怎么解释由异质的生产资料组成的资本价值?托伦斯的论点值得商榷,但是他用来阐明其分析的算术例子蕴含着宝贵的研究指向。这些指向超越了李嘉图的批判,并最终发展成为现代生产价格理论。

《论财富的生产》中的第一部分例子似乎证实了李嘉图的批判:

---

[1] 参见李嘉图 1823 年 8 月 21 日致麦克库洛赫的信(《李嘉图著作和通信集》[1951—1955 年],第九卷,第 359—360 页)。也可参见《论绝对价值和交换价值》(《李嘉图著作和通信集》[1951—1955 年],第四卷,第 393—396 页)。

作为产出的商品不同于作为生产资料的商品,后者的价格和利润率完全是以任意的方式指定的。然而,我们继续研究的话,我们将发现这些例子更适合以下这个问题:托伦斯在关于农业的章节中,使用了"谷物"模型,类似于李嘉图的模型(谷物是用谷物和劳动生产的,谷物也是生活资料)。直到最后研究制造业技术改进对农业部门生产水平的影响时,托伦斯才被迫利用一种包含两种基本商品的模式:农业部门的产品和制造业部门的产品。假定工资率既定(保持在维持生存水平),尚待确定的是利润率和用一种商品表示的另一种商品的相对价格。

托伦斯所举的例子中的未知数之所以能够立即得到确定,是由于这两种商品的生产比例等同于他们的使用比例,这样利润率可以确定为同一复合商品(作为生产资料和生活资料生产和使用)的数量之间的比率:两种商品之间的交换比率也被确定为其生产中使用的资本之间的实物比率(对今天的读者而言,把这个模型转化为一组方程式并非难事)。事实上,托伦斯的例子与斯拉法(1960 年,第 7 页)在其著作中使用的第一个产出剩余的生产例子(用小麦和铁生产小麦和铁)极为相似:粗略一看,斯拉法的生产价格理论像是用完整、严谨的方式表达了托伦斯的模糊直觉,两者都用实物术语表示生产难度。

还有两个悬而未决的问题:流动资本的不同周转速度和固定资本品的存在。对于第一个问题,托伦斯只是略微提及:对于生产中使用的既定资本数量而言,流动资本周转速度加快时,社会能够得益,但是,他补充道,其中的细节非常复杂。更引人关注的是托伦斯解决第二个问题(即固定资本品的存在)的方法:固定资本被认为是一种特定的联合产品;生产中使用的机器与产出本身同时出现在同一生产过程的产出中,并在下一个周期重新出现在生产资料中。这种方法为后来的李嘉图、马尔萨斯和马克思,以及最近的冯·诺依曼(1937 年)和斯拉法(1960 年,第 10 章)所采用。

在 19 世纪 30 年代,托伦斯主要关注殖民政策问题,尤其是,他批判了那些支持拥护完全自由国际贸易的人。托伦斯提出批判的理由是通过征收关税,一个国家能够改变交换比例,从而对本国有利。因此,他赞成实行互惠政策,仅对采取相似政策的国家废除(或降低)关税。此外,由于一国更容易从其殖民地获得这种互惠,托伦斯这位好战的皇家海军上校主张建立一个帝国自由贸易区。

在 19 世纪 40 年代,托伦斯全身心地投入货币理论和政策研究。他和奥弗斯东勋爵一起成了通货学派的主要代表人物。托伦斯和他的朋友都反对图克的银行学派,认为纸币可兑换成黄金是确保经济体系稳定的必要条件,而不是充分条件。因此,他们主张严格限制纸币发行,并建议将英格兰银行划分为发行部和银行部。1844 年通过的《皮尔条例》实现了这一构想。

第 3 节　塞缪尔·贝利

从一方面来看,托伦斯对李嘉图价值理论的批判,与一位不太引人注目的地方乡绅塞缪尔·贝利(1791—1870)所提出的批判相差无几;但从另一方面来看,两人又各执己见。贝利在谢菲尔德出生、生活和去世,他参与了当时的经济争论,并提出了一些原创性的观点,但他一直是与政治经济学俱乐部相关的经济学学术圈子的边缘人物。

在其 1825 年发表的《有关价值本质、尺度和原因的批判论文》一文中，贝利和托伦斯一样反对李嘉图用所含的劳动来解释交换价值，认为他这样做是对绝对价值的形而上学的模仿。托伦斯和贝利二人都认为选择使用所含的劳动这一概念不仅会导致分析困难，还会令人误解交换价值。后者在他们看来纯粹是市场上不同商品之间关系的问题，与每种商品中都存在的“价值本质”无关。

然而，对于交换价值这一问题，贝利提出了他的解决办法。该办法尽管只是初见端倪，但与基于托伦斯熟知的“生产难度”和整个古典传统的解决办法截然不同。贝利提出的解决之道就是主观价值论。他认为，一般而言，交换价值取决于参与交换行为的经济主体对物体的估价：价值的定义是“任何物体所包含的估价”（贝利，1825 年，第 1 页）。价值起源于人类思想中对某一个物体所持的态度，不能通过孤立地考察这样一个物体对其进行研究（同上，第 16 页），而应考察不同物体之间的关系（同上，第 15 页），因此我们可以根据与之进行比较的商品来谈论价值，如“用货币表示的价值”“用谷物表示的价值”等（同上，第 38—39 页）。这意味着我们无法比较属于不同时间段的商品（同上，第 71—72 页）。此外，贝利区分了三类商品（同上，第 185 页）：一类是垄断商品；另一类是那些供给可以增加但成本也随之增加的商品；最后一类是那些供给可以随意增加但成本保持不变的商品。由此，他坚持认为：鉴于李嘉图自己为劳动价值理论引入的种种限制条件以及在考虑劳动异质性时应注意的事项[1]，李嘉图的理论只适用于第三类商品。这似乎比李嘉图的追随者所相信的更为有限，而在真

[1] 贝利认为，劳动的异质性应与土地的异质性（这构成了李嘉图的极差地租理论基础）放在同一平面上。几年后，西尼尔和约翰·斯图亚特·穆勒提出将地租概念延伸到个人出众的能力。因此，他们走在一条最终通往马歇尔的科研道路上。

实世界中，第二类商品才是最重要的。对这一类别的商品，重要的是买方估价与供给（相对）稀缺性之间的关系。由此，贝利前瞻性地提出了马歇尔的固定成本、递增成本和递减成本三分法，尽管他的研究略过了第三类商品。

贝利的研究道路有别于西尼尔等人。西尼尔等人反对李嘉图的观点，重新提出了稀缺性和效用等概念——反映的是从中世纪集市到现代边际主义理论时期的这样一种社会。贝利则别出心裁，开创了一条独特的研究道路，因此我们可以将他归类为主观价值论的先驱者，但最重要的是，他也是"马歇尔折中主义"的先驱者。然而在贝利的时代，人们认为他的贡献的重要性体现在他强烈反对许多经济学家（不仅仅是那些"李嘉图主义者"）在价值概念中引入的形而上学因素。我们在这里发现了重要的一点，即贝利对那些"用力过猛"的经济学家的批判，认为"他们希望用一个原因来解决价值的所有成因，从而使经济学简单化，但经济学本身不会允许这一简单化"（贝利，1825 年，第 231—232 页）。换言之，他对形而上学价值概念中的至简假象提出了告诫。

第 4 节　约翰·雷姆赛·麦克库洛赫和托马斯·德·昆西

托伦斯和贝利被认为是李嘉图理论的激进批评者，而其他经济学作者则被视为"李嘉图主义者"（从术语的严格意义上来讲，我们称他们为李嘉图学派是错误的，因为他们没有像重农主义者一样拥有自己的文化认同感，而重农主义者在其昙花一现的辉煌时期则拥有自己的文化认同感）。在他们中间我们发现了约翰·雷姆赛·麦克库洛赫（1789—1848）以及托马斯·德·昆西（1785—1859），前者是又一位移居伦敦的苏格兰经济学家，后者是一位著名作家。他们二人与李嘉图的朋友兼导师詹姆斯·穆勒同时代，但早于其子约翰·斯图亚特·穆勒（1806—1873）（关于他，下文将详细讨论）。

麦克库洛赫著作等身，是最热心弘扬李嘉图思想的人之一。他于1817 年至 1821 年担任《苏格兰人》编辑，也做过伦敦大学政治经济学教授和英国国家文书出版署的审计员。1825 年麦克库洛赫出版了《政治经济学原理》一书。这是一本非常成功的教科书，尤其是在美国，它与萨伊的著作一起，成了最广为阅读的著作。

他的《政治经济学原理》的第一版因极端捍卫劳动价值理论而引人关注，如此极端以至于到了一种文字游戏的地步："积累的劳动"包含了劳动被锁定的那段时间的报酬"工资"，这段时间开始于劳动被使用的那一刻，结束于产品可以在市场上销售的那一刻。然而，这纯粹是一种文字解答：人为地重新定义了"所含的劳动"这一概念，剥夺了它与实际耗费的劳动量的直接对应关系，并将其转化成与"实际成本"类似的概念，而实际成本是由支付的工资加上预付工资所产生的利润确定的。正是"实际成本"这种因素的重要性逐渐加强，才最终使得李嘉图的劳动价值理论演变为约翰·斯图亚特·穆勒和马歇尔二人的生产成本理论。

麦克库洛赫对当时的经济学界的争论产生了重要影响。他支持高工资政策，抵制《禁止结社法》这部反对工人组织的法令。此外，他还是最早研究经济思想史的学者之一，出版了各种珍贵文本的重印本以及一本附带注释的重要参考书目《政治经济学文献》（1845 年）。

德·昆西因《一个英国鸦片服用者的忏悔录》（1821—1822）这部作品而享有盛名。在这本自传体小说中，作者讲述了自己的经历。在阅读李嘉图的《政治经济学及赋税原理》后，他在精神上受到激励，从而成功地摆脱了因吸食鸦片而引起的麻痹状态。随后，他发表了一部才华横溢的作品《三位法学家关于政治经济学的对话》(1824 年)，用来解读并捍卫李嘉图的劳动价值理论。文中，德·昆西坚持认为商品中所含的劳动是对其“实际价值”而不是“财富”的一种度量；后者表明可用商品的数量，并随着劳动生产率的提高而增加，但是如果使用的劳动量不变，商品的“价值”则不变。这种区别早已出现在李嘉图的《政治经济学及赋税原理》一书中，[1] 但是德·昆西凭借其特有的(同时也是这个学派的大师所缺乏的)生机活力，使这个问题变得鲜活有趣，并且他随之捍卫了作为“实际价值”的所含劳动，这一观点与麦克库洛赫相似。

德·昆西是从比较极端的李嘉图主义到这一理论逐渐瓦解并最终被摒弃这一转型阶段的代表人物。他在经济学领域影响最深远的作品是《政治经济学逻辑》(1844 年)。该书是供求价格理论以及主观价值论方面的一大进步，甚至比约翰·斯图亚特·穆勒后来取得的进步更具有决定性。书中，德·昆西用一系列精彩的例子(这些例子在后来的文献中被反复引用)强调效用在确定稀缺性和不可再生商品的价值方面的作用。此外，他不再将市场价格理解为在理论层面上可以用自然价格解释的经验变量，而是将其作为理论变量本身，用于研究自然价格围绕供求机制而产生的波动过程。[2] 这一观点被约翰·斯

[1] 《李嘉图著作和通信集》(1951—1955)，第一卷，第 273—278 页。

[2] 参见德·昆西，1844 年，第 206—207 页。除了自然和市场价格之外，德·昆西还考虑了“实际价格”这一概念，并批评了李嘉图将其排除在外的做法(同上，第 203—207 页)。

图亚特·穆勒吸纳在其《政治经济学原理》中，它与上文论述过的贝利的观点一起为马歇尔的不同层次（瞬时、短期、长期）分析观念开辟了道路。这些不同层次分析的特点是在确定价格时，需求和供给、效用和成本同时存在。当调整所需的时间段的长度增加时，这些因素中的第一个因素的重要性下降，而第二个因素的重要性上升。

第 5 节 李嘉图派社会主义者和合作主义

李嘉图的《政治经济学及赋税原理》一出版问世，就在英国的经济学领域引发了一场争论。在争论中具有一定重要性的，是一群后来被称为“李嘉图派社会主义者”的作者：威廉·汤普森、托马斯·霍吉斯金、约翰·格雷和约翰·布雷等。他们中的一些人，特别是霍吉斯金，借用李嘉图的劳动价值理论来支持他们自己的观点，认为工人的公平收入应该与产品的全部价值相等。更准确地说，如果商品的价格是从生产商品所必需的直接或间接劳动中获得的，那么工人就有“天然”的权利，可以享受全部劳动产品，无须扣除利润或地租。

但是，这种表述过于简化。这些作者属于社会主义文学思潮（这里的社会主义是指前马克思主义的“社会主义”）。社会主义文学思潮的一大特征是强烈批判市场经济的组织制度，认为这样的制度确保了地主和资本家等有闲阶级的不劳而获。这些有闲阶级获得收入不是因为他们对生产过程所做出的贡献，而是由于他们的社会地位。这种社会主义文学的特有原则是合作主义，它基本上是通过乌托邦或现实主义的形式提出，通常与社会生活中的道德重建驱动力相关。

社会主义文学思潮的领袖人物当数罗伯特·欧文（1771—1858），

这一点也是他同时代的人所公认的。欧文是一位纺织品制造商,也是合作主义在实践和理论上的支持者。他的主要著作是 1813 年的《新社会观》以及 1820 年的《致拉纳克郡的报告》。在这些著作中,他以自己在新拉纳克的纺织厂为例,提出了一些政策,倡导工人积极参与工厂管理,以及广泛地参与以从事生产的工厂为核心的社会合作组织。后来,欧文搬到印第安纳州的新哈莫尼,在那里继续开展社会实验(他在自传《欧文:1857—1858 年》中也有描述)。李嘉图等人对欧文的思想有着浓厚的兴趣,这一兴趣一直持续到 19 世纪中叶及以后。

合作主义和劳动价值理论在"自然法"中的运用都体现在爱尔兰地主威廉·汤普森(1775—1833)的著作中。在其著作中汤普森详细地讨论了关于社会产品分配的各种制度形式。在他的讨论框架中,利润和地租被视为从劳动产品价值中扣除的部分。在他看来,合作主义是理想的办法,可以解决生产效率与分配公平(从社会平等意义上来看)之间的潜在冲突(汤普森,1824 年)。由此,汤普森在当时德高望重。

一种"社会主义政治算术"思潮试图评估社会的必要劳动时间(扣除有闲阶级维持生存所造成的浪费部分,或广而言之,扣除从以工人、资本家和地主三大不同阶层构成的社会制度中产生的挥霍浪费部分)。帕特里克·科洪(1745—1820)在其著作《论大英帝国的财富、权力和资源》(1814 年)中提出了一个统计表,旨在说明不同社会阶层的收入分配。这一分析促进了约翰·格雷(1799—1883)。他在《关于人类幸福的演讲》(1825 年)中断言,"从事生产"的工人只得到全部社会产品的五分之一。在其漫长一生中,格雷最初经历了合作主义阶段,在后半生则一直坚持那些与马克思主义关于生产的中央计划的信条相近的观点。

托马斯·霍吉斯金（1787—1869）主导了面向工人阶级的政治经济学教育运动（这些运动以“机械学学会”为中心）。在《为劳动辩护：驳斥资本的权利》（1825 年）一文中，他区分了“自然价格”和“社会价格”：前者对应的是资本家支付给工人的那部分；后者对应的是资本家从销售产品中得到的那部分，因此也包括地租和利润，而有产阶级通过地租和利润这两种形式占有剩余。除了合作主义之外，霍吉斯金还专注于工人组织（现代工会的早期萌芽），考察他们在反对有产阶级以利润和地租的形式占有部分劳动产品的斗争中可发挥的作用。他还总结回顾了斯密所说的关于“人类的制度”（因此可能会被修改）和“事物的自然秩序”之间的区别。

这类文献提供了众多发人深省的思想财富。除了合作主义，我们还可以回顾那些将社会收入分配与社会生产组织联系起来的分析，种种分析表明这种制度体系为不劳而获的收入形式留下了巨大的空间，所以浪费是制度体系内在的、固有的现象。沿着这个方向，这类社会主义文献的一些赞同者（尤其是格雷）甚至提出了一个理想化的社会：在这样的社会里，必要劳动由所有人共同平等承担，从而使每人每天必须付出的劳动牺牲降为寥寥几小时。这些观点被保罗·拉法格（1880 年）等马克思主义者以及埃尔斯内托·罗西（1946 年）等激进的改良主义者所接受，尽管自托马斯·莫尔（1516 年）和托马索·康帕内拉（1602 年）以来它们早已出现在乌托邦文学中了。

第 6 节　纳索·威廉·西尼尔和反对李嘉图主义者的回应

当时的保守派对李嘉图的观点持谨慎的态度，同时一种与李嘉图和斯密相悖的思想也一直存在,并在当时的争论中发挥了重要作用。在政治层面,这种思想认为地主在经济过程中发挥了积极作用;在分析层面,它提出了基于稀缺性和效用的价值理论。

在这一思想传统中,最负盛名的学者是牛津大学政治经济学教授纳索·威廉·西尼尔(1790—1864)。西尼尔在其著作中(1827年、1836年)提出了一种基于稀缺性和效用的主观价值论(价值被认为是一种主观判断,因人而异),并提及了边际效用递减原理。根据他自己的定义,财富包括所有有用但稀缺的商品和服务;每个人的目标是“用尽可能少的牺牲去获取尽可能多的财富”(1827年,第30页)。根据西尼尔的理解,决定分配变量的机制和决定价格的机制相同,利润率是资本家所要承担的成本(负效用)。他的这种理论后来被称为“节欲论”。穆勒的《政治经济学原理》也体现了这一要素,它成了从古典方法(其中“生产难度”指向技术这一客观要素)转变到马歇尔的“真实成本”方法的决定性因素。下文我们可以看到,马歇尔的“真实成本”方法同时融合了客观因素和主观因素。“节欲”事实上是资本家对生产过程所做出的贡献。就像工资是对工人劳动的回报一样,利润也是对特定牺牲的回报,是对资本家放弃消费、承担负效用的回报。但是,西尼尔强调,如果“节欲论”意味着作出这一牺牲的人有权获得回报,那么这项权利不应当延伸到其继承人。

西尼尔还参与了关于《济贫法》的争论,并在1834年对这些法令进行了改革,试图限定这些法令的适用范围,因这些贡献他被世人铭记。他反对从法律上承认工人结社,但是他非常赞同针对住房、医疗以及国家拨款教育等进行社会立法,也赞同对所有人提供免费的小学教育并禁止使用童工(童工现象在当时被视为是可怕的社会问题)。

马克思对西尼尔的批判针对的不仅是其“节欲论”，也包括西尼尔 1837 年在《关于工厂法案的书信》中提出的反对通过立法减少工作时间的观点（减少到一天“只”工作十小时！）。西尼尔认为，所有利润——促使鼓励资本家开展生产活动的必要条件——源于“最后一小时”。然而，西尼尔提出这一观点并不是将其作为利润理论的，而是作为一种经验推理，其基础是为了特定的目的而收集的数值例子，从这点来看马克思的反讽似乎完全是言之成理的。[1]

与西尼尔一脉相承，在价值和分配问题上有着相似立场的是他牛津大学教授职位的继任者理查德 · 惠特利（1787—1863，其《政治经济学导论》出版于 1831 年）和威廉 · 福斯特 · 劳埃德（1794—1852，其《价值概念讲义》出版于 1833 年，收录在《劳埃德》，1837 年）。尤其是，劳埃德明确区分了我们现在称之为总效用和边际效用的概念，并将主观价值论与（边际）效用递减原理有机融合。

惠特利被擢升为都柏林大主教后，在那里建立了一个忠于主观价

[1] 参见西尼尔（1837 年）。西尼尔假设每周工资保持不变，那么每小时工资以及每单位产品的劳动成本按工作时间的减少成比例增加（假定每小时工作的生产率不变）；西尼尔也遗忘了流动资金这一要素，以及随着工作时间减少，与流动资金密切相关的成本也随之下降这一事实。对此的批判，参见马克思（1867—1894 年，第一卷，第 222—228 页：第 7 章第 3 节）。如果每小时工作的工资保持不变（因此，如果每单位产品的劳动成本保持不变，我们假设每小时工作的生产率保持不变），流通资本品的技术系数固定以及固定资本品的耗损取决于生产数量，而不是流逝的时间，那么工作时间的减少没有改变每单位产品的利润，而总利润随着工作时间的减少成比例减少，利润率以更慢的速度下降（下降速度取决于固定资本和流动资本之比）。如果伴随工作时间的减少出现的不仅是小时工资不变，还包括雇佣工人数量的补偿性增加以及交接班的重组，从而使工厂的利用率保持不变，那么总利润和利润率都不需要改变。事实上，一年内工作时间的持续增长已经可以通过技术进步来调整，因为一部分提高的生产力为减少工作时间但无须减少工人收入留出了空间（另一部分提高的生产力为实际工资的增加留出了空间）。

值论的政治经济学派。因此，他的名字被都柏林圣三一学院用于命名其政治经济学教席，第一任教授是芒梯福特·朗菲尔德（1802—1884）。有些人认为在1870年到1874年这短短几年间诞生的“边际革命”，就像从宙斯头颅中诞生的雅典娜一样（在我们所说的情况中，诞生于杰文斯——门格尔——瓦尔拉斯这“边际三杰”的头脑中），一出生就已长大成熟，披坚执锐。对于有这种错觉的人，我们建议他们深入地阅读并思考一下朗菲尔德1834出版的《政治经济学讲义》。该书已涵盖边际主义价值论的基本要素，包括工资受（边际）劳动生产率调节的观点。此外，在1835年出版的《商业讲义》中，朗菲尔德进一步阐发了李嘉图的国际贸易理论，认为劳动和土地禀赋决定国际专业化分工。这一研究思路后来被俄林和萨缪尔森所沿袭。

第7节　查尔斯·巴贝奇

查尔斯·巴贝奇（1791—1871）是英国工程师，牛顿在剑桥大学的卢卡斯数学教席的继任者之一，也是大家公认的泰勒制和计算机科学的先驱。他最广为人知的著作是《论机器和制造业的经济》（1832年）。在文中他缜密地分析了各种生产过程，关注机械引入所带来的技术变革，并综合反思劳动分工的起因和后果。关于后者，他的贡献包括两个方面。

首先，巴贝奇认为劳动分工是降低工资成本的关键因素。尤其是，将复杂的劳动过程分解为简单的操作，从而可以雇用工资较低的非熟练工人。事实上，在任何特定的劳动过程中，劳动分工使每个工人只要掌握整套操作技能的一部分即可。

其次，尽管巴贝奇的研究方向与马克思截然不同，但这篇文章提出了无产阶级理论，与马克思的理论类似。他的观点是：劳动分工意味着将每一项操作分解为其基本构成要素，因此劳动分工的发展有利于那些能够执行这些简单活动的机器的发明，[1] 从而产生了一个用机器不间断地代替工人的过程。由此，留待人类完成的是那些更加高尚、更加复杂的劳动，如组织工作过程和新技术的研发，而非那些枯燥的重复性劳动。正是这一信念支撑着他一生的追求，即发明一台"数字计算器"（这一计算器是机械计算器的远祖，而后者又是现代计算机的先驱），这种计算器的基本原理就是将任何计算分解为其基本组成部分。

总之，劳动分工和机械化在发展过程中相互作用，不会像马克思所预见的那样导致越来越多的人口日益贫困，相反它们带来的是国家财富的日益增多。而且，尽管发生时间有间隔，国家财富的日益增长也会逐步巩固工人在生产过程中所起的作用（因此至少一定程度上弥补了斯密眼中劳动分工的一个重要的负面因素，即工作任务的碎片化）。

第 8 节　约翰 · 斯图亚特 · 穆勒和哲学激进主义

约翰 · 斯图亚特 · 穆勒（1806—1873）是一位赫赫有名的经济学

[1] 将工作过程分解为简单操作，然后重组，从而实现生产过程最优化。在这一方面，美国工程师弗雷德里克 · 温斯洛 · 泰勒（1856—1915）将其发展到科学意义上的精确水平，利用的是他的《科学管理原理》（或泰勒制，以其名字命名）。泰勒制赞同生产流水线的推广，而生产流水线的发端则可以追溯到 1860 年左右（在芝加哥的屠宰场和柯尔特左轮手枪的生产中）。1912 年，生产流水线取得成功，当时著名的福特 T 型汽车投入生产。

家。他是代表成熟的李嘉图主义的知名人物,也是当时经济学理论的权威人物。同时他还是“哲学激进主义”这一起源于边沁思想的政治思潮的代表人物。在政治文化史中,穆勒被视为自由主义进步观的标杆人物:他支持民主,希望在民主社会里少数人不会被大多数人所压迫(《论自由》,1859 年);他坚定地支持妇女解放运动,诚恳地接受社会主义合作组织所提出的建议;他也是反奴隶制和反种族主义运动的领导者。他个性真诚、为人直率、思想开放。这一切使他成为当时的风云人物,他的影响远远超越了他那个时代。

他的父亲是詹姆斯·穆勒(詹姆斯·穆勒作为李嘉图的好友,曾帮助李嘉图撰写完成了《政治经济学及赋税原理》一书),他的师长是边沁。因此,约翰·斯图亚特·穆勒是在一个文化氛围浓厚的环境中成长的。在父亲严格的早期教育下,约翰·斯图亚特·穆勒 3 岁就开始学习古希腊文和算术。长大后,他才华横溢,文质彬彬,热爱诗歌。穆勒有段时期有过心理危机。度过这段时期后,25 岁的约翰·斯图亚特·穆勒爱上了小他两岁、已婚且有两个孩子的哈丽特·泰勒。20 年后的 1851 年,哈丽特丈夫去世,两人成婚;但早在两人结婚之前,哈丽特已经是约翰·斯图亚特的重要灵感来源,直到 1858 年她离世。和他父亲詹姆斯一样,从 1823 年起,穆勒就为东印度公司工作,随后担任越来越重要的职位,直到 1858 年退休。他退休那年,东印度公司解散,印度直接由英国政府负责管理。

在这里,我们将概述他在两个主要方面的贡献:功利主义和(下一节的)政治经济学(他在逻辑以及自由与民主方面的重要贡献此处不涉及)。关于功利主义,我们将关注他和边沁二人在理念上的实质性差异。我们还将看到,穆勒的功利主义与刚刚诞生的边际主义的主观价值论毫无关联。相反，走在他的时代之前，穆勒对后者作出了批判。

边沁提出了"幸福微积分"，试图计算任何特定人类行为所产生的快乐和痛苦（在一维空间里，分别用正负数值表示）。这为伦理问题提供了"后果主义者"解决之道：运用"幸福微积分"计算某一行为，如果结果是正数，那么它就是善行；如果是负数，它就是恶行。显然，在计算所研究的行为产生的快乐或痛苦时，计算结果与该行为对整个社会的影响密切相关。穆勒在其著名的《论功利主义》（1861 年）的小册子中，为后果论辩护，反对道义论。然而，与此同时，他也对另外一种观点提出了批评，认为人类的情感不可以被简化到单维度的不同数值，只有用正数表示的快乐（或者用负数表示的痛苦）。

穆勒放弃了边沁理论背后的人性感性观，明确区别了作为道德标准的功利主义和用于解释个人行为的功利主义之间的差异。习惯，而不是有意识的幸福微积分，能够解释大部分的人类行为。而且，当我们希望施以道德判断时，我们不应该把功利主义的标准应用于一些直接的、感性的"快乐"，而是应用于更高层次的、更复杂的感性和理性的混合体。

这种复杂的感性与理性的混合体的观念，与穆勒的认知有关。他意识到快乐或痛苦都存在差异，并且这种差异不能被简单地归结为数量上的差异，而是质量上的差异。穆勒强调（有时甚至是严厉地强调）边沁没有意识到这一点（例如他回忆到边沁公然宣称对诗歌漠不关心）。由此，穆勒摒弃了这样一个包罗万象、意义单一的幸福微积分（个人可以将这样的微积分作为道德判断标准，而不会不断出现不同的评价和争议）。由于人性的多维度性质，冲突是不可避免的，甚至可能升级到希腊悲剧中的冲突那样的强度。顺便说一下,对这一事实的认识——深刻的意见分歧的合理性——在穆勒以自由概念为中心的政治理论中发挥了至关重要的作用(他在1859年发表了一篇著名的文章《论自由》)。

简而言之,穆勒对"功利主义"提出了修正,但并不反对与道义论先验原则相对的后果论伦理思想。然而,与边沁的立场相比,穆勒修正过的"功利主义"甚至与杰文斯的主观价值论相距更远。下文我们可以看到,杰文斯的主观价值论的基础是单维度的"效用"概念,因此他用"效用"概念来表示个人偏好。此外,这些偏好被认为是彼此独立并且足够稳定的,从而它们可以用于分析经济主体的行为。即使在边沁的后果论伦理思想中,也没有追求效用最大化的"理性的经济主体"的概念。通过阐述幸福微积分的使用注意事项和限制条件,穆勒在其思想中清晰明了地区别了古典概念中的"经济人"和杰文斯概念中的"经济人":前者更接近于拉丁文中的"家长"概念,而不是科学的、理性的观念,将"经济人"视为追求单维度量值的幸福最大化的"机器人"。

至少在两个重要方面,穆勒的观点与亚当·斯密的观点有关,或从更广泛的意义上来说,与苏格兰启蒙运动的观点有关:一是"不偏不倚的旁观者"的观点,这一观点由斯密(1759年)提出,而穆勒(1861年,第288页)在系统阐述最大幸福原则时吸取了这一观点;二是人是"社会动物"的观点,这是斯密(以及整个苏格兰启蒙运动)和穆勒共同的观点,这一观点能够让我们感知到共同利益的存在,并且在追求自我利益时超越纯粹的自私。

由此,我们可以得出结论:从斯密到约翰·斯图亚特·穆勒的古典经济学家关注的是一个复杂的个体，这样的个体同时受到个人利益和社会规则的引导。在对理论的分析中，古典经济学家假设经济主体以理性的方式行事，但这并不意味着他们认可人性是单维度的这一观点。在对消费的分析中，他们认为个人选择是习惯和习俗共同作用的结果，而习惯和习俗因新产品的出现而不断发生变化，因此，人们认为在决定消费结构方面，生产者实际上是第一推动者。这一切似乎都为穆勒对政治经济学的定义所确认：政治经济学所研究的仅限于人性的一个特定方面，即拥有财富的欲望。

第 9 节　穆勒政治经济学

穆勒在经济领域的第一篇著作《论政治经济学中若干未解决的问题》写于 1829—1830 年期间，但直到 1844 年才出版问世。在文中（第 112 页），穆勒将政治经济学定义为："一门研究取决于人性法则的财富生产与分配问题的学科。"这一著作还提出了确定进出口贸易交换比率的相互需求理论，对发展并完善国际贸易理论做出了重要贡献。此外，穆勒认为经济主体的信心状态是主要因素，用来解释经济的变迁，从而对萨伊定律作了重要的批判性评论。

在写了一篇实至名归的论逻辑的论文（穆勒，1843 年）之后，穆勒创作完成了《政治经济学原理》（1848 年）这部鸿篇巨制。在接下来的 40 多年间（直到 1890 年马歇尔的《经济学原理》出版问世），这部巨著是盎格鲁-撒克逊世界，乃至全世界学习政治经济学的标准教材。此书本质上是对李嘉图的思想的阐述，但也涵盖了一些反对李嘉图主义的经济学家提出的观点，如西尼尔的"节欲论"，以及穆勒自己对奥古斯特·孔德所阐述的实证主义的解读(1798—1857年;《实证哲学教程》,共六卷,发表于1830年至1842年)。孔德提倡建立一门“一般社会科学”,志在通过一般社会科学捕捉连接所有社会现象的相互依存关系。穆勒则志在集各门学科之大成来解释人类社会问题。具体而言,他运用了一门归纳学(孔德的社会学)、一门演绎学(政治经济学),以及一门尚在形成中的学科,即人类行为学,或者说是国民性格学。穆勒支持合作主义,认为静止状态不是一种威胁,而是一种事态,为社会道德和文化进步留下了空间。这预示着现代环境思想初见端倪。

《政治经济学原理》分为五篇:生产、分配、交换、经济发展以及政府的作用。价值理论直到研究交换的第三篇才出现,这一选择标志着穆勒与后来的边际主义理论之间的距离,后者将收入分配视为价值问题的一个实例。我们还要注意文中对于生产和分配的区分:前者被认为属于自然法则领域,独立于制度;而与此相反,后者被认为与制度有关,受制于历史上相关的法则。生产理论建立在斯密对劳动分工的分析基础之上。穆勒提出了产业集中趋势的观点,指出了自然垄断问题(其补救措施是国有化),而在农业方面,他支持小农农业。

第二篇是关于分配。开篇一章研究了财产,不偏不倚地讨论了不同制度的利弊。对私有财产的判断取决于它的组织方式是否能避免过度的以及不合理的不平等现象。穆勒还青睐累进制遗产税和防止滥用财产权的保障措施。共产主义等同于实现了普遍平等,被认为不如社会主义,因为社会主义允许个体之间存在因能力而引起的差异。第四篇中详细讨论的合作社和利润分享制度反映了穆勒所青睐的解决之道。

至于收入分配本身，穆勒沿袭西尼尔的观点，把利润等同于“节欲”，因此利润是通过比较社会对现在和未来的评估而得到确定的。在对工资的讨论中，马尔萨斯的人口原理占据重要地位。穆勒坚持认为有必要将限制人口增长作为改善工人阶级状况的优先条件。工资基金理论的要素也存在，但并不具备古典政治经济学所特有的严谨形式。工资基金理论指出，工资率是由两个数量之间的比率决定的：用于维持工人生存的资本数量和所雇佣的工人人数的比率。这一理论的缺陷是：在其基本形式中（但不是在穆勒的研究中），它认为这一问题的分子是已知数据，但是显然，用于维持工人生存的资本数量（即工资基金）不仅在漫长的时间过程中随着积累的变化而变化，而且在既定的时间内也有变化，如将之前用于奢侈品消费等其他目的的商品，用于维持从事生产的工人的生存（或者我们现在还可以补充其他原因，如额外的生产是由以前失业的工人提供的）。

穆勒的价值理论汲取了西尼尔的“节欲论”，将市场价格概念转变为由供求决定的理论变量，代表了从古典经济学到马歇尔方法的过渡阶段。尽管如此，穆勒依然坚定地站在古典经济学阵营，反对把依赖主观方法的因素（稀缺性和效用）引入价值理论核心的任何观点。

第 9 章

卡尔·马克思

A Brief History of Economic Thought

第 1 节　生平与著作

卡尔·马克思（1818—1883）出生于普鲁士特里尔，在那里他完成中学学业。他先后在波恩大学（1835 年）和柏林大学（1836—1841）求学，最后于 1841 年在耶拿大学博士毕业。1843 年，他与一位普鲁士高官的女儿燕妮·冯·威斯特法伦结婚。

大学期间，马克思受到黑格尔左派（路德维希·费尔巴哈和奥托·鲍威尔）的影响。1842 年 5 月，他成为《莱茵报》的编辑。《莱茵报》是一份在科隆出版的自由派报纸，但很快就被普鲁士当局封禁。马克思随后移居巴黎，在那里他遇到了他的挚友兼终身合作者弗里德里希·恩格斯（1820—1895）。马克思逝世后结集出版的《经济学哲学手稿》中的一些笔记可以追溯到这一时期，它们对于他异化理论的形成至关重要。

1845 年，马克思被驱逐出巴黎，随后搬到了布鲁塞尔。从这个时期开始，马克思的主要的哲学著作陆续发表问世（《德意志意识形态》，1845—1846 年，以及《关于费尔巴哈的提纲》，1845 年，这两本著作都是和恩格斯合著的；《哲学的贫困》，1847 年）。

1848 年,马克思和恩格斯受 1847 年成立的共产主义者同盟的委托,为其撰写了纲领《共产党宣言》。这是有史以来最具影响力的著作之一。在《宣言》中,马克思和恩格斯用深刻的语言描绘了他们为之忠诚一生的革命事业。[1] 例如,他们用一句话言简意赅地表达了历史唯物主义:“至今一切社会的历史都是阶级斗争的历史。”[2]《宣言》提出,可以通过没收的手段消灭生产资料的私有制,并转移到国家的直接控制下(这里的国家不再是资产阶级的政治表述,而是无产阶级的政治表述)。

1848 年整个欧洲都经历了革命。马克思回到了科隆,但是革命的浪潮很快就消退了,被驱逐出普鲁士的马克思来到了伦敦。在那里,他度过了余下的时光,虽然参与了第一国际(更准确地说,成立于 1864 年的国际工人协会)的活动,但主要从事研究工作。[3] 那些年他笔耕不辍,完成了他的主要著作。

在《政治经济学批判》(1859 年)中,马克思阐述了历史唯物主义:

[1] 例如让我们回顾一下《宣言》的开篇和结尾:“一个幽灵,共产主义的幽灵,在欧洲游荡”;“让统治阶级在共产主义革命面前颤抖吧。无产者在这个革命中失去的只是锁链。他们获得的将是整个世界。全世界无产者,联合起来!”(马克思和恩格斯,1848 年,第 48 页和第 82 页)。

[2] 同上,第 48 页。

[3] 随着巴枯宁、拉萨尔和马克思之间内部政治争论的摩擦不断加剧,第一国际于 1867 年解散。第二国际诞生于 1889 年,是欧洲社会主义政党的联盟,在第一次世界大战爆发时,因民族主义情绪甚至在社会主义政党中也非常强烈而被解散。诞生于莫斯科并由苏联领导的第三国际或共产国际(1919—1943),在第二次世界大战后由共产党和工人党情报局(1947—1989)延续。还存在着一个由托洛茨基于 1931 年在巴黎成立的第四国际。社会主义国际(或第五国际)于 1947 年在苏黎世成立,将社会民主党聚集在一起。米哈伊尔·巴枯宁(1814—1876)支持无政府主义思想。费迪南德·拉萨尔(1825—1864)支持将普选作为解放工人的手段,也提倡合作社组织,他创建了全德工人联合会,这一组织是德国社会民主党(SPD)的前身。

技术的不断变革（“生产力”）与由“生产关系”——经济活动赖以发生的一系列制度和习惯——所代表的静态因素产生了不断加剧的冲突，而这些静态因素反过来又与文化等“上层建筑”联系在一起。生产力这一动态因素势必要在革命阶段颠覆生产关系和上层建筑体系，由此我们过渡到一种新的“生产方式”：从封建主义到资本主义再到社会主义，最后到达共产主义，同时相应的上层建筑也发生巨变。历史唯物主义并不意味着意识形态上层建筑对经济基础的机械依赖，而是一种复杂的相互关系，其中经济基础对上层建筑的决定作用远比上层建筑对经济基础的反作用更强有力。人类社会的发展道路被认为是一个辩证的过程。在这个过程中，正常的发展阶段必然导致革命阶段的到来。[1]

马克思呕心沥血多年写完《资本论》这部鸿篇巨制。第一卷于 1867 年出版，第二卷和第三卷由恩格斯编辑，在马克思逝世后，分别于 1885 年和 1894 年出版。马克思可能打算把《剩余价值学说史》当作《资本论》的第四卷。这是一部经济思想史概论，考茨基对其进行了编辑，并在 1905—1910 年间出版。

马克思于 1883 年逝世，同年凯恩斯和熊彼特出生。

第 2 节　对劳动分工的批判：异化与商品拜物教

“异化”概念源于拉丁语 alius，意为“其他”。马克思在《1844 年经

[1] 马克思（1859 年，第 84 页）。根据马克思的批评者的观点，这意味着低估了民族情感和宗教情感在决定民族和国家历史中的作用。例如参见亨廷顿（1996 年）的文章。

济学哲学手稿》中对其进行了发展。工人被异化有三个主要原因,首先,他们并不拥有自己的生产资料。其次,他们也并不拥有自己的产品。生产资料和产品都属于资本家。第三,他们不能控制生产过程的组织方式,只是在其中发挥有限的、特定的作用。因此,工具、产品和劳动过程对工人而言都是外在的实体。结果是,对工人而言,工作是实现某一特定目的的手段,即赚取生活资料,而不是在社会中实现自我,这意味着人与人之间的疏远隔阂。

在《资本论》中,“异化”概念让位于“商品拜物教”概念。马克思参照亚当·斯密,认为任何以劳动分工为基础的社会都是基于生产者之间的合作。每个工人完成一项特定任务,其成果通常由他人使用,而工人也需要其他人生产的产品作为生活资料和生产资料。通过“商品拜物教”概念,马克思将他对劳动分工的批判,与劳动分化在资本主义经济中所采取的具体形式联系起来。这里,不仅联系不同生产单位的交易流通经由市场进行,而且工人自身也被迫在市场上出售劳动并在那里购买生活资料。由此,市场上所交换的是不同的商品,而不是一个工人与另一个工人的劳动时间,这一事实掩盖了生产的社会关系——活跃在不同经济部门和不同生产单位的工人之间的合作。市场构成了彼此疏远的工人之间必要联系的共同基础,同时其运作方式使商品成为崇拜对象以及生产和交换活动的最终目的。此外,商品作为生产资料和生活资料,对整个经济体的存在和再生产而言是必要条件,但对个人生存和再生产而言,不仅仅如此。只有更深入的批判性审视才能揭示最初被忽略的东西,即市场中商品的交换构成了工人之间合作的方式,每个人都在进行特定的活动。然而,商品拜物教淡化了这一社会合作。

第 3 节　对资本主义和剥削的批判

马克思对资本主义提出了批判,认为资本主义社会的基础是资本家对工人的剥削。为了阐明这一论点,马克思对劳动和劳动力进行了区分。劳动是生产活动的具体实践。劳动力是指作为人的工人,是开展生产活动的潜能。劳动和劳动力之间的区别可以用热量和特定热源(例如煤)之间的差异来类比。煤是一种可以在市场上进行买卖的商品,其售价必须能弥补其生产成本。买方购买后可以用煤来获取热量,但也可以用于其他目的,如在墙上书写或其他任何用途,因为买方一旦购买了商品,该商品就属于买方,并且买方可以随心所欲地使用。工人和资本家之间的关系也类似这种情况。工人出售的商品是劳动力或工作能力,资本家支付的是它的价值,或者换言之,其支付的费用足以支付劳动力的生产成本,这相当于维持工人(包括工人家庭,以确保当工人退休或死亡时有接替者)生存所需的生活资料。因此,劳动力的价值等于足以维生的最低工资。资本家一旦支付后,就获得了在生产过程中使用工人的权利,可以从工人那里获得一定量的按小时计算的每日(或每周)劳动时间。这通常大于劳动力的价值,或工人每日生活资料中所“包含”的劳动小时数。因此,经济体系中的全部劳动量可以分为两部分:第一部分必要劳动,是生产经济体所雇用的全部工人的生活资料所需的劳动量;第二部分剩余劳动,是劳动量的全部剩余量。它等于全部社会劳动量和必要劳动量之间的差额。

这种经济制度之所以如此表现,其前提是工人跟产品以及生产资料的所有权分离。马克思将资本理解为控制生产资料和劳动力本身的能力。在他看来，资本首先是一种“生产的社会关系”，反映的是工人对资本家的从属关系。从“资本”这个术语的意义上讲，它的起源与被剥夺了生产资料的工人阶级的形成相一致，是马克思称为“原始积累”的漫长社会进程的结果。这一社会进程也标志着从封建主义到资本主义的转型。

马克思吸收了李嘉图的劳动价值理论。由此，年度国民产值等于该年度所雇佣的劳动量 L。假定工资率等于最低生活水平，经济体中所有工人的工资总量等于必要劳动 LN。剩余价值等于超过必要劳动的劳动时间，或者说等于剩余劳动 PL（$PL=L-LN$）。它以利润 P 的形式流向资本家（以及以地租的形式归地主所有，但为了简便起见，在这里，我们不考虑这一要素以及金融资本，还有马克思和古典经济学家都认为属于利润部分的利息）。因此，即使工人获得其出售的商品的全部价值（即他们的劳动力，其价值，如上所述等于其生产成本），或换言之，即使马克思认为的资本主义制度下的经济公平标准——等价交换——确实成立，对应于资本家剩余价值的是工人的无偿劳动。这就是资本家对工人的剥削。

马克思将剥削率 s 定义为“无偿劳动”（或剩余劳动）与“有偿劳动”（或劳动力价值）之间的比率，因此 $s=PL/LN$。从而，剥削率取决于工作日的长短及其对应于必要劳动的比例，劳动力的价值也是如此。马克思在这方面区分了绝对剩余价值和相对剩余价值，前者源于工作日延长，后者源于劳动力价值减少。

只有当预付资本仅由工资组成时，或换言之，当工人不使用生产资料（原材料、工具和机械）时，剥削率才等于利润率（利润率由利润和预付资本的比率决定）。然而，这种假设与资本主义制度的本质相矛盾。在资本主义制度中,资本家的作用恰恰源于他们对生产资料的控制。因此,一般而言,预付资本还包括除了劳动以外的生产资料,从而利润率也低于剥削率。因此,利润率不足以反映资本家对工人的剥削程度。

马克思通过剥削理论揭示了剩余是从生产过程中产生的,而不是从商品的流通中产生的。剩余源于流通过程这一观点被称为"让渡利润",其理念是利润来自贱买贵卖。马克思认为这种观点也是重商主义者的思想,并对它进行了猛烈抨击。马克思认为,在流通领域,"占统治地位的只是自由、平等、所有权和杰里米·边沁":自由,因为每个人都自由地达成交换协议;平等,因为"买方和卖方……用等价物交换等价物";所有权,"因为每个人都只支配自己的东西";边沁(即功利主义),因为"……使他们彼此联系起来的唯一力量,是他们的私人利益"。[1]

马克思的批判针对的不仅仅是重商主义思想,还有当时各种社会主义思潮,它们谴责利润是从劳动成果中以不公正的方式扣除而来的。在这些社会主义思潮中,有李嘉图社会主义者和反对资本主义的学者,如蒲鲁东(其名言为"财产即盗窃")。[2] 马克思强调他提出的是一种"科学社会主义"。这一理论承认等价交换这一公平原则在资本主义制度中得到了兑现。

让渡利润观点可以用 $M—C—M'$ 图示表达,其中 M 表示货币,C

[1] 马克思(1867—1894,第一卷,第 164 页)。

[2] 皮埃尔-约瑟夫·蒲鲁东(1809—1865),是一位法国排字和校对工人,自称为无政府主义者、货币改革项目的支持者以及合作型社会主义的倡导者。他追随"李嘉图社会主义者",从劳动价值理论中推导出以下论点:利润、利息和地租都是"不劳而获的收入"。他的主要著作《什么是所有权》发表于 1840 年。

表示商品：货币 M 购买商品 C，商品 C 然后再以较大的金额 M' 出售。这一图示显然违反了等价交换原则：如果在第一步中 C 等于 M，那么在第二步中它不可能等同于 M'。相反，马克思提出了一个同时反映流通过程和生产过程的图示：

$$M — C(LP \text{ 和 } MP)\ldots C' — M'$$

在这一图示中，交换以连字符表示，生产过程由一系列点表示：货币 M 购买商品，更准确地说是购买劳动力 LP 和生产资料 MP。通过生产过程我们得到一组不同的商品 C'，C' 用于交换货币 M'，M' 的数值高于初始金额。除劳动之外的生产资料的价值在产品价值中保持不变；利润 $P(=M'-M)$ 源于这样一个事实：劳动力不仅将其自身的价值（等于其生活资料的价值），而且还将剩余劳动或无偿劳动转移到了产品的价值。

马克思认为，随着资本主义过渡到更先进的生产方式——先是社会主义，然后是共产主义——剥削是可以被消灭的。社会主义的特点是生产资料的集体所有制。马克思认为从资本主义到社会主义的过渡是特定“资本主义运动规律”的必然结果：人数越来越多，但越来越贫穷的无产阶级（即“日益贫困化规律”）和越来越强大但数量越来越少的资产阶级（即“资本集中规律”）之间的社会两极分化日趋严重。这种两极分化必将导致革命。

剥削理论依赖于劳动价值理论，以同质的术语来表达不同的量值（产品、生活资料和剩余）。像李嘉图一样，马克思也意识到，根据劳动价值理论确定的交换价值，与竞争性市场中商品的交换价格不相符。在竞争性市场，经济体中所有部门的利润率都是趋同的。劳动价值理论最多只能作为初步结算使用,前提是它不会在第二步导致无法更正的错误。下文我们可以看到,马克思在《资本论》第三卷中开始着手解决他理论中的这一关键薄弱环节。

第 4 节 积累和扩大再生产

马克思在《资本论》第二卷中阐述了两个分析图式:简单再生产和扩大再生产(或积累)。这两个图式都包含了再生产条件:对于每种商品,所生产的数量必须等于或大于生产过程中用作生产资料或必要生活资料的数量。

在简单再生产的情况下,在不同周期,生产水平保持不变。如果有剩余,则被用于奢侈品消费,或是失业工人或非生产性工人维持生存。在扩大再生产的情况下,至少部分剩余被用作积累——追加到以前的生产资料和生活资料总量中。通过这种方式,在不同周期,生产过程中所雇用的工人数量得以增加。在没有任何技术变革的情况下,经济逐步扩大。根据马克思和古典经济学家对经济发展的共同描述,在这一过程中以及过程外,还存在技术进步,通常表现为机器使用不断增加。

马克思区分了两个经济部门:消费资料生产部门和生产资料生产部门。当这两个部门的全部生产能够被经济体消化时,它们的相对生产水平处于均衡状态。在简单再生产的情况下,生产的生产资料数量等于这两个部门的生产过程中使用的数量,生产的消费品数量等于经济体中所雇用的工人所需要的生活资料与用于奢侈品消费或非生产性消费的数量之和。在这种情况下,剩余全部为消费品。

在扩大再生产的情况下，剩余必须同时包括生产资料和消费品。此外，剩余中消费品和生产资料之间的比率，必须等于或大于生产过程开始时可用的生活资料和生产资料之间的对应比率。这是因为剩余生产资料只能用于积累，而剩余消费品可以部分用于奢侈品消费或非生产性消费。当剩余中两组商品间的比率等于生产过程开始时的比率时，经济得以实现最高增长率。这样就不会有消费品的浪费，它们全部用于“必要”消费，即用于生产性工人维持生存。[1]

[1] 马克思在应用劳动价值理论时，用 v 表示可变资本，即生产过程中使用的生活资料的价值；c 表示不变资本，即生产资料的价值（不包括劳动）；s 表示剩余价值。让我们把生产生产资料的部门称为部门 1，生产消费品的部门为部门 2；C 代表部门 1 的产出价值，V 表示部门 2 的产出价值。由此我们可以将马克思的再生产分式表示如下：

$$c_1 + v_1 + s_1 = C$$
$$c_2 + v_2 + s_2 = V$$

在简单再生产的情况下，两个部门的均衡生产水平为：

$$C = c_1 + c_2$$
$$V = v_1 + v_2 + s_1 + s_2$$

换言之，部门 1 的生产水平对应于两个部门的生产资料数量；部门 2 的生产水平对应于所有就业工人所需的生活资料加上资本家用其利润购买的消费品，后者等于经济体的全部剩余。为了这两个部门之间的交换，我们可以将这两个方程式简化到一个均衡条件，即部门 1 向部门 2 出售的资本品价值等于部门 2 向部门 1 出售的生活资料价值，用代数表示如下：

$$c_2 = v_1 + s_1$$

在扩大再生产的情况下，剩余的一部分 q 用于新资本品的积累；相应地，等于$(1-q)$的剩余部分由消费品构成，用代数表示如下：

$$C = c_1 + c_2 + q(s_1 + s_2)$$
$$V = v_1 + v_2 + (1 - q)(s_1 + s_2)。$$

如上所述，用于增加就业工人数量的资本品和生活资料必须以相同的比例增长。此外，剩余可能包括消费品的剩余部分，它用于奢侈品或非生产性工人的消费；当这部分剩余为零而且剩余全部用于积累时，增长率为最大值。

马克思用再生产图式表明，在一组给定条件下，这一体系可以无限增长下去，而无须担心出现产品变卖问题。这一结果推翻了马尔萨斯、西斯蒙第或洛贝尔图斯提出的消费不足论。然而，虽然马克思驳斥了消费不足论，但这并不意味着他坚信萨伊定律（根据该定律，任何产出水平都可以被市场消化）：首先，只要两个部门之间的均衡比例不成立，就会出现比例失调危机（马克思表示均衡增长只会偶然发生）；其次，更重要的是，马克思并没有排除出现普遍生产过剩危机的可能性。分散化投资决策不同于储蓄决策，如果一个体系建立在分散化投资决策基础上，可能也会出现危机。马克思认为产出水平波动起到重要作用。此外，他也是最早构建经济周期理论的学者之一。

马克思的经济周期理论的基础是产业后备军的波动（马克思的“产业后备军”这一术语不仅包括失业工人，而且还包括手工业者和那些从事农业生产但随时准备转到制造业就业的农业工人）。在复苏阶段，收入增加，失业率下降，产业后备军减少。结果，工人阶级的议价能力加强，而企业家为了招揽工人，彼此之间的竞争加剧：实际工资率上升。[1] 劳动成本的增加导致每单位产出的利润减少。然后，企业通过努力减少生产过程中使用的劳动来应对工资的增长。为了实现这一目的，他们采用机械化生产。这有利于技术进步，而技术进步是经济发展的基础。

机械化过程使得公司减少所雇佣的工人数量。因此，产业后备军

[1] 工资和失业之间的这种反向关系预示了所谓的菲利普斯曲线，即新西兰经济学家A. W.菲利普斯（1914—1975）通过实证方法得出的1861年至1957年期间英国货币工资变化率和失业率之间的反比关系，研究论文发表于1958年，随后被广泛引用。此外，马克思对收入分配的分析是基于工人和资本家的相对议价能力，与斯密的分析一致，而与以马尔萨斯人口论为基础的“工资铁律”的支持者形成鲜明对立。

增加,这使得工资停止增长。同时,也由于机械化带来的生产率的提高,单位产出的劳动成本下降,于是利润增加。利润的增加既是提高生产水平的动力,也是为扩大产能而进行的投资的资金来源。结果企业再次扩张并雇用新的工人,产业后备军再度减少。因此,经济周期进入扩张阶段,标志着新一轮周期的开始。

这一理论同时研究经济周期、经济发展以及就业和收入分配的长期变化。在20世纪的理论分析中,出现了把经济增长和经济周期分开分析的趋势。

第5节　资本主义运动规律

劳动分工与社会结构之间的关系促使我们努力寻找人类社会的基本发展趋势,换言之,即理解"我们走向何处"。其中,最引人瞩目的是马克思的努力探索。在他看来,资本主义不是人类社会历史的最后阶段,而只是一个中间阶段:它之前是其他的社会组织形式(奴隶制度、封建主义),并将让位于新的社会组织形式(首先是社会主义,然后是共产主义)。通过研究资本主义运动规律,我们将了解它是如何形成的,如何演变的,以及为什么它势必让位于社会主义这一新的社会组织形式。

在这方面,马克思注意到资本主义经济和社会两极分化的趋势:一方面,越来越大比例的人口的贫困化趋势,换句话说就是无产阶级化,即形成了越来越多的普通工人大众;另一方面,出现了制造业生产日益向少数大公司集中的趋势,使得更多的经济和政治权力集中在少数人手中,而小业主和独立的手工业者最终加入了生产资料的工人的行列。因此,马克思得出的论断就是:当占人口绝大多数的无产阶级没收了在经济上占主导地位但在数量上处于弱势的资产阶级的全部财产后,资本主义的生产方式将不可避免地面临着崩溃。同时,这也为社会主义开辟了道路。

马克思提出的另一个观点,即《资本论》第三卷所说的"利润率下降规律",大致有相同的走向。[1] 日益机械化过程需要逐步增加资本的有机构成,换言之,就是都以所含的劳动表示的不变资本 c(生产过程中使用的生产资料的价值,劳动力除外)和可变资本 v(生产中使用的劳动力的价值)之间的比率的上升。因此,如果资本的有机构成增加,而剥削率没有按比例上升,利润率必然会下降。[2]

然而,机械化并不一定意味着资本有机构成的增加。例如,如果由于技术进步,越来越多的机器需要相同或更少数量的劳动来生产,那么资本的有机成分将保持不变或减少。此外,在实际工资不变的情况下,技术进步本身通过减少生产生活资料所需的劳动量,将导致剥削率上升。

第 6 节　劳动价值向产品价格的转移

正如上文所述,在《资本论》中马克思采用了劳动价值理论。然而,就像李嘉图一样,他也意识到这种理论与利润率趋同的假设相悖。

---

[1] 马克思,1867—1894,第三卷,第 317—375 页。

[2] 利润率 $s/c+v$ 可以用 $(s/v)/(c/v+1)$ 表示(分子和分母除以 v),分子是剥削率,分母是资本的有机构成加 1。如果分母在分子保持不变的情况下增长,则比率(即利润率)必然降低。

利润率趋同假设用分析术语表达了资本主义生产方式的核心特征，即竞争。马克思在《资本论》第三卷中提出了所谓的“劳动价值向生产价格转移”这一解决之道。[1] 马克思的观点在于表明，这种转移并没有改变以劳动价值理论为基础而得出的结论的实质，尤其就剥削理论而言。

让我们简单回顾一下，马克思称 v 为可变资本（生产过程中使用的劳动力的价值），c 是不变资本（生产过程中使用的生产资料的价值），s 是与剩余劳动相对应的剩余价值，或者换言之，超过必要生活资料的再生产所需的那部分劳动。剥削率等于剩余劳动 s 与必要劳动 v 之间的比率。如果我们假设由于劳动市场的竞争，经济体中的不同部门的工作条件相同，尤其是工作日长度相等，并且所有工人的生存工资是相同的，那么剥削率等于剩余价值与可变资本之间的比率 s/v，并且它对于每一个工人、每一个部门乃至整个经济体系都是相等的。

但是，经济体所有部门的剥削率相等这一条件不符合利润率相等这一假设。让我们用 $1,2,\cdots,n$ 来表示不同的部门。不同部门剥削率相同的条件表示为：

$$s_1/v_1 = s_2/v_2 = \cdots = s_n/v_n \tag{1}$$

不同部门利润率相同的假设（计算每个部门的利润与预付资本价值之间的比率，预付资本包括不变资本和可变资本，即工资）表示如下：[2]

[1] 《资本论》第三卷第2节专门讨论这一主题（马克思，1867—1894，第三卷，第245—316页）。第三卷是由恩格斯根据马克思逝世后留下的笔记编辑出版的。

[2] 在这里，我们不考虑固定资本品的存在可能带来的复杂情况。

$$s_1/(c_1+v_1)=s_2/(c_2+v_2)=\cdots=s_n/(c_n+v_n) \tag{2}$$

将这一系列等式的各项分子和分母分别除以 $v_1, v_2, \cdots, v_n$，我们得到：

$$(s_1/v_1)/(c_1/v_1+1)=(s_2/v_2)/(c_2/v_2+1)=\cdots$$
$$=(s_n/v_n)/(c_n/v_n+1) \tag{3}$$

由此，在分母部分我们得到了马克思称为"资本有机构成"的不变资本和可变资本之间的比率 c/v，再加上 1。在分子部分，我们得到了不同部门各自的剥削率，根据假设它们是相等的。因此，当且仅当分母也相等时，我们刚刚从利润率相等这一假设中推导出的一系列等式(3)才成立。因此，利润率相等要求不同部门的资本有机构成也必须相等：

$$c_1/v_1=c_2/v_2=\cdots=c_n/v_n \tag{4}$$

但是，没有理由表明这一点必然成立。事实上，每个部门都采用了特定的技术。因此，利润率相等假设，与所含的劳动量是所生产商品和生产资料的交换价值的正确度量这一假设相矛盾。

马克思意识到这一难题，并建议将不符合利润率相等条件的、用劳动价值表示的数量转换为用生产价格表示的数量。为了做到这一点，他在每个部门的生产成本（由不变资本和可变资本的总和得出）基础上加上了该部门的利润。该部门的利润是把经济体按照整体计算而得的平均利润率［表示为 $s/(c+v)$］乘以该部门的预付资本而得到。让我们来考虑一个有两个部门的经济体，我们就得到：

$$(c_1+v_1)+r(c_1+v_1)=Ap_1$$

$$(c_2+v_2)+r(c_2+v_2)=Bp_2$$

其中 A 和 B 分别代表在第一和第二部门所获得的产品数量，以劳动价值表示（即 $A=c_1+v_1+s_1$，$B=c_2+v_2+s_2$），而 p_1 和 p_2 代表这两种商品的生产价格，它们是两个未知变量，由这两个方程式确定，且利润率已知（因为 $r=(s_1+s_2)/(v_1+v_2+c_1+c_2)$）。

然而，马克思用所含的劳动来表示成本和预付资本，而资本家在将利润率计算为利润和预付资本的比率时，显然是用价格而不是劳动价值来度量的。[1]

马克思影响深远。他的思想激发了西方工业化国家的共产主义运动，以及主要发展中国家的政治制度。

作为马克思的直接继承者，他的挚友弗里德里希·恩格斯和他的

---

[1] 马克思（参见 1867—1894，第三卷，第 261—272 页）认识到这一困难，但认为在提到代表整个经济体系的总量值时，它几乎是无关紧要的。简言之，马克思提出了双重约束条件：(i) 经济体中创造的总剩余价值与利润总价值相等；(ii) 各部门用所含的劳动度量的产品总价值，与用生产价格度量的产品总价值相等。然而，仅在非常罕见的情况下，这两个约束条件能同时满足。拉迪斯劳斯·鲍特凯维茨（1868—1931）试图对马克思的办法加以完善（鲍特凯维兹，1906—1907 年、1907 年）。对于两种商品 a 和 b 中的任何一种商品，他采用与一个单位所含的劳动相等的那种商品的数量作为度量单位。通过这种方式，生产价格 p_1 和 p_2 就可以被理解为乘法系数。这些乘法系数使我们不再使用以所含劳动表示的数量，而转到以这种方式表示的数量，以符合利润率相等这一条件。因此，不仅两种商品的数量 A 和 B，而且两个部门中使用的不变资本和可变资本（即资本品和生活资料）的数量都乘以这些系数。于是我们得到：

$$(c_1p_1+v_1p_2)(1+r)=Ap_1$$
$$(c_2p_1+v_2p_2)(1+r)=Bp_2$$

也就是说，这两个方程式中，c_1、c_2、v_1、v_2、A、B 已知，我们还有三个未知数 p_1、p_2 和 r；我们可以轻而易举地将这三个未知数减少到两个：相对价格 p_1/p_2 和利润率。这个解决办法在形式上是正确的，但随之而来的是对用作生产资料的商品而言，所含劳动仅为简单的度量标准；就像用 A 和 B 来表示生产的商品的数量，若是用实物计量单位代替所含劳动，所含的劳动将退出分析。

学生卡尔 · 考茨基（1854—1938）为马克思逝世后出版的一些主要著作做了编辑工作：恩格斯编辑了《资本论》的第二卷和第三卷，考茨基编辑了《剩余价值学说史》（马克思，1905—1910 年）。

在西方马克思主义经济学家中，我们可能要提到保罗 · 巴兰（1910—1964）和保罗 · 斯威齐（1910—2004）。巴兰（1957 年）根据"潜在剩余"概念，撰文分析了资本主义的发展过程，并寻根探源，找到了阻碍不同国家和不同时代全面运用生产能力的原因。斯威齐师从熊彼特，提笔撰写了《资本主义发展论》（1942 年）。迄今为止，在所有阐述马克思经济理论的著作中，该书依然被视为最佳。而且，他还与历史学家利奥 · 胡贝尔曼一起于 1949 年创立了《每月评论》。1966 年，巴兰和斯威齐合著的《垄断资本》出版问世。这本书与哲学家赫伯特 · 马尔库塞的著作（尤其是 1956 年出版的《单向度的人》）一起，成为 1967 年至 1968 年从加利福尼亚到巴黎，并最终席卷整个世界的学生运动的主要参照点。

第 10 章

边际主义革命：主观价值论

A Brief History of Economic Thought

第 1 节　边际主义革命：概述

“边际主义革命”这一术语通常用于表示摒弃古典经济学方法，转向以主观价值论和边际效用分析概念为基础的新方法。1871 年至 1874 年间，奥地利边际主义学派领袖卡尔·门格尔（1840—1921）、英国学派威廉·斯坦利·杰文斯（1835—1882）以及法国（洛桑）学派里昂·瓦尔拉斯（1834—1910）分别出版了他们的著作。

然而，边际主义革命有着重要的先驱人物。此外，下文我们可以看到，奥地利的归属方法、法国一般经济均衡和马歇尔局部平衡之间的差异绝不可忽略不计。在英国经济学家中，阿尔弗雷德·马歇尔（1842—1924）开创了一条与杰文斯的极端主观路线有着天壤之别的研究道路。然而，这些不同的研究路线有一些共同的基本要素，有别于前几章所述的古典经济学方法。

斯拉法（1960 年，第 93 页）将两者的差异对比总结如下：古典经济学认为经济体系是由生产和消费组成的循环过程，而边际主义则沿着“一条从‘生产要素’到‘消费品’的单行道”形成观点。两者的具体差异体现在：对经济问题的定义、价值概念、均衡概念、价格的作用和分配理论等。

第一，在古典经济学方法中，经济问题被认为是分析那些确保以劳动分工为基础的经济体系能够持续运作的条件，因此分析的是产品的生产、分配、积累和流通。而边际主义方法与此相反，经济问题研究的是如何使可获得的稀缺资源的使用最优化以满足经济主体的需求和欲望。

第二，古典经济学家以劳动为基础，提出了客观价值论，而边际主义方法与此相反，提出了主观价值论，其基础是消费者对商品效用的评估（以及可能还有生产者对劳动负效用或节制消费负效用的评估）。

第三，由于这些差异，均衡概念在边际主义方法中发挥了核心作用：均衡对应的是可获得的稀缺资源的最优化利用，因此是由所有经济变量、价格和数量等一组值同时确定的。古典经济学方法认为相对价格问题不同于有关积累和生产水平的决策问题。人们谈到均衡问题时，至多指的是资本竞争导致的部门利润率水平的均衡，而“平衡”这一术语并不意味着精确的相等，而是用于谈及需求和供给时（如“供求平衡”）。

第四，价格在古典经济学方法中有反映生产难度的含义，但在边际主义方法中则有反映稀缺性（相对于消费者的偏好）的含义。[1]

第五，收入分配在边际主义方法中是价格理论的一个特例（研究的是“生产要素”的价格），而在古典经济学方法中，它研究的是不同

[1] 然而，生产难度确实在边际主义方法中也起到作用（在最初生产资源与最终产品和服务之间起到调解作用）；稀缺性在古典经济学方法中也起到作用（通过对技术，如在极差地租理论中）或对生产水平施加限制，或通过积累过程达到的阶段起作用。

社会阶层的地位及其权力关系。[1]

很多学者对边际主义方法的这些共同特征各抒己见，从而形成了不同的边际主义方法流派。例如，瓦尔拉斯开创了法国一般经济均衡思潮，其基础是资源初始禀赋的假设（不同的工作能力、土地、资本品）。这些资源用实物术语表示，被认为是既定的，与经济主体的偏好一致。相比之下，杰文斯和马歇尔开创的英国思潮倾向将不同资源的可用数量也视为理论中的变量，可通过使用各种经济主体的效用和负效用等外生数据确定。特别是，通过生产活动可获得的商品的效用与工人辛苦劳动（或者换言之，工作的负效用）之间的平衡，决定了所完成的工作量以及生产函数既定时的产品数量。最后，奥地利学派的理论家则提出了一种极端主观的观点。根据这一观点，每一种商品或服务的价值都是从其最后一名消费者所获得的效用中推断出来的：对于消费品，这种推断是直接的，对于生产品，这种推断是间接的（消费品效用的部分归属于生产资料，其份额与该商品或服务对生产过程的贡献成正比，由此有了“归属理论”这一表述）。

第 2 节　先驱人物：稀缺与需求之间的平衡

古典经济学以生产和消费循环流动理念为基础形成经济体系观

[1] 然而，在古典经济学方法中，价格和分配变量的确定是相互关联的，斯拉法的分析就清楚地反映了这一点。瓦尔拉斯说的可能不是非常精确（在一般经济均衡方法中，所有变量都是同时被确定的），但他指出（1874 年，第 45 页），与古典经济学方法（“李嘉图和穆勒学派”的方法）相反，在这新理论中，“生产性服务的价格取决于其产品的价格，而不是相反”。

点。同时,还有一种经济学观点则与之不同,研究的是相对于潜在需求而言可用资源的稀缺性。这一观点不是在 1871 年至 1874 年间的边际主义革命时期才诞生的,而是从经济学出现即已存在。

早在政治经济学出现之前,人们已开始讨论公平价格对供给和需求的重要影响。同时,人们也对与中世纪集市相关的价格问题进行概念建构(尽管还相当简单),而中世纪集市被认为是供给与需求相遇并进行比较的时空场所。此外,在经院派学者的著作中,也早已存在效用是价值的真实来源或起因的观点;换言之,供给和需求之间的比照被认为反映的是稀缺性和效用之间的比照。这种观点长期存在并不断发展,与此并存的另一种观点则认为商品的价值主要在于生产难度,尤其在于劳动需求。后一种观点在 17 世纪的配第、18 世纪的斯密以及 19 世纪的李嘉图的古典经济学方法中都可以找到,而许多学者接受并发展了前一种观点,将价格与稀缺性和买方评价之间的比较联系起来,甚至更进一步,在某些情况下,以边际效用概念为基础,将使用价值和交换价值联系起来。

在 18 世纪和 19 世纪,价值理论的主观方法不但在英国,而且在意大利、法国和德意志都有深厚的根基。在意大利,那不勒斯的阿贝·费迪南多·加利亚尼(1751 年)花了不少篇幅来研究稀缺性和效用如何确定商品价值。许多法国经济学家支持主观价值论:让·巴蒂斯特·萨伊就是其中一位,此外我们还可能会想到孔狄亚克和杜标特。在德意志,赫尔曼·海因里希·戈森(1810—1858)在一本很快就被人们遗忘的书中(戈森,1854 年)提出了一种边际主义消费者均衡理论;约翰·海因里希·冯·杜能(1783—1850)分两部分完成了其著作(《孤立国》,第一部分,1826 年;第二部分,1850 年)。书中,他提出了土地距离市场远近不同而形成的地租理论，并在每一种生产要素的边际生产率与价格相等的基础上，分析土地和劳动之间的相互替代关系。在英国，主观价值方法仅处于次要位置，但是值得一提的学者有塞缪尔·贝利、西尼尔、惠特利、朗菲尔德以及最重要的威廉·福斯特·洛伊德（1794—1852）。

在主观分析结构的发展中，消费者选择（即需求）起到了中心作用：以使用价值为基础来解释交换价值。在古典经济学方法中，使用价值与交换价值之间的区别是明确的：使用价值——能够满足某一目的的有用性这一事实——被认为是商品具有正交换价值的必不可少的特征（先决条件）；然而，这一特征不可度量，因此不是一个可靠因素，不能用于解释交换价值。[1]

边际主义理论的关键要素是，随着每种商品的消费量增加，它的使用价值（假设能够量化）会下降。因此，使用价值是每种商品消费量的递减函数，交换价值可以从所研究商品最后消费的一单位的使用价值中得出。主观价值论是从消费者的主观评价中得出商品的交换价值，因此需要边际效用的概念，而一些主观边际主义理论的先驱者很早就有前瞻性地提出了这一概念。

---

[1] 古典经济学家也谈到了使用价值的大小问题，但用非常通用的术语来表达。例如，前文已提到的、众所周知的水和钻石悖论：前者使用价值很大，但交换价值很小，而钻石的使用价值不大，但是交换价值相当大。这一悖论很容易解决，因为最有用的商品也可能是最丰富的商品，而相对于决定价格的潜在购买者的需求而言，钻石是稀缺的。古典经济学方法将关注点放在商品的可再生产性上，这样稀缺性可以通过生产额外的单位商品得以解决；其结果是，交换价值又回到了生产的相对难度。只有在商品的可用数量既定的情况下，稀缺性才会决定价格。

第3节　威廉·斯坦利·杰文斯

杰文斯有别于古典经济学传统，主要体现在以下两个方面：一是他对人类心理学的态度，二是他旨在使经济理论数理化的志向。此外，杰文斯也是他那个时代经济学专业化的典范。他提出了新的理论，理论一问世就得到了大学同行的认可，这样他就功成名就，而不管是对配第还是坎蒂隆，魁奈还是斯密，李嘉图还是约翰·斯图亚特·穆勒而言，只有他们的思想在文化人群中广为流传或在政治领域上被人认可，他们才算取得了成功。

杰文斯于1835年出生于利物浦。他在伦敦大学学院学习自然科学、化学和数学。作为一名化学家，他被澳大利亚一家薄荷糖厂聘用，并在19岁时移居悉尼，从1854年至1859年他居住于那里，并很快决定把"研究人类"作为他的人生使命。为此，他回到伦敦并于1862年从伦敦大学学院学成毕业。他曾做过记者，并在曼彻斯特大学担任过助教，就这样他开始了他的学术生涯。在波澜不惊地出版了几本书籍之后，1865年出版问世的《煤炭问题》一书让他声名鹊起。书中，杰文斯坚持认为煤炭储备即将耗尽，这将制约英国制造业的发展。这一观点与马尔萨斯关于肥沃土地稀缺制约经济发展的论断相类似。根据杰文斯的观点，马尔萨斯的可怕预测之所以未实现，原因是废除了谷物法，以及取消了谷物进口关税。事实上，由于杰文斯和马尔萨斯低估了技术变革，他们二人错误地作出了悲观的预测，认为发展必然受挫。

由于其盛名，杰文斯在1866年被曼彻斯特大学提升为教授。在

1871 年的《政治经济学理论》和 1874 年的《科学原理》出版后，他终于在 1876 年成为伦敦大学学院政治经济学教授。1880 年，杰文斯决定辞去教职以便全身心地投入研究，但 1882 年他在海边度假游泳时不幸溺水身亡。

杰文斯的个人经历有助于我们理解其“主观革命”的背景。他认为政治经济学不再像历史或政治那样是一门道德科学，而应该像物理学或数学一样成为一门硬科学。同时他也认为社会科学和人文科学领域也需要数量关系（“规律”）。杰文斯深信数字能够表达万物。在这点上他还是遵循了至少从配第就开始的，并且一直延续到孔多塞的传统。

第 4 节　杰文斯革命

在公理化方法中，最重要的是理论的逻辑结构而不是其现实主义，杰文斯没有使用这种方法。相反，他发展了主观价值论，因为杰文斯相信“人类是感性的”。

在发展这一理论时，杰文斯对某些关键概念的含义作了改动，从而脱离了早期的传统。这些改动与从边沁那里秉承的效用概念有关，对建立边际主义分析体系至关重要。杰文斯使效用概念朝着约翰·斯图亚特·穆勒所建议的相反方向发展。首先，杰文斯把决定某一行为所带来的快乐或痛苦数量的众多因素简化到两个，即强度和持续时间，并认为快乐的数量由两者乘积决定，从而用定量的、单维度的方式表示使用价值。时间，即持续时间，被视为一个连续变量。相应地，强度也是如此。通过这种方式，快乐的数量，即效用，也被证明是一个连续变量,从而可以应用微分法来定义“最后一单位效用”(即我们现在所熟知的边际效用)。

其次,杰文斯强调效用反映物体与人之间的抽象关系,而不是物体所固有的属性。事实上,任何物体对于不同的人或在不同的时刻可能具有不同的效用。重要的不是总效用,而是随着可用商品数量增加而增加的效用,即最后一单位的效用。每个人都通过是否愿意购买该商品来表明这一效用的数量。这使得我们可以通过市场比较某个人对不同商品的估值,还可以通过每个人愿意支付的金额比较不同的人对同一商品的估值。然而,这个事实本身并不足以确保社会幸福微积分的可能性,因为无法确保每个人都认为给定数量的货币具有相同的效用,而且杰文斯明确否定了人与人之间进行比较的可能性。因此,需要人与人之间进行比较的后果伦理学由此消失,经济学被简化为一种关于理性选择的理论。这种理论假定每个人都能够在一个单维度的空间内(至少在经济领域)计算其所有行为的后果。

杰文斯对经济学所作的定义与穆勒不同。穆勒认为经济学只限于人性的某一特定方面,即拥有财富的欲望。杰文斯将经济学限于众多情感的一个特定子集,即“最低级的情感”:“效用的计算,旨在用最小的劳动代价满足人类的普通欲望。”[1]这样的定义对于他的关键目标,即将经济学作为一门用数学进行研究的科学至关重要:“很明显,如果经济学是一种科学,它必须是一种数学的科学……*我们的理论在*

[1] 杰文斯(1871年,第92—93页)。这个定义不仅简单明了,而且毫无问题。例如,它会把我对巴赫唱片的需求降到最低级的情感,与我对巧克力的需求处在完全相同的水平(唱片和巧克力都是我日常需求的一部分,并影响我的预算)。若非如此,经济学只会考虑消费者的部分支出决策,从而不能明确地定义预算约束。

*性质上纯然是数学的*因为经济学所研究的是数量。”[1]正是这一关键的目标导致杰文斯将人类的感情视为单维度的、可量化的变量：这一点他反复强调。

这一理论的核心在于对在不同的快乐（消费）和痛苦（劳动）之间作出的个人选择的分析；每个人的情感（偏好）被假定为是与该问题无关的数据，而且不受其他人的选择的影响。唯有在这些条件下，个人行为的总和才能构成一种关于整个经济体的理论。换言之，个人主义方法论[2]是主观价值论的必要前提，但绝不是杰文斯所证明的那样顺理成章：它只是在其理论结构中隐含的一个假设条件。杰文斯认为经济学是一个如何从给定数量的资源配置中获得最大限度的满足的问题。杰文斯的原文如下（1871 年，第 254 页；斜体为原文所有）：“经济学的问题可以……表述如下：*已知一定的人口，他们有种种需求和生产能力，并占有一定的土地和其他物质资源；求如何运用劳动，能使产品效用最大化。*”

杰文斯的雄心壮志是将经济学变为一门可以用数学来进行研究的学科。这一志向迫使他将人类行为的动机重新定义为可度量值。这样，我们放弃了把经济学作为致力于研究人类以及人类社会复杂本质的社会科学的艰辛之路，而走在了建立在自然科学模型上的“经济学”歧路上，其代价是以虚构的单维度图像取代真实的世界。

---

[1] 杰文斯（1871 年，第 78 页）；斜体为原文所有。事实上，最后一句应反过来：“我们的理论必须研究数量——研究如何确定变量，使其能够作为单维度的数量——因为只有这样我们才能用数学术语来解决问题。”

[2] 个人主义方法论有很多定义。这里的个人主义方法论的假设是社会只是个人的总和，每个人的偏好都与其他个人的偏好无关，因此可以从个人选择入手来解释经济行为。

第 5 节　实际成本和机会成本

如前文所述，杰文斯提出了“最后一单位效用（或负效用）”的概念，它对应的就是边际效用（或负效用）。因此，每种商品的交换价值一方面等于其边际效用，另一方面等于获得该商品所需的劳动的边际负效用。获得该商品的方式可以是直接的，也可以是间接的，即与所研究的经济主体直接生产的商品交换而得。通过这种方式，人们可以同时确定每种商品生产和/或消费的数量及其交换价值。

在生产每种商品只需要劳动的简化假设下，用这种方法得出的结果似乎类似于古典经济学的劳动价值理论。事实上，每个人都赋予每种商品生产中使用的最后一单位的劳动量相同的负效用；其结果就是，不同商品之间的交换比率等于生产每种商品所需的劳动量之间的比率。然而，我们应该回顾的是，每个经济主体都被视为一个孤岛：“劳动有无限的差异。”杰文斯（1871 年，第 187 页）如此说。这差异表现在经济主体之间不同的劳动质量和效率。此外，不同的个体可能对同样数量的劳动所蕴含的痛苦有不同的判断。由于这些原因，劳动不能成为价值的成因或源泉：在解释商品价值时，同时产生的“实际成本”被理解为负效用而不是劳动时间。

同样，在引入资本概念时，杰文斯反对把它与劳动联系起来。根据杰文斯的观点，资本并非如古典经济学家所认为的那样，是已积累的劳动。资本的源泉是生产中其使用的持续时间以及其所有者的意图，其价值取决于资本使用所能带来的价值的预估。换言之，杰文斯是从产品的价值入手来确定资本的价值，其过程与古典经济学家的过程相反。因此，他对资本概念的定义方式使资本不仅可以指孤立的个人，也可以指整个社会。事实上，根据杰文斯的观点（同上，第 229 页），分工和交换是“不相关的复杂问题”，它们不能从本质上改变他所提出的个人选择价值论。

菲利普·亨利·威克斯蒂德（1844—1927）在其《政治经济学常识》（1910 年）一书中，采用了主观方法的逻辑结论，通过将价值与每种商品的机会成本联系起来，将价值理论视为一种关于个人选择的理论：在资源稀缺的情况下，（通过生产和消费给定的商品）获得某种效用意味着放弃通过其他方式（生产和消费其他商品）获得效用的可能性。

弗朗西斯·伊西德罗·埃奇沃思（1845—1926）的主要理论贡献是契约曲线，用来描述两个个人以及数量既定的两种商品的情形。他将契约曲线定义为两种商品在两个个体之间的分配的所有集合，而任何重新分配都无法使一个消费者的满足水平提高而不使另一个消费者的满足水平下降。因此，埃奇沃思（1881 年、1925 年）前瞻性地提出了“帕累托最优”概念。此外，在提出契约曲线时，他用效用图的等值线来表示偏好，并将其命名为后来众所周知的“无差异曲线”。关于这些曲线，我们还要归功于埃奇沃思，因为他明确引入了它们在笛卡尔坐标系中凸向原点这一假设（并证明这种假设，虽然源于边际效用递减假定条件，但并不一定隐含在这一假定条件中）。像门格尔一样，埃奇沃思的分析从双边垄断开始，然后研究竞争，并指出，当参与交换的经济主体数量增加时，在只有两个参与者参与交换的情况下所出现的均衡不确定性消失。

埃奇沃思从 1891 年至 1922 年一直担任牛津大学德拉蒙德讲座

教授。从 1891 年《经济学杂志》创刊直到他与世长辞,他一直担任该刊物的编辑,并一度与凯恩斯一起担任共同编辑。埃奇沃思在经济学专业化以及新的价值和分配理论兴起并成为主流的过程中起到了关键作用。然而,鉴于他极其晦涩难懂的写作风格,再加上他众所周知的矜持寡言,他始终处于下文我们将要讨论的英国伟大的学术领袖阿尔弗雷德·马歇尔的阴影之下。

第 11 章

奥地利学派及其邻近学派

A Brief History of Economic Thought

第 1 节　卡尔·门格尔

奥地利学派的创始人卡尔·门格尔于 1840 年出生于波兰，那里当时属于奥匈帝国。他先后在维也纳大学和布拉格大学学习，最后在克拉科夫大学取得博士学位。他的第一份工作是记者，后成为一名公务员，一直到 1871 年《国民经济学原理》出版。由于该书，他的学术生涯突飞猛进：1873 年，他晋升为教授；1876 年至 1878 年，他出任奥匈帝国皇储鲁道夫的导师；1878 年至 1903 年，他在维也纳大学担任政治经济学教授。

《国民经济学原理》作为边际主义方法的重要文本，与现代读者的期望似乎大相径庭。门格尔曾学习过法律，在欧洲大陆的传统中，这意味着一种强调概念史的研究方法（概念阐释通常是冗长的）。门格尔与杰文斯和瓦尔拉斯的共同事业——用数学术语将经济理论建构成为一门量化科学——之间的距离似乎相当遥远。他的文本没有数学公式，并且在不同的场合，门格尔毫不掩饰他对使用数学工具的深切怀疑。相反，他的目的是建立一种超越简单描述经济现象的理论，同时保持与经验现实的紧密联系。此外，与杰文斯的主观方法迥然不同，门格尔在价值理论领域的主观主义跟功利主义概念几乎没有任何联系。

门格尔着手建立奥地利-德国大学的传统，其中占据统治地位的是以供给与需求、使用价值和稀缺性之间的相互比较为基础，在价值理论中运用主观主义方法。这一传统可追溯到中世纪经院哲学思想，它意味着系统性地摒弃了李嘉图的劳动价值理论，但没有完全摒弃级差地租理论以及斯密与劳动分工相关的国民财富增长的理论。

门格尔的《国民经济学原理》借鉴了德国伟大的教科书的结构：先是深入地讨论了商品和需求，然后引出价值理论、交换和价格，再之后转向分配、发展和货币等主题。门格尔断言，经济理论的目的在于分析商品与人类价值观之间的因果关系；值得注意的是，杰文斯关注的是人类行为的一个特定方面，即与最低层次的需求的满足有关，而门格尔将经济活动定义为对知识和权力的追求。

事实上这是门格尔理论中最具创新性的因素之一。另一个重要因素是他热衷于研究经济体系中不同商品之间的相互关系。这表明门格尔超越了孤立研究每一种商品的价值或价格形成的传统（这也可以追溯到经院哲学思想）。

门格尔的主观主义事实上是非常激进的。他的分析是从每个人对自己情况的评价开始——他的个人主义方法论也是如此。因此，人们通过评估各种需求的不同重要性以及不同商品对这些需求满足的适宜性来确定价值。[1] 更准确地说，人们把不同的需求按重要性进

[1] 让我们回顾一下，在门格尔看来，价值与经济活动的本质有关，而价格与经济活动的现象表现有关。这种区分与马克思的观点有一定联系，而在瓦尔拉斯的法国方法以及杰文斯或马歇尔秉承的盎格鲁-撒克逊研究思路中都不存在这种区分。

行排序，并假设每个需求一旦得到满足，则该需求的强度逐渐减小；最为迫切的需求必须达到一定的满足程度后，才能满足按重要性排序中的下一个需求，以此类推。[1] 因此，决定价值时不仅要考虑物品的使用价值，而且还需要考虑其稀缺性；对物品估价时，人们考虑的不是每种需求的绝对重要性，而是需求的"边际"重要性。在消费品（第一序位的商品）情况下，人们直接估价，在生产品（第二、第三以及后续序位的商品）的情况下，人们间接估价。在后一种情况下，生产资料被"归属于"已生产的物品相对消费者而言所具备的价值的一部分，这部分价值的计算与该物品或服务对生产过程的贡献成正比（由此得名为"归属理论"）。因此，消费者扮演了经济体系第一推动者的角色。"消费者至上"的观点同时具有规范性和描述性内涵，因此从"让市场起作用"的意义来看，它暗示了经济自由主义的合理性。

门格尔所提出的使用价值主观论与当时德国经济学家所追求的主流路线相悖，后者寻求的是用来度量使用价值的客观基础。套用来自锡耶纳的圣贝尔纳（1380—1444）的术语，我们可以说门格尔专注的是商品的"主观使用价值"（complacibilitas：商品对每个使用者偏好的适宜性），而当时的德国传统关注的是商品的"客观使用价值"（virtuositas：商品满足人类需求的能力）。最后，我们要强调的是，可能是为了与功利主义保持距离，门格尔避免使用"效用"这一术语，转而使用"满足的重要性"这一术语。

在对交换价值的分析中，门格尔是在两种商品和两个交易方（或

[1] 在典型的边际主义理论中，商品间的可替代性起着核心作用。与此相比，门格尔并不承认需求之间存在可替代性（即某一需求的较低程度的满足可以通过另一需求的较高程度的满足得到补偿，从而使消费者的情况保持不变）。

双边垄断)的情况下开始的。[1] 在这种情况下,有一个值域与交换行为的实现相匹配,它的两个极值就分别是双方中的某一方对交换失去了兴趣的情况下的价值。总的来说,门格尔认为交换是不等值交换,这就意味着双方都能从中获利。

门格尔只是简单地将这种分析扩展到两种以上商品、两个以上交易方的情形,没有充分展开。由于他拒绝使用数学工具,他的分析逊色于当时其他学者,甚至更早时期的学者的分析。他的原创性贡献表现在其他方面:他试图描绘一个概念框架,让理论家能够记录真实世界的关键方面,例如人类知识的局限性以及经济主体决策的不确定性。此外,门格尔强调了市场在促进信息传播方面的作用。然而,事实表明将这些数据与主观方法中对价值的数学分析联系起来困难重重。因此,在边际主义理论的经典版本中,它们被不经意地忽略了。

与杰文斯以及瓦尔拉斯不同,门格尔没有假设在预算约束下效用函数的最大化。价值取决于人们对自身需求以及满足这些需求的方式的主观评价。这种评价可能会有变化,而变化无法预期。门格尔似乎对动态方面更感兴趣,例如研究物品是如何简单地转化为经济品的,私有财产的原始发展问题以及经济主体应如何积极地增加知识以改变偏好。在这种语境下,门格尔强调了交换的不平等、不可逆性以及收益。均衡的概念适用于个体经济主体的选择,但由于难以协调这些选择(知识有限、学习的重要性),因此不太适用于整个经济体系。

---

[1] 门格尔在其分析中赋予了垄断市场以重要作用,与之形成鲜明对比的是,在其学生维塞尔和庞巴维克的分析中,完全竞争占主导地位。从这一方面来看,维塞尔和庞巴维克的方法更接近法国和盎格鲁-撒克逊国家边际理论家的方法。

同样地,门格尔强调了交易成本的存在,从而也强调了知识和距离等要素的现实重要性和理论重要性。因此,帮助经济主体更全面地了解市场并更好地组织市场的中介被赋予了重要角色。同样,货币也被赋予了重要角色。这让我们了解了门格尔的关于文明进程的观点:减少愚昧无知,完善制度建设,从而帮助人类把握不确定的未来。门格尔从个人主义方法论出发,认为货币、市场和劳动分工等制度是个人未经协调所作出的选择的意料之外的结果。随着时间的推移,人们对逐渐获得的经验作出回应,作为学习过程的结果,这些制度会得到修正。总体而言,门格尔对经济发展抱有乐观的看法,其观点更接近斯密的观点,而不是马尔萨斯在《人口论》中的观点。正如斯密所言,发展与劳动分工的改善与资本的积累有关。

第 2 节　方法论之争

历史主义通常被认为是对启蒙运动的理性主义的反抗,它与当时刚刚诞生的、在德国尤其强烈的民族主义情绪有着千丝万缕的关系。实际上,历史主义通过赞扬每个具体历史场景中的具体性质而反对普通主义,后者宣称人们可以从一些一般原则中得出适用于所有时间和所有地点的规律。

"德国旧历史学派"在 1843 年至 1853 年的 10 年间蓬勃发展,当时威廉・罗雪尔(1817—1894)、布鲁诺・希尔德布兰德(1812—1878)和卡尔・克尼斯(1821—1898)分别出版了各自的主要著作。他们支持统计调查,认为从经验研究中推导出的"经济规律"具有历史相对性。

正如我们在上文中所指出的,门格尔并不认为他的理论成就与德国旧历史学派的方法大相径庭。然而,由古斯塔夫·冯·施穆勒(1838—1917)领导的"新历史学派"的特点是强烈反对理论抽象演绎,并且否定政治经济学与政治、法律、制度和习俗之间可能存在的区别。同时,新历史学派反对先验假设和演绎推理,认为直到人们获得了一定程度的知识,足以构成历史归纳的坚实基础,这样才能通过这些归纳获得抽象假设,从而构成经济学理论必不可少的出发点。新历史学派没有因经济学理论的演绎法具有先验性而反对它。但是,在当时具体场景下,抽象理论缺乏足够的基础。历史学派的目的正是通过基于实证调查的系统分析来提供上述所需的基础。为此,1873 年,"德国社会政策学会"成立,并立即开始系统性地收集那些反映经济现实最多样性的数据。此外,学会也推动了社会改革政策的运动,这种运动被命名为"讲坛社会主义",赞成社会改革。这些改革政策是"福利国家"的第一次尝试。[1]

门格尔(1883 年、1884 年)的两部作品标志着对立的学派之间严重的意识形态冲突的开始。这种冲突因学校内部职务权力之争而进一步加剧。冲突意味着在阐述对方观点的同时歪曲其观点,寻找对方观点的弱处而不是强调、吸收其优处。因此,历史学派在冲突中的失败掩盖了将理论工作同历史研究有机融合这一方法的重要性,虽然门格尔本人一直在身行力践这一方法。

[1] 不属于"学会",但属于同一文化的普鲁士统计局局长恩斯特·恩格尔(1821—1896)研究了与不同收入水平相对应的消费结构差异(即所谓的"恩格尔定律"。它是最好的统计规律之一。恩格尔定律表明,随着收入的增加,一个家庭总支出中食物消费的占比则会下降)。

门格尔将政治经济学分为三个组成部分：历史-统计方面、理论和经济政策。理论被赋予特殊作用。门格尔还提出了“起源-因果论”，它包括从最简单的要素开始，再研究探询复合规律。因此，政治经济学旨在找到明确的规律，但这些规律只关注人类行为的某一个子集。门格尔坚持认为“经济人”概念是虚构的。然而，他也强调了理论与现实密切联系的重要性，这一点也由以下事实得以确保：作为理论基础的假设被认为是从直接经验所获得的数据，因而它们是真实无误的，无须进行经验验证。对于门格尔这位直觉主义者而言，这确实是经济现象的本质，它直接体现在经济学家的思考中。门格尔所提出的经济体系的观点不是供求之间的静态均衡，而是一种有机秩序的发展。这一秩序是指人们受到经济利益驱动，通过模仿从而发现和积累新知识的过程。这一观点本质上是一种动态观点，充满历史主义色彩。

正是这种方法论途径有助于我们客观评价奥地利学派所取得的成果。在原则上，我们不得不认同门格尔关于研究方法的立场以及分析推理在经济理论中必不可少的核心作用。这种动态演化方法与基于供求均衡概念的边际主义分析结构的兼容性上出现了令人困惑不解的地方。我们将会看到，马歇尔也遭遇了相同的概念形成阶段和模型构建阶段之间的冲突问题。

第 3 节　马克斯·韦伯

方法论之争也促使人们简要地评论一下一些现在被认为与经济学领域无关，而当时却被认为与经济学相关的学者的研究成就。马克斯·韦伯(1864—1920)就是其中一位。今天人们公认他是赫赫有名的社会学家,实际上韦伯是一位政治经济学教授,并且有充足理由表明,作为经济学家,他更接近奥地利学派,而不是历史学派。

马克斯·韦伯先后在弗莱堡大学和海德堡大学担任政治经济学教授。他的主要著作是1922年出版的《经济与社会》,而他的《新教伦理与资本主义精神》(1904—1905)也广为人知。这些著作的共同主题是探究某些经济行为模式起源和兴起的决定因素。因此,韦伯的研究领域介于社会学和政治经济学之间,现在通常称之为经济社会学。

韦伯被认为是“资产阶级的马克思”。同马克思一样,他关注的是如何阐释资本主义生产方式及其发展过程。但与马克思不同,韦伯认为,在历史发展过程中,主要的因果关系并不是从经济再生产的物质条件到制度和文化领域,而是相反。韦伯在资本主义的演变中看到了一个巨大的合理化过程。这一过程不仅涉及经济活动,而且涉及整个社会。在此基础上他预测,国家组织和生产过程将逐步官僚化,以及职员和技术人员等中产阶级化。这一预测赋予中产阶级以重要性,由此与马克思所宣称的无产阶级化进程形成鲜明对比。关于资本主义起源问题,韦伯的研究思路也与马克思迥然不同。韦伯坚持认为伴随着新教的出现,一种特定文化的兴起起到了关键作用。这种文化赞成社会参与,反对中世纪天主教会和反宗教改革运动的禁欲态度。

受德国历史-法学传统的影响,韦伯方法的基础是对“理想类型”的定义,即从具体的历史演变中抽象出来的范畴。概念建构是这种方法的关键阶段,而基于这些范畴的抽象模型的建构是在不依赖于数学工具的情况下进行的。这与后来居上的边际主义方法的各种思潮的趋势相对立(尽管在韦伯与之保持最密切关系的奥地利学派内部,但是这种对立不是非常明显）。

第 4 节　欧根·冯·庞巴维克

门格尔最直接的追随者是弗里德里希·冯·维塞尔（1851—1926）和欧根·冯·庞巴维克（1851—1914）。他们二人先是同窗，后成为连襟。接下来的一代学者包括路德维希·冯·米塞斯（1881—1973）（他提出了“强制储蓄”理论并引发了关于计划经济可持续性的重要争论），以及后面要讨论的约瑟夫·熊彼特和弗里德里希·冯·哈耶克（1899—1992）。

庞巴维克是因斯布鲁克大学和维也纳大学的政治经济学教授，三度出任财政大臣。在《资本实证论》（1889 年）中，他独创性地提出了利息理论，并将积累问题引入奥地利学派的价值理论中。

他理论的关键概念是平均生产周期。这一概念借鉴了经济理论中一直争论不休的观点，如西尼尔的“节欲”概念和马歇尔的“等待”概念。庞巴维克认为利率是一种价格，用来补贴为了使用更迂回但更有效的生产方法而必须付出的“等待”。换言之，在开始工作与最终获得产品之间的时差延长，但是生产由此增加。[1] 为了衡量生产过程的资本密集度，庞巴维克提出了平均生产周期这一概念，或者换言之，所有时差的平均值。在这些时差中，为了获得某种产品而耗费的劳动时数固定不变，只考虑生产所需的生产资料而直接和间接使用的劳动

[1] 因此，根据庞巴维克的理论，我们有两个因素同时决定利率：一是心理因素，即相对于未来可获得的商品而言，人们高估现有商品的效用（以及与未来成本相比，高估现有成本的负效用）；另一个是技术要素，即迂回生产方法的生产率更高。

时数。其结果是一系列延时劳动量,然后将其简化到单一量值,即不同时差的加权平均值,权重与在不同时差内固定的劳动时数成正比。当工资率(即劳动价格)上升时,厂商倾向于减少所使用的劳动的数量;相应地,当利率(即"资本"价格)下降时,厂商倾向于使用更多数量的时间资本,即延长生产过程的持续时间。根据边际生产率下降这一原理,当利率下降时,平均生产周期被延长,直到某一点。在这点上平均生产周期再进一步延长的话,边际生产率就会下降,出现新的、更低的利率水平。

但是,这种理论也只是初步估算,因为它没有考虑复利现象:10年前1小时劳动的累计利息远远大于1年前10小时劳动的利息;也不可能为了考虑复利而重新定义权重,因为这样一来,平均生产周期就不再与收入分配相关,并且再也不可能用它来确定如利润这样的分配变量的价值。

庞巴维克的理论被哈耶克重新引入奥地利学派,而且在更早时候,在瑞典学派初期也被维克塞尔采用,但受到了熊彼特的批判。维克塞尔本人在研究过程中似乎对这一理论也越来越不满意。但是,对这种方法的终极批判还要等到1960年斯拉法著作的出版问世。

第5节　克努特·维克塞尔和瑞典学派

瑞典的克努特·维克塞尔和庞巴维克一样,都出生于1851年。然而,在成为经济学家之前,他曾是新马尔萨斯主义的辩论家、自由职业演讲者和记者。他在同时代人中的名声源于他激烈地反对当时盛行的道德信仰,挑战家庭、宗教、祖国和国家权威等传统观念。他的挑衅态度牵制了其学术生涯,因为他到处树敌,甚至一度因诋毁国教的罪名在 50 岁盛年时入狱。[1]

他对经济问题的研究兴趣长期集中在人口问题上。在这兴趣点之外,他附带研究经济理论。1887 年,36 岁的维克塞尔获得出国留学奖学金,至此他才认真对待经济理论研究。凭借奖学金,他先后在伦敦、斯特拉斯堡和维也纳学习。1890 年,他开启学术生涯,但直到 1905 年才成为教授。他于 1926 年在斯德哥尔摩去世。

他在经济理论方面的主要著作是《价值、资本和地租》(1893 年)、《利息与价格》(1898 年)、《论经济学中作为分配基础的边际生产率》(1900 年)和两卷本的《国民经济学讲义》(1901—1906)。在 1893 年的著作中,维克塞尔提出了以资本、劳动和土地各自的边际生产率为基础的边际主义收入分配理论,比威克斯蒂德的理论早了若干年。在这本著作以及在《国民经济学讲义》的第一卷中,维克塞尔采用了庞巴维克的平均生产周期理论。然而,他最终着手考虑用生产资料的异质性的方式来阐发自己的理论。因此,从本质上讲,维克塞尔在资本总量和非总量概念之间踌躇不决。当他把资本等同于为获得特定产品所必需的直接和间接劳动流量的整个时间结构时,他采用的是非总量的概念。

维克塞尔还区分了货币利率和自然利率。后者是由实际变量决定的,这些变量共同决定经济体系的均衡。更准确地说,正如边际主义收入分配理论所表明的那样,自然利润对应的是资本的边际生产

[1] 请参见杰朗德 1956 年写的关于维克塞尔的精彩传记。维克塞尔的生平也证明了政治上进步的古典方法与政治上保守的边际主义方法之间不一定存在对立。在这方面,维克塞尔并不是一个孤立的特例。例如,我们可以回想起到瓦尔拉斯的社会改良主义以及他对土地国有化的支持,还有英国的费边社。

率。另一方面,货币利率是由货币市场确定的,相对自然利率而言,具有一定程度的自主权。随后维克塞尔运用货币与自然利率之间的关系,来解释经济的周期性波动以及通货膨胀或通货紧缩压力对总体价格水平的影响。每当货币利率低于自然利率时,企业家发现贷款和投资都是有利可图的,从而引发通货膨胀压力;相反,只要货币利率高于自然利率,投资受挫,从而引发通货紧缩压力。[1]

这一理论是在用货币解释周期和通货膨胀的思潮中产生的。这一思潮试图达到两个目的:一方面捍卫边际主义价值和分配理论,从而确定价格和分配变量的均衡价值;另一方面承认一个对任何实证经济学家都昭然若揭的事实,即非均衡的存在以及货币变动对实际变量有一定的影响。

从20世纪20年代后期开始,出现了"瑞典学派"(埃里克·林达尔,1891—1960;纲纳·缪达尔,1898—1987,他于1974年获得诺贝尔经济学奖;贝蒂·俄林,1899—1979)。"瑞典学派"发展了维克塞尔理论的各个方面,而且与凯恩斯的分析相反,"瑞典学派"重新提出了序列分析工具(这一工具在奥地利学派传统中早已存在,后来希克斯再次使用了这一工具)。

第6节 弗里德里希·冯·哈耶克

弗里德里希·冯·哈耶克(1899—1992,1974年获得诺贝尔经济

[1] 维克塞尔在其关于通货膨胀和通货紧缩累积过程的理论中,假设生产技术不变;因此,收入分配、生产水平和相对价格都不变,从而非均衡只能转化为货币变量的变化,即价格水平的变化。

学奖)成名可能更多是由于其极端的经济自由主义,而不仅仅是因其对经济学的理论贡献。然而,在 20 世纪 30 年代,对大众而言,他是大陆学派的领袖。对于那些不赞同凯恩斯理论所蕴含的政治意义的人来说,他们也可以借鉴哈耶克,从中获得巨大的理论力量以反对剑桥学派。

第一次世界大战后,哈耶克在维也纳大学学习,师从维塞尔和米塞斯。1927 年,哈耶克成为刚刚成立的奥地利商业周期研究所的第一任所长。[1] 1931 年,他来到伦敦经济学院。第二次世界大战后,他于 1950 年前往芝加哥,并于 1962 年重返欧洲(首先是德国的弗莱堡,然后是奥地利的萨尔茨堡)。[2]

哈耶克的思想分为四个组成部分: 一是个人主义方法论;二是概念方法,它吸收并发展了奥地利学派的方法,特别是不确定性和学习等因素;三是理论方法,以庞巴维克的资本理论和维克塞尔的货币理论为基础;四是对经济自由主义的政治以及社会理论所做出的贡献。经济自由主义反对集体主义倾向: 许多人认为,罗斯福新政和凯恩斯主义的国家干预都有集体主义倾向。

个人主义方法论,即必须从个人选择出发解释经济制度运作的观点,构成了边际主义方法不同思潮中的一大主流传统。对于哈耶克以

[1] 奥地利商业周期研究所是在米塞斯的倡议之下成立的,旨在提出研究商业周期时的一种理论与实证分析相融合的方法,反对纽约美国国家经济研究局的纯粹实证主义方法,后者着重在经济行为中寻找规律。

[2] 哈耶克是一位具有非凡文化背景的经济学家,也是一位经济思想史的大学者。20 世纪 20 年代的维也纳可谓是一个独特的大熔炉: 康拉德 · 洛伦兹是哈耶克童年时期的玩伴,哲学家路德维希 · 维特根斯坦是其亲戚,第一次世界大战最后一年时二人还是战友,物理学家欧文 · 薛定谔是其世交,等等。参看哈耶克的自传(哈耶克,1994 年),以及布鲁斯 · 考德威尔 2004 年的名人传记。

及其他许多人而言，这不仅是一条关于方法的规律，而且也是一种政治教条，原因是整体论（即对社会集合体的研究应当与组成这些集合体的个体的行为无关）和政治机体论（国家、集体大于组成它们的个人）之间的联系。[1]

个人行为通过行动表现出来，而这些行动源于理性选择的行动计划。因此，个人主义方法论决定了经济系统的行为理论必须以对系统中所有主体的行动计划的研究为基础。由此，均衡概念就起到核心作用，均衡等同于在这些行动计划的集合中那些彼此兼容并与经济活动发生的既定条件（技术、每个主体的资源禀赋）兼容的行动计划。[2]由于经济主体的知识有限，进行事前计划以协调个人行动计划的做法在现实中是不可能的。相反，市场是确保均衡的调整机制，人们可以让其起到协调作用。

哈耶克以及门格尔二人的观点有一个典型的特征，就是将主观知识和价格以及生产和交换的数量，一并包含在经历这种调整过程的变量中。当哈耶克逐渐意识到他所采用的价值和分配理论中存在悬而未决的问题时，他赋予了市场更为重要的使命，把它当作信息传播和调整个人知识的工具。这些都是鼓舞人心的观点。然而，它们无法在一个完善的均衡理论（或曰价值、分配、就业和技术选择理论）中找到配对物，以证明市场机制的均衡效力。

---

[1] 哈耶克的朋友卡尔·波普在《开放社会及其敌人》（1945 年）一书中对整体论提出了政治批判。然而，正如熊彼特所指出的那样，我们可以完全赞同波普对极权主义及文化根源的批判，但不一定要接受政治个人主义（即把在政治领域捍卫个人自由等同于个人主义方法论）。

[2] 哈耶克提出的均衡概念不同于基于供求相等的传统边际主义概念。这是一个重要的概念转变，但未能引起应有的关注。

哈耶克学术生涯漫长。在最初几十年,他试图通过吸收庞巴维克的资本观点发展一种理论:投资和生产决策在采纳期后的一段时间内生效,从而产生了协调跨期决策的问题。由此,哈耶克研究分析的对象是在市场经济中,由竞争这只看不见的手协调经济主体的决定而引发出现的自发秩序。哈耶克研究了阻碍这种“自发秩序”出现的不同因素,特别是知识的稀缺性,但认为市场经济优于计划经济,原因正是市场经济所需的信息远远少于计划经济所需的信息。[1]

哈耶克的政治著作也强调了这些方面,批评国家对经济生活的积极干预,如罗斯福新政。由于这些著作,特别是《通往奴役之路》(1944年),哈耶克成为 20 世纪最负盛名的政治学家之一。在这些著作中,哈耶克保留了奥地利学派的主要传统因素(不确定性、经济活动是对来自知识的权力的追求,与自发秩序概念融合的“均衡”这一分析概念,以及经济主体的复杂性)。但是,在其政治著作中,由市场运作产生的自发秩序概念不再是分析结果,而是一个简单的假设或假定,这是他的理论研究未能充分阐发的部分。事实上,从 20 世纪 40 年代初开始,哈耶克在经济理论领域的贡献逐渐消退,当时卡尔多(1942 年)的严厉抨击重新肯定了斯拉法对哈耶克的批判。下文将对此展开讨论。

[1] 恩里科·巴罗内(1908 年)在一般经济均衡理论框架中表明计划经济可能具有生命力,而路德维希·冯·米塞斯(1920 年)重新提出了这一争议性命题,但他似乎没有考虑巴罗内已提供的答案。哈耶克则坚持认为在实践中无法获得必需的信息。奥斯卡·兰格(1904—1965)在 1936 年至 1937 年的一篇著名文章中为计划过程提出了一种试错方法,这种方法体现了“社会主义市场”的要素。莫里斯·多布(1900—1976)在其著作中(如:多布,1955 年)则坚持认为在投资活动的事前协调方面计划经济具有优越性。

在《价格与生产》(1931 年)中,哈耶克将边际主义价值论与商业周期理论相结合,借鉴了庞巴维克提出的平均生产周期概念,并将其跟维克塞尔提出的自然利润与货币利润关系机制,以及米塞斯在 1912 年提出的、熊彼特(1912 年)运用过的强制储蓄理论有机融合起来。

简而言之,哈耶克所描述的机制运作如下:当自然利率高于货币利率时,诱发企业家向银行贷款,使投资支出高于均衡水平。根据均衡的定义,这一场景开始时的特征就是资源的充分使用。所以,银行贷款融资带来额外需求,导致价格上涨,从而实现额外投资;通货膨胀使消费者丧失了购买力;而企业家由于购买生产资料和销售产品之间存在的时滞从通货膨胀中获利。此外,与消费品相比,对投资品的额外需求导致其相对价格上涨;这反过来又对应的是实际工资率的增加,这强化了延长平均生产周期所带来的优势。这些要素构成了商业周期的上升阶段。但是,生产要素收入的增加转化为对消费品的更大需求;这些消费品的相对价格上涨,实际工资率下降。因此,缩短平均生产周期变得更为有利,并且以持续时间更长为特征的资本品的价值减少。这就是商业周期的下降阶段。在这一阶段——鉴于其产生的机制——凯恩斯提出的支持消费是反生产的。在这个阶段,在商业周期的上升阶段积累的资本在经济上被破坏,从而经济系统恢复到其初始均衡。

哈耶克的理论考虑了技术、收入分配和相对价格的变化,从而克服了维克塞尔的实际因素和货币因素之间的二分法。因此,对于凯恩斯的研究纲领,它似乎是最可靠的替代方案。现在看一下斯拉法(1932 年)的回应(可能是受到凯恩斯本人的提示)。斯拉法批判了哈耶克(以及他之前的维克塞尔)所构建的分析体系的基础,表明自然利率并不存在：在一个相对价格结构随着时间的推移而变化的世界里，有多少种商品，就有多少种自然利率（并且，对于每种商品，就有多少要研究的时差）。根据斯拉法的观点，哈耶克没有完全理解货币经济和以物易物经济之间的区别，因此货币因素被叠加在实际因素上，而任何认为后者对前者施加影响的假设都与边际主义价值论相冲突。

哈耶克的回应（1932 年）软弱无力。事实上，斯拉法批评的影响更为普遍：人们不可能在认为货币因素对实际变量有影响的同时，接受边际主义价值论，两者是不可调和的。哈耶克思想的一些要素在当时的争议中引起了最广泛的兴趣，例如经济主体在面对市场对其行为作出反应时进行学习的作用。将这些要素纳入连贯的经济理论体系是一大挑战。要解决这一挑战，我们需要新的基础，而不是奥地利经济学家所遗留下来的分析结果。

第 12 章

一般经济均衡

A Brief History of Economic Thought

第 1 节　市场：看不见的手

许多经济学家简单地把一般经济均衡理论等同于理论本身。在他们看来，一般经济均衡理论是一条准绳，人们可以用它来衡量其他任何理论是否是一个特例。这一理论表明，“市场这只看不见的手”确保系统具有趋向均衡的趋势，而且在均衡的情况下，哪怕存在许多商品和许多经济主体，每种商品的供给和需求仍然可以达到完全相等（即市场出清）。事实并非如此。

一般均衡理论是由里昂·瓦尔拉斯所创立的洛桑学派最早提出的，其主要构成要素包括以下四个观点：构成经济体系的所有部分之间存在普遍的相互依存关系，市场是实现供求均衡的机制，经济问题是稀缺资源优化配置问题，以及经济主体（经济人）完全理性又完全自私。

构成经济体系的不同部分之间存在着相互关系，这一概念早就已是魁奈的《经济表》的分析核心，我们还可以在之后的马克思提出的简单和扩大再生产图式中，以及更近的列昂惕夫的投入产出表中找到这一概念。然而，所有这些分析性贡献都没有一个价格和数量的调节机制,该调节机制应以市场中的主体对供求非均衡所作出的反应为基础。此外,这些分析性贡献都只关注生产部门之间的相互依存关系,而没有考虑消费选择中的相互依存关系(可替代性),或者只将其作为背景因素。

与此相反,广为流传的传统经济思想的核心,是需求和供给在确定商品价格方面的作用。在再现市场运作时,传统的经济思想最初是把中世纪的集市当作理想的参考点,后来则使用了证券交易所,两者都被认为是确保买家和卖家相遇的时空场所。但是,构成经济体系的不同部分之间存在着相互关系这一观点始终无人问津。杰文斯的功利主义方法关注的是如何分析对负效用(劳动)和效用(消费)进行比较的个人行为,而市场中不同经济主体之间的相互关系在许多方面构成了上层建筑,对这些方面,他只是略有提及而已。稍后的马歇尔尽管参考了瓦尔拉斯的研究工作,但表示——正如我们将在下一章所看到的那样——他所偏好的是“短期因果链”,因而他偏好局部均衡分析方法,所以他认为一般经济均衡分析过于抽象。

有些人认为古典经济学家是一般经济均衡理论的先驱,其理由令人质疑。他们的理由基本引自以下三个方面:“市场这只看不见的手”、竞争以及市场价格趋向自然价格等概念。简要回顾一下前文提到的要点,值得强调的是,这些要素中没有哪一个意味着把主观价值论或者中世纪集市(或证券交易所)作为反映经济运作的范式。尤其是,对于如斯密或李嘉图这样的古典经济学家来说,市场价格趋向自然价格并不意味着市场价格是由供求曲线工具单独确定的理论变量(也并不意味着能够界定供求数量与价格之间准确、稳定的关系,更不意味着这种关系可被简化以反映理性的经济主体的行为)。最后,“看不见的手”这一概念最早是由斯密提出的，但是他在不同的场合使用了这一概念，而不是用来支持基于供求机制的竞争性市场具有最优性这一观点的。

总之，我们必须认识到，瓦尔拉斯及其追随者认为经济体系是由其所有组成部分趋向供求均衡的趋势所驱动的，这仅仅是他们所提出的一个特定观点，是经济思想史上出现的各种观点之一。我们将会看到，巩固一般均衡理论基本模型的基础并予以扩展，不仅导致人们遗忘了“市场这只看不见的手”这一观点的最初含义，而且还使人们看到了一般均衡理论作为工具，在解释真实世界时所存在的局限性。

第 2 节　里昂 · 瓦尔拉斯

如果认为一般经济均衡方法是指在生产领域和消费领域存在普遍相互依存的语境下的供求机制，那么它起源于瓦尔拉斯。他从物理学领域，尤其是力学中的静态均衡理论获得灵感。

里昂 · 瓦尔拉斯是有史以来最赫赫有名的经济学家之一，然而他著作的读者却寥寥无几。瓦尔拉斯于 1834 年出生于法国埃夫勒，并于 1910 年在瑞士的克拉伦斯逝世。他就读于矿业学校，但很快就放弃了工程学的学习，转而致力于文学和新闻。他出版过一本小说，曾在《经济学家期刊》和新闻局工作过，担任过铁路部门的职员和里昂 · 赛伊一起担任一份合作运动的评论期刊《劳动》(1866—1868 年)的主编，管理过一家合作银行(该银行在 1868 年破产)，还做过大众讲解员。瓦尔拉斯一直想在法国获得一个教职，但未能如愿，最终于 1870 年在瑞士洛桑学院获得了教师的职位，并于次年获得了政治经济学的教授职位。1869 年,经历长期同居并已有两个女儿的瓦尔拉斯走进了婚姻。教授薪资微薄,为了贴补家用,瓦尔拉斯不得不从事各种额外的工作(与期刊和百科全书合作,以及为一家保险公司提供咨询)。直到 1892 年继承了母亲的遗产后,他才有能力彻底偿清为了出版自己的著作而欠下的债务。同年,他辞去了教授职务,集中精力从事研究工作。他支持帕累托,提出由他来继任自己的教职。

瓦尔拉斯的主要著作是《纯粹政治经济学要义》(1874 年;第二部分,1877 年;第四版,1900 年;今天我们常用的版本是杰富 1954 年从 1926 年"权威"法文版翻译而来的英文版,它与第一版在很多重要方面存在差异)。除了这本研究纯粹政治经济学理论的著作外,这位法国经济学家原创的研究纲领还包括另外两卷著作:一卷是关于应用经济学,另一卷是关于社会经济学。相对应的是两部文集:《经济社会调研》(1896 年)和《经济政策设计》(1898 年)。

这一原创性的研究纲领源于经济现象领域以下三者之间的区别:(a) 交换法则,类似于物理学研究的自然法则,它是纯粹经济学的研究对象;(b) 财富的生产(劳动分工和产业组织),它是应用经济学的研究对象;(c) 分配问题,也包括伦理问题,它是社会经济学的研究对象。这三个研究领域意味着三种不同的分析工作和不同的抽象程度,而且与其他研究领域的联系也有所不同:纯粹经济学更接近自然科学,特别是物理学,应用经济学更接近社会科学,而社会经济学更接近哲学。除此之外,与这种三分法并存的是以下三者之间的区别:绝对自由竞争的理论假设、真实市场的竞争条件,以及自由竞争的"原则"(应理解为完全竞争的理论的最优性以及公正性)。

"权威"版的《纯粹政治经济学要义》分为以下部分:导论部分是

政治经济学和社会经济学的定义,之后是一个循序渐进的序列;第二部分研究两种商品之间的交换理论;第三部分将研究分析扩展到多种商品的情形;之后是生产(第四部分)、积累和信用(第五部分)、货币(第六部分)、增长和对先前理论的批判(尤其是对"英国"理论——李嘉图和约翰·斯图亚特·穆勒的理论的批判;第七部分)以及垄断和税收(第八部分)。

这一写作结构所隐含的是对市场经济的程式化再现。它把巴黎证券交易作为假定原型(瓦尔拉斯在 1867 年、1880 年已经研究过这一主题。他强调交易不可能以非均衡价格进行)。过去的大陆证券交易所与盎格鲁-撒克逊证券交易所不同,前者的基础是拍卖人的作用。拍卖人连续叫卖各种证券,为每种证券开出价格并确定相应的需求和供给。随后他对价格进行调整,如果需求高于供给,就提高价格,反之则相反。这种调整过程将一直持续,直至供求达到均衡为止;只有在这种情况下双方才会真正进行交易。[1] 证券交易所的运作被视为完全竞争市场的原型。在瓦尔拉斯看来,完全竞争市场不仅是一个分析性假设,还是一种规范性的理想状态,其最优性有待阐释。[2]

现在我们将简述一下瓦尔拉斯的分析。为了简便起见,在某些方面我们不得不牺牲对瓦尔拉斯原文的完全忠实。

---

[1] 另一方面,盎格鲁-撒克逊证券交易所的基础则是连续交易,这也是大陆证券交易所随后采用的一种操作模式。它构成了马歇尔理论以及希克斯理论的参考术语。但应当强调的是,在瓦尔拉斯的理论中,只有价格确保所有市场的供给和需求同时实现均衡时,交易才会发生;由于需求函数同时取决于所有商品的价格,如果其他商品并没有全部达到均衡,我们不能仅仅因为某种商品的供求相等,就认为这种商品实现了价格均衡。

[2] 在政治层面上,瓦尔拉斯是一位进步的思想家,他提出了合作主义。此外,他也追求社会正义的理想,例如提出将土地国有化并将地租归于国家。

就纯粹交换模式而言,这一问题的数据包括商品的数量、经济主体的数量、经济主体的偏好以及对每个主体而言每种商品的禀赋。瓦尔拉斯从效用函数推导出个人需求函数,并用其来表示对不同商品的偏好。然后,对于每个个体,我们都有预算约束。这确保了每个个体所需要的商品价值等同于其所拥有的资源的价值。每个个体购买或出售的不同商品的相对价格和数量的均衡解被定义为方程组的解。瓦尔拉斯还提供了一个重复拍卖过程的例证。该过程以理想化的方式再现了在竞争条件下实际发生的情况:拍卖师随机给出一个价格,系统就以这个最初的价格开始运作,然后拍卖师对与这一价格相对应的需求和供给进行比较,并调整报价,直至实现均衡;唯有这样交易才会发生。

这一分析模型非常简单。对于每个个体而言,有多少种商品,就有多少个需求函数;在函数中,每个个体对某个商品的需求由商品价格本身和其他所有价格(这些都是未知数),以及个体所拥有的由不同商品构成的初始禀赋所决定(这些不同商品的数量乘以它们的价格决定个体的可支配收入)。根据假设,这些函数是彼此独立的,在趋向均衡的重复拍卖过程中保持不变。此外,当所研究的商品价格上涨时,所需数量减少,而所有其他变量保持不变。我们把不同个体对某一种商品的需求函数相加,由此得出了每一商品的总需求函数。与个体预算约束相对应的是一组方程式,它们反映了总体均衡条件:对于每种商品而言,其需求量被设定为与其供给量相等。由此,我们得出两组方程:需求函数和均衡条件,每组方程式中方程式的数量等于商品的数量。由此“瓦尔拉斯定律”提示我们其中一个方程式可以从其他方程推导出来(即:如果 $n-1$ 个市场处于均衡状态,那么第 n 个市场也必然如此)。因此,如果商品种类为 n 种,则共有 $2n-1$ 个独立的方程式。独立的方程式的数量等于待定未知数的数量($n-1$ 个相对价格,即用被选为度量标准的那种商品表示的各种商品的价格,以及整个经济体系对 n 种不同商品的需求量)。价格一旦确定,每个个体购买或出售的每种商品的数量也可以根据个体需求函数得以确定。瓦尔拉斯得到的分析结果跟门格尔和杰文斯三年前发表的结果相差无几,即:各种商品的价格与其稀缺性或边际效用成正比。

瓦尔拉斯意识到,方程式数量和未知数数量之间的简单相等并不能确保待定变量存在经济上有意义的解集;这个至关重要的函数隐含在他对重复拍卖过程的阐述中,而重复拍卖过程旨在确保均衡的稳定性。在纯粹交换的情形下以及接下来对交换与生产、积累与货币的研究过程中,稳定性分析是瓦尔拉斯理论不可或缺的部分。对于瓦尔拉斯乃至边际主义方法的所有其他创始人而言,如果要解决再现市场运作这一问题,不稳定均衡并不是一个可接受的解。在每种情况下,瓦尔拉斯分析了均衡及其稳定性之后,接下来就是进行比较静态分析,旨在确定当问题的某些数据(如某些商品的初始禀赋或消费者偏好)发生变化时会出现哪些情况。[1]

在生产和交换模型的情形下,每个个体都有可支配的既定禀赋,我们广泛称之为资本品:土地、特定意义上的资本品、个人资本品(技能)。此外,生产函数是已知的,它将不同商品的产量表示为所使用的各种生产要素数量的递增函数。最初为了简便起见,我们假定这些函

[1] 正如熊彼特(1908 年,360—361 页)所指出的那样,在没有稳定性的情况下,静态比较分析——他认为这是边际主义经济学的主要贡献,即均衡的概念的同义反复——就没有任何价值。

数的技术系数固定，这意味着不同生产要素之间不存在可替代性以及规模报酬不变。与商品市场并存的是生产要素服务市场。生产要素的拥有者在这一市场将其“租用”给企业家。企业家的作用是获得这些服务、组织生产过程并出售所生产的商品。竞争确保企业家不会获取任何利润（包含在生产成本中的管理工资除外）。

由此，我们有了一组新的方程式，它们的数量与商品的种类一样，这可以确保每种消费品的生产成本与产品价值相等。此外，我们也有一组资本品服务的需求函数，它们的数量与资本品的种类相等；每项服务的需求与整个生产过程中所使用的数量相等，因此表达为技术函数（更确切地说，生产的技术系数）以及不同消费品的生产水平的函数。另一组方程式（其数量也等于资本品的种类）反映的是资本品服务市场的均衡条件：每种服务的需求量与可用量相等。[1] 附加方程式在数量上与附加的未知数相等：用被选作度量标准的某种商品表示的资本品服务的价格、每项服务所需的数量以及不同消费品的生产数量。在这种情况下，调节到均衡的过程远比纯交换模型情况下复杂。瓦尔拉斯试图精确地界定这一过程的不同方面。在随后的《纯粹政治经济学要义》版本中，他的分析经历了重大变化。此处不再赘述。

接下来瓦尔拉斯着手处理第三种模型：积累和信贷，即生产资本品的情形。在这个阶段，在考虑货币之前，他引入了信贷问题。由此，我们面临如何用实际术语（即用被选作度量标准的商品）来表示信贷的需求和供给。为了解决这个问题，瓦尔拉斯引入了商品 E（épargne，

[1] 在生产和交换模型中，没有生产新的资本品。这些新的资本品被认为是永久的，并且其效率与其使用年限无关。此外，在瓦尔拉斯的术语中，资本品既包括严格意义上的资本品，也包括土地和个人资本品（工作能力）。

即储蓄),其特点是产生的永续年金收益等于 1 单位的被选作度量标准的商品,因此其价格等于利率的倒数。这种商品的需求者是那些希望投资购买新资本品的人(即企业家),而供给者是那些决定储蓄的人(资本家)。因此,这种商品的需求和供给一方面取决于经济主体对当前消费的偏好是否超过对未来消费的偏好;另一方面也取决于新资本品的投资收益。商品 E 的供求相等条件构成了附加方程式,它所对应的是另一个未知数:商品 E 的价格(或作为其倒数的利率)。

在均衡状态下,所生产的资本品的供给价格(由其生产成本确定)必须等于其需求价格,后者等同于其净收益(以商品 E 价格中隐含的利率为基础进行贴现)。或者,可以为每种资本品定义一种收益率,该收益率等于净收入(相当于总收入,由所研究的资本品的服务价格组成,小于摊销和保险的成本)除以资本品的价格。不同资本品的投资必须具有相同的收益率,而这收益率反过来又等于使储蓄这个商品 E 的供求达到均衡的利率。此外,均衡状态下,每一种资本品的需求必须与供给相等。如果在初始状态下,一种资本品产生的收益率高于其他资本品的收益率,则证明增加其产量和供给是有利可图的。产量和供给量增加导致其价格降低,直至其收益率降到与其他资本品的收益率相同的水平。相反,人们不会生产那些需求价格低于供给价格的资本品,其价格将等于出售其服务预期可获得的地租的现值。

货币是在分析的第四个阶段中被引入的,它是经济主体跨越支出和收入之间的时差所需的桥梁。因此,货币与非耐用性生产资料一起成为两大类流动资本。对货币余额的净需求取决于代表其机会成本的利率水平。瓦尔拉斯在其理论发展的这一阶段也仍坚持在均衡状态中不存在非确定性的假设,其结果就是,瓦尔拉斯的货币理论不适于将商业周期作为源于货币现象的非均衡序列进行分析。瓦尔拉斯一般经济均衡分析的静态性质,与任何把货币不仅仅当作简单的度量标准的观点之间出现了矛盾。

尽管瓦尔拉斯多年来努力解决这些问题,但一些关键的分析性问题依然悬而未决:证明解集的存在性、唯一性和稳定性。瓦尔拉斯为一般经济均衡理论奠定了概念和分析基础,但没有成功地完成其分析,哪怕是暂时性的。接下来的几代学者都尝试完成这项任务。然而,我们将会看到,其结果与激励瓦尔拉斯做出努力的种种希望背道而驰。即使对纯粹交换这种最简单的模型,人们也无法证明一般经济均衡稳定性和唯一性。考虑到瓦尔拉斯为自己设定的研究目的,如果瓦尔拉斯早知道会是这样一个结果,他一定会认为自己当初就“押错了赌注”,不该开创以一般经济均衡为核心的研究思路。

第 3 节　维弗雷多 · 帕累托和洛桑学派

瓦尔拉斯在 1892 年辞去洛桑大学教授职务,同时他确保由 44 岁的工程师维弗雷多 · 帕累托接替其教职。帕累托于 1848 年出生于巴黎,他是一位因追随马志尼而被流放的热那亚侯爵的儿子。他在都灵大学学习工程学并于 1870 年毕业。随后他担任铁路工程师,并先后担任佛罗伦萨意大利铁路公司的经理助理以及总经理。1890 年因公司遭遇危机,他被迫辞职,后来因阅读潘塔莱尼奥的《纯粹经济学原理》以及瓦尔拉斯的著作,他开始对经济学产生兴趣。但是,直到 1892 年,他才在《经济学家杂志》上发表了最早的一批论文;直到接到洛桑大学的任命后,他才开始全职学者生涯。他的讲义收集在《政治经济学讲义》(1896—1897)一书中。他在政治经济领域的主要著作是《政治经济学教程》(1906 年),尤其是 1909 年法文版的数学附录。帕累托的其他知名著作都跟社会学有关:1901—1902 年间出版的《社会主义制度》以及 1916 年出版的两卷本的《普通社会学》。1898 年,帕累托继承了一笔遗产从而变得富裕。一年后他结婚。在妻子弃他而去后,他搬到洛桑附近的塞利涅,并于 1907 年辞去教授职位,之后过着与世隔绝的生活,直到 1923 年逝世。

他对经济理论的关键贡献(但绝不限于此)在于他将数学工具应用到瓦尔拉斯开创的一般经济均衡方法中。众所周知的是介于经济学和社会学之间的关于个体收入分配的帕累托法则(帕累托,1896 年):

$$\log N = \log A - a\log x$$

其中 N 是收入至少等于 x 的家庭的数量,A 是表示人口规模的参数,a 是一个估计参数,通常等于 1.5。将这一公式应用于不同的人口规模以及不同的时期,我们发现收入分配似乎跟历史和社会变迁毫无关系。这一结论隐射的道德戒律类似于从马尔萨斯人口原理中得出的道德戒律:旨在改善贫困阶层生活条件的政策是徒劳无益的,因为它们没有改变收入分配的自然法则。根据帕累托的观点,收入分配取决于在人口中随机分配的个体能力,但是个体能力生来就有差异。[1]

帕累托在分析方面的主要贡献在于:他摒弃了基数效用概念,转

[1] 帕累托法则实际上可以作为随机过程(马尔可夫链)的结果获得。在这一过程中,在不同周期(或不同时代),每个人的收入等于前一时期的收入加上或减去正态分布的偶然误差。

而提出了序数效用概念，同时他还提出了“帕累托最优”概念。事实上，这两个概念都有先驱研究者。在帕累托之前，欧文·费雪提出了“序数效用”概念，而弗朗西斯·伊西德罗·埃奇沃思的“契约曲线”其实已体现了“帕累托最优”概念。为了回报这一恩惠，帕累托将自己提出的分析工具命名为“埃奇沃思盒”（埃奇沃思本人从未使用过这一工具）。

帕累托在《政治经济学讲义》中提出了“满足度（ophelimity，源于希腊，意为一种物品满足需求的能力）科学”这一术语来指代主观价值论。通过这种方式，帕累托试图强调——可能是受到了门格尔的启发——自己的理论所研究的不是被认为是经济品内在属性的使用价值，而是主观评价。但是，他在1906年出版的《政治经济学教程》这本理性的教科书中才对一般经济均衡理论作了系统阐述。帕累托沿用了埃奇沃思在1881年引入的无差异曲线概念，从而构建了一个一般均衡系统，并概述了那些后来被称为福利经济学的基本定理，旨在证明在完全竞争条件下市场经济具有最优性。

“帕累托最优”概念是指社会资源配置的一种理想状态，即从一种分配状态到另一种状态的变化中，在没有使任何人境况变得更糟的前提下，使得至少一个个体变得更好。帕累托表示在这个意义上竞争均衡对应于最优状态。当然，考虑到多种竞争均衡，因此也存在多种帕累托最优，那么我们需要一种在人际进行比较的标准，从而找到绝对最优状态。此外，与瓦尔拉斯一样，帕累托也未能解决一般经济均衡存在性、唯一性和稳定性问题的关键步骤。也许正是这一结果使他越来越意识到纯经济理论的局限性（理论发展越严谨，局限反而越明显），帕累托才决定将兴趣转向社会学。

第 4 节　欧文·费雪

欧文·费雪(1867—1947)是最早享誉世界的美国经济学家之一。他学过数学,但他的兴趣逐渐转向经济学和一般均衡方法。他的第一本著作将数学应用于经济学的价值理论。[1] 他对社会和政治问题也有着浓厚的兴趣。费雪是货币稳定的坚定支持者(他提出了指数理论),同时他也支持从世界语到保护环境等其他许多事业。1930 年,他成为世界计量经济学会的首任主席。

费雪在不同的理论领域前沿都做出了贡献。首先,费雪以存量和流量之间的区别为基础展开分析,给出了与服务流量(但不包括储蓄)相关的收入的定义。这使得他支持消费税这一观点(对消费税的支持可以追溯到威廉·配第,而在意大利这一观点的支持者是路易吉·埃纳乌迪)。

其次,费雪先于帕累托提出了一种以序数效用概念为基础的消费者均衡理论,并指出:在寻找均衡位置时,最重要的只是无差异曲线的形状(他可能是第一个把凸向原点的无差异曲线与预算线合在一个图上的人)。

再次,通过比较经济主体的跨期偏好率和生产方面的即期边际替代率,费雪推导出了一种利率理论。在这一框架中,费雪提出了一个利率体系的概念。他认为有多少种商品就有多少个利率。它们之间

[1] 费雪(1892 年)反对当时美国经济学家的主流导向,其中占主导地位的是历史主义和制度主义,1885 年美国经济学会的成立就表明了这一点。

彼此联系,并通过相对价格的预期变化与货币利率相关联。这一观点后来被斯拉法(1932 年)进一步发展,凯恩斯在其《通论》的第 17 章中也阐发了这一观点,同时这一观点也预示着阿罗-德布鲁提出的跨期一般均衡模型。

最后,费雪最广为人知的成就当数人们熟知的交换方程式,或费雪方程式。它构成了现代货币数量论的基础: $MV = PQ$,其中 M 代表货币供给量, V 是货币流通速度(即在单位时差内货币易手的次数),而 PQ 指在相同单位时差内交换的商品的价值(等于价格 P 乘以数量 Q)。根据交易流量而言,这个等式是一种恒等式,即易手的货币流量与反方向流动的货物和服务流量具有相同的价值。为了将这种恒等式转化为一种将价格水平与货币供给联系起来的理论关系,需要三大假设: 货币流通速度与流通中的货币数量无关,交易量与流通中的货币数量无关,以及流通中的货币数量取决于货币当局的决定。

由此,这位美国经济学家在各个研究的前沿领域开展工作。由于他学过数学,受过数学学术训练,因此他能够以严谨、精确和完整的方式,表达这种在当今世界各地的大学教科书中广为流行的理论的众多构成因素。

第 5 节　关于均衡的存在性、唯一性和稳定性的争论

正如上文所述,瓦尔拉斯非常重视稳定性,认为稳定性是均衡分析的重要组成部分,因为如果没有稳定性,那么比较静态分析就毫无意义。然而,独立的方程式和未知数数量的简单相等不足以保证经济上有意义的解集(即价格以及数量必须为正值)的存在性,更遑论它们

的唯一性和稳定。一代又一代的数理经济学家相继研究了这些问题。

对一般经济均衡问题的争论在 20 世纪 30 年代早期的维也纳达到了高潮，尤其是通过小卡尔·门格尔（1902—1985）组织的研讨班。小卡尔·门格尔是一位数学家，其父是奥地利学派创始人、著名的经济学家卡尔·门格尔。雷马克（1929 年）提出，在经济学中，只有非负的解集才是有意义的。汉斯·内舍（1932 年）、弗里德里希·邹腾（1933 年）和海因里希·冯·斯塔克尔伯格（1933 年）强调了方程数和未知数数量的简单相等并不是充分条件。亚伯拉罕·沃尔德（1936 年）提出了均衡的存在问题的初步解。所有这些著作都讨论了价格为零的免费品和经济品之间的区别。免费品是指在任何非负价格水平上其可用数量高于其所需数量的物品，而经济品是指只有在一个为正的价格水平上其需求才会等于其供给的物品。问题的难点在于如何用弱不等式来取代瓦尔拉斯方程式中的等式，以便内生地确定哪些物品是免费品，哪些不是免费品，从而决定是否对其进行生产。沃尔德（1936 年）证明了均衡的存在和唯一性（但没有证明其稳定性）；然而，获得这一结果是通过诉诸限制性假设：对于经济体整体而言，所谓的显示偏好这一弱公理成立，它所涉及的是个体选择不存在自相矛盾之处。这种假设在经济学层面上无论如何解释，都无法获得人们的认同。

约翰·冯·诺依曼（1903—1957）师从数学家戴维·希尔伯特（1862—1943）。他赞成在经济理论中运用拓扑学，特别是布劳威尔不动点定理。1937 年，冯·诺伊曼在发表的一篇论文中提出了一种均衡增长模型（这篇论文最初于 1932 年在普林斯顿大学宣读过）。这一模型用不等式表示：对于每种商品，其供给量必须大于或等于其需求量;而且价格必须低于或等于生产成本。其结果就是某些商品被证实有可能是免费的,也就是说,在任何正价格水平上其可获得的数量可以超过其需求量;它们的价格将为零,它们的产量将为零。通过同样的表达方式,那些价格低于生产成本的每种商品的产量也为零。换言之,包括等式和不等式的方程组的解定义了部分价格和产量均为正的一组商品。该模型还建立了增长率与利率之间的严格关系:增长率是存在约束条件下,最大化问题所研究的数量问题的解;而利率则是存在约束条件下,最小化问题所研究的价格问题的解;在第 17 章中,我们将讨论他对经济理论的主要贡献(冯·诺依曼和摩根斯特恩,1944 年)。

随着法西斯主义和纳粹主义的出现,甚至早在奥地利被德国吞并之前,小卡尔·门格尔的研讨班就已解散。法西斯主义和纳粹主义的兴起也导致这一研讨班的许多重要人物(以及所有知名的奥地利经济学家)选择了流亡之路。因此,在第二次世界大战结束后,经济学主题的讨论中心转移到了美国,但欧洲人(如冯·诺伊曼)仍然发挥了核心作用。

第 13 章

阿尔弗雷德 · 马歇尔

A Brief History of Economic Thought

第 1 节　生平与著作

阿尔弗雷德·马歇尔（1842—1924）并不是边际革命（1871—1874）的代表人物，他的主要贡献《经济学原理》出版于 1890 年，晚于边际效用学派代表杰文斯、门格尔和瓦尔拉的著作近 20 年。马歇尔本人反对将经济分析所采取的新方法视为一场革命，反对与过去彻底决裂。在他看来，他的贡献在于将前人的经济学研究成果与主观主义方法进行有机融合。较之其他人，马歇尔确实更有力地扭转了经济学的研究方向，转向了"新古典主义"而非"边际主义"或"主观主义"，以强调与过去的连续性。

1841 年，马歇尔出生在伦敦的一个普通的中产阶级职员家庭。他在伦敦郊区的一所学校完成学业后，又去剑桥大学继续学习数学，成绩优异。1875 年，他去了一趟美国，这趟美国之行可能促使他的研究兴趣转向了政治经济学。马歇尔参加了一项促进女性接受大学教育的计划，在剑桥大学纽纳姆学院为女学生讲授政治经济学。他在那里遇到了学生玛丽·佩利，两人于 1877 年结婚。

马歇尔在经济学领域最早的成果是一册论文集《对外贸易的纯理

论与国内价值的纯理论》(马歇尔,1879年b)。同年,他与妻子合著《工业经济学》(马歇尔,1879年a),这本畅销书提出了经济演化的观点,被奉为经典教材。

由于结婚,马歇尔失去了剑桥大学研究员的资格(当时剑桥规定研究员须为单身),直到1884年他重返剑桥,接任政治经济学教授一职。在此期间,马歇尔身体虚弱,精力不济,在布里斯托尔度过了一段艰难岁月。他请了一年病假,在意大利的巴勒莫休养数月,很可能就是在那里,他开始创作《原理》。后来马歇尔夫妇搬到了牛津,剑桥大学的任命书也不期而至,这成了他一生的转折点。此后他一直在剑桥担任政治经济学教授,直到1908年退休,退休后他依然留在剑桥直至1924年去世。其间,他一直关注着经济学课程的变动,这门课由他在1903年创设。

身处剑桥的马歇尔对英国其他地区的经济学教学产生了重大影响。1890年,在他积极介入下,英国经济协会成立了,同时《经济学杂志》创刊。他的《经济学原理》(从1890年到1920年共8个版本)很快成为几代经济学家的参考文献。他在1892年出版的简明指南《工业经济学精义》在学生中也是人手一本,广为阅读。马歇尔的学生中有英国经济学会的主席,有《经济学杂志》的编辑或英国重点大学的经济学教授,通过这些学生,马歇尔的影响力与日俱增。在剑桥,他任命阿瑟·塞西尔·庇古为继任者。

马歇尔开设过大量的讲座,与世界各地的对话者有过书信往来(马歇尔,1996年a),这些都是他的思想见证。与之同样重要的还有他所著的《官方文献集》,里面大多是为议会委员会所作的证明(马歇尔,1926年、1996年b),还有在其死后由庇古收集的一卷文选(马歇尔,1925年)。他晚年出版了两本影响力稍弱的著作,即《工业与贸易》(1919 年)和《货币、信用与商业》(1923 年)。1924 年马歇尔逝世,享年 82 岁。

第 2 节　背景

马歇尔通过多重限制、多重意义以及《原理》后续版本中的重大变化,融合了不同的甚至是相互矛盾的元素,例如进化观点和静态均衡分析,因此他的思想很难解读。

马歇尔坚持认为他通过将约翰·斯图亚特·穆勒的理论表达为数学术语(早在 19 世纪 60 年代末期已自主发展了研究方法)早于 1871 年问世的杰文斯著作《政治经济学理论》。据马歇尔 1872 年对该书的评论证实,当杰文斯的书出现时,他已准备好解读其创新要素,并用自己已经发展成熟的观点来评价它们。这并不是要否认杰文斯已优先出版的事实,他肯定其关于边际主义革命的主要创新要素,特别是需求曲线的推导和与边际效用相关的价格核定。然而这一事实使马歇尔意识到需要通过强调纯粹主观价值理论的片面性,并用古典经济学家同样片面的客观理论来驳斥这种片面性,从而区分他与英国边际主义创始人的观点。他的研究成果是基于生产成本,选取上述两种相悖方法中的有效部分进行整合而得出的。这必然意味着某种程度上经典方法被误导性地重新诠释,正如边际主义者一样,其理论都是基于供给和需求之间的静态平衡概念。

马歇尔的第一本书(1879 年 b)首先分析了对外贸易均衡,然后沿着这个逻辑发展得出了国内价格理论。他始于这样一个事实,李嘉图及其追随者采用劳动价值论来解决相对价格确定问题,尽管有点不尽人意但也不失为一个明确的方案。李嘉图提出比较成本理论来解释外贸流动问题，但却使进出口商品之间的交换比率变得不确定（尽管对于第一组进出口商品而言，其交换比率的区间范围是由它们在原产国和目的地国的生产成本比确定）。对于这个问题，约翰·斯图亚特·穆勒（1844 年）借助需求理论提出了解决之道。在两个国家和两种商品都简化的情况下，我们可以得出“小国优势”这一结论，即小国能获得更好的交换条件，因为相对于大国的商品出口需求，小国对进口商品的需求小。换言之，可以预测一个国家进口商品需求越大，其贸易条件越发不利。

马歇尔比较了两国进口需求曲线，采取了这一研究思路，确定了均衡贸易条件，因此要用到供求均衡的概念来决定交换价值。马歇尔还就均衡的多重性和可能不稳定性这一主题进行了广泛而密切的讨论。

接下来他在《国内价值的纯理论》中沿用了同样的方法，提出了相同的均衡概念，以及关于均衡的多重性和可能的不稳定性的主题。在这里，我们也发现了规模报酬递增的问题，这一问题在马歇尔的《原理》中尤为关注。最后，我们还发现他系统地使用均衡概念的时间区分，分为超短期、短期、长期和超长期，分别与以下假设相关联：给定供给（超短期或市场时期），基于给定生产能力的可变供给（短期），基于给定技术的可变供给和生产能力（长期），以及一般可变性，包括技术、消费者收入和审美（超长期）。

马歇尔整理了其大学授课时用的讲义，与妻子玛丽·佩利合著《工业经济学》，此书也是在同一年，即 1879 年出版问世。马歇尔关于外部和内部贸易理论的论文体现了其数学公式，并指出了基于供求静态平衡的新古典观方向;《工业经济学》更强烈地反映了马歇尔在社会科学领域的研究,虽然不寻求建立严谨的分析结构,但更容易接受历史演变的各个方面,旨在代表复杂且不断变化的经济现实。达尔文(1859—1871)进化论的影响没有得到明确认可,但也清晰可见。

马歇尔的进化论表达了两种观点。一种为渐进主义观点,可以概括为《原理》前言部分中“自然从来不飞跃”的箴言;另一种是复杂的经济发展观,这种观点更强调生活质量而不是人均收入。同时他又再三强调了时间流的不可逆性。最后是概念的转变,从古典的“自然价格”转向“正常价值”(包括随价格变换的生产数量和交换数量),虽带有一定的滞后性,但反映了统计学中正态曲线(又名高斯曲线)在统计中的扩散,与之相关的观点为:这些曲线反映了自然界现象的分布规律,同样,也反映了社会现象的分布规律。实际上,至少在一定范围内正态偏差是一种常见的现象,并不违反正态分布规律本身,这种偏差是从观察到的大量案例中得出的统计平均值,因此不再含有“对应于事物内在规律”的因素。此外,技术变革重点强调了理论所定义的正常价值中包含的指示性特征,因而将理论规律应用于真实世界存在一定程度的不精确性。[1]

[1] 卡尔·弗里德里希·高斯(1777—1855)使用正态曲线来表示测量理论中可能的误差分布。随后阿道夫·凯特勒(1796—1874)使用同一曲线来表示生物或社会现象,并说明其结果表现了自然规律或社会规律,其平均值(或中位数:在正态分布中平均值就是中位数)综合反映了大量事例的属性,因此任何一个异于平均值的观察并没有违反平均值所反映的“规律”。当观察值与平均值之差大于预设值,我们才认为“异常”(请记住,在高斯分布中两者之差大于平均方差两倍的概率约为5%)。人文科学从由“人性”推论而来的相关论点,被关于何为“正常”的统计学法则的论点取代。从这个意义上说,将经济科学看成理性行为人行为理论(或经济人)的观点,属于人文科学的旧观点;用“正常”这一术语代替“自然”这一术语,表明马歇尔试图回避这种观点。

因此,从马歇尔早期的著作中,我们可以看出他的两个研究方向:一方面,试图以供求静态均衡为基础建立一个严格的理论体系;另一方面,试图建立一个概念体系,用类似反映历史发展和演化的方式来反映经济现实。阐释马歇尔研究道路,理解其对经济学的贡献和其经济学模型局限性的真正关键,并不是边际主义主观方法与古典经济学家的客观方法之间的综合问题,而是这两个研究方向的不断重叠以及两者间的不可调和。

第 3 节 《经济学原理》

1890 年《经济学原理》第一版问世,万事俱备,确保了该书能够对当时的经济文化产生重大影响。当时马歇尔稳坐剑桥教授之席,他的学生们也在英国的学术界占据重要位置(同年皇家经济学会成立,《经济学杂志》创刊)。古典经济学派和历史学派的传统依然强劲,边际主义的另类观点虽然吸引了杰出思想家们的注意,但仍然是小众观点,不成气候。在这种情况下,马歇尔提出了一系列因素,旨在吸引当时不同经济文化流派的共同兴趣:坚持沿用古典传统,涉及的内容从斯密的分工理论到李嘉图的地租理论;接受边际革命的基本要素,例如边际效用的概念,认为需求起关键作用,从而归因于经济行为人的偏好。在价值理论中,价格由供求均衡机制决定,晚于李嘉图的后辈作家们早已采用了这个观点。[1] 在对分析中使

[1] 更确切地说,对于每种商品,正常价格由代表需求和供给函数的两条曲线的相交点确定。这两个函数分别将供给价格(成本加正常利润)和需求价格(购买者准备支付的最高价格)跟所考虑的商品数量联系起来。

用的概念含义和在社会的历史演变中进行广泛讨论的背景下，插入这种分析结构；引用了达尔文进化论，使这一著作赋有科学现代性。而杰弗逊或瓦尔拉斯等作者普遍引用物理学来解释历史进化，并没有被广泛认可，相比他们，马歇尔的理论为历史进化提供了更为灵活开放的解释。

《经济学原理》从第一版（1890 年）到第八版（1920 年），历经多次重大修改，此书一直是马歇尔理论研究的重心。第五版（1907 年）尤是如此，这是他从剑桥辞职前的最后一版。我们可以从皇家经济学会促成的集注版（1961 年）里重建马歇尔的研究道路。马歇尔多次修订《经济学原理》的重要意义在于：它证明了他在融合不同研究方法时遇到的困难，以及他试图建立一个同时包括客观因素（生产成本）和主观因素（效用），同时又严谨、现实、能够经受历史发展考验的价值理论。在讨论马歇尔遇到的困难之前，我们不妨先讨论其研究方法的主要层面：方法、均衡和竞争的概念，以及公司和行业的概念。然后，我们将考虑增加回报的问题以及马歇尔提出的两个解决方案：代表性厂商和外部-内部经济体。

马歇尔的方法论观点很简单：承认真实世界的极端复杂性。尽管理论必然是抽象的，但必须依托现实。由此，他奉行基于局部均衡方法的原则，即短因果链应得到优先考虑。理论分析的每一步都要先分离出主要的因果逻辑关系，而不考虑虽然也存在但却次要的影响。这对于构建每一步独立的分析而言是合理的，甚至是必要的。然而，当我们将许多逻辑联系放在一起并产生长因果链时（如在一般经济均衡理论中），我们所忽视的次要影响可能会产生逐步放大的反响，这可能会导致由理论分析得出的结论存在误导性。因此，马歇尔在《经济学原理》的附录中采用数学注释来阐述一般经济均衡现象，在当时这么做最为严谨。另一方面，在文章中，他更为关注短因果链，特别是部分均衡方法。后者包括考虑每种商品的需求和供给，与其他商品在其他市场上同时存在的情况无关。

马歇尔同样意识到真实世界的复杂性，他着力构建用于反映现实的概念体系足以印证这一点。在《原理》开始几稿中，马歇尔逐步讨论了引入的概念，说明每种意义的细微差别，使其概念界定显得不清晰，对于均衡和竞争的关键概念来说尤为如此，在确定和限制重重交织的情况下，他很难作出意义明确的定义。

马歇尔在两个参考概念间踌躇不决：一方面，通俗易懂的概念随教科书传播，构成马歇尔通行文本；另一方面，在学生圈中传播着深奥的概念，其中相关的进化观更多是借鉴拉马克而不是达尔文。[1] 先说第一种情况，即马歇尔通行文本，均衡的概念对应供求静态均衡，而完全竞争概念适用的前提是每个行业中存在大量厂商。每个行业大到足以使其个体厂商的规模与整个行业的规模无关，个体厂商的选择与整个行业无关。再看第二种情况，即进化论观点，均衡概念呈现动态特征，试图考虑到厂商和行业沿着供求曲线实际运动的不可逆性。[2] 由于每个厂商有了一定的策略调整空间，比如可能违背所谓

[1] 拉马克（1744—1829）认为生物体在生命中遗传获得的特征是对生活环境的适应性反应，达尔文不认同这一观点，他认为自然选择的过程决定了最终占主导地位的是那些最适应生存（首要是繁殖）的特征。社会学家赫伯特·斯宾塞（1820—1903）再次提出拉马克的论点，将它与达尔文的进化论一起作为分析社会的工具，这在当时非常有影响力。

[2] 马歇尔从人口理论中得出均衡的进化论观点，即使人口规模不断增长或减少，由于出生率和死亡率不变，人口年龄结构可能趋向稳定。

的单一价格定律，竞争的概念就被弱化了。理论分析，即构建结构完善的模型，必然需要使用如第一种情况所说的定义明确的概念。而对于第二种进化论观点，正如下面会看到的那样，马歇尔使用的是隐喻范畴，这些隐喻虽有启示意义但肯定不严谨。换句话说，马歇尔构建的体系从第一极摆动到第二极的过程中，得到了现实性，却失去了分析的严谨性。

行业和厂商的概念搭建了真实世界的复杂性和抽象理论要求的简单性之间的桥梁。因此，马歇尔与最早的边际主义理论家所使用的极端个人主义方法论保持了距离，他认为优先的是这样一种古典特征：每个商品（主观主义使用"商品"这一术语，强调其对消费者的效用）对应于一个类别，包括不完全相同又很相似的物品，以保证统一处理，同时每个行业包括的是生产这些商品类别之一的厂商（复杂的生产单位）。这样定义的类别与真实世界相关时自然会出现各种问题：从联合生产到同行业的不同厂商采用的技术存在差异，再到同行业不同厂商生产的产品存在或大或小的相似性。后一方面尤其使得马歇尔的竞争概念定义不那么明确，显得更为灵活，继而让同行业不同厂商的市场之间存在一定程度的独立性，因此不同厂商在价格选择中享有一定的自主权。

在这个概念框架下，马歇尔的分析结构基于需求和供给之间的（短期或长期）均衡，假定每种商品的需求函数来自个人偏好；[1]然而，马歇尔总是略过效用图和需求函数之间的关系；为了确定均衡，完全可以假设不同商品的需求函数既定（根据边际效用递减假设，需求

[1] 在局部分析的背景下，货币的边际效用被假设是不变的。

曲线是递减的)。[1] 马歇尔关注的是供应函数。跟边际主义革命领袖们,特别是杰文斯提出的理论相比,这个领域才是他做出创新贡献之处。杰文斯采用了与效用递减原则对称的劳动力牺牲或痛苦递增原则;这使他得到了一条递增的供给曲线。然而,我们并不能简单地把这种方法从个人行为研究延伸到竞争市场中的行业和厂商的分析,如果我们坚持局部分析的方法,那就更难了,因为我们孤立研究的每一个厂商或行业都能通过减少其他厂商或行业的劳动时间来轻松获得额外的劳动时间,这并没有改变一个工人劳动的边际负效用。[2]

因此,马歇尔提出了供给侧分析的局部均衡之路,从而构建了涉及个体厂商和行业的供给曲线。为此,他借鉴了古典传统的两个要素,并在不同于原始传统的背景下对其进行了重新设计。第一个是史密斯理论,即市场扩大与劳动分工之间的联系,从而提高生产率。第二个是李嘉图的级差地租理论。他把这两种理论重新命名为"规模收益法则",同时用来解释因产量变化而出现的成本差异,两者分别等同于规模收益递增的情况和规模收益递减的情况。很明显,这是一个人为的理论构建,它将完全不同的理论强行融合在一起。即使在某个时候将两者视为一体,要把亚当·斯密和李嘉图的理论转化为厂商和行业理论也会面临不少困难,马歇尔看到或觉察到了这些困难,但并没

[1] 在这方面,马歇尔回顾了约翰·斯图亚特·穆勒,强调有必要发展一门新学科,即道德体系学,来研究人类习惯和习俗及其随时间逐渐产生的变化。

[2] 另一方面根据斯拉法 1925 年发表的观点,我们可以认为:如果我们也考虑某个厂商或行业的生产水平的变化会导致劳动痛苦发生无限小的变化,那么这些变化同样会影响经济体中的所有行业和厂商。因此,不可能使用基于局部分析方法的假定其他条件不变条款。特别当价格发生普遍变动时,我们不能假设个别行业的需求曲线既定。

有对此给予足够的重视。

我们来考虑下收益递减问题。李嘉图在地租理论中提到特殊生产资料的生产率时利用了这一规律，比如土地这一生产资料，可获取的数量是给定的，并且每一单位的土地都具有显著特征。李嘉图的级差地租理论并不是围绕着国家土地的不同生产率，也不是围绕着个体厂商或行业的收益递减情况，而是围绕着工人、地主和资本家这些社会阶层之间的国民收入分配问题，特别是归属于地主的地租确定问题。而马歇尔修改了收益递减理论，研究对象涉及特定行业所使用的生产资料。然而，一个行业只使用一种特定的生产方式，这只是特殊情况。我们再次可以看到，当情况不属于这个特殊范畴时，不能说“假定其他条件不变”，因而局部分析方法也不适用。

此外，马歇尔在早期著作中已在考虑更深层次的问题：在史密斯分工理论中，被视为经济发展源动力的规模收益递增情况是否存在，又有多重要？如果我们摒弃收益递减假设，转而使用明显更为现实的规模收益递增假设，那么厂商均衡理论就不成立。只有当需求曲线比供给曲线的递减幅度大时才能实现稳定均衡，但这在竞争的情况下不能成立，因为在这种情况下，假设价格与某个厂商的产量无关。换句话说，完全竞争假设与规模报酬递增假设无法同时成立。

如前所述，马歇尔在他 1879 年发表的论文中已经认识到这种困境的存在；他在《经济学原理》和之后修订版中进行了大量的分析来解决这一困境，但给出的是两个截然不同的解决方案。

首先，庇古和维纳提出了一种解决方案，应用于大多数教科书。

它是基于平均成本和边际成本的U形曲线假设,即最初由于收益递增占优势,当产量增加时,成本曲线向下;从某一点开始,收益递减占优势,成本曲线向上。在长期竞争中,厂商的均衡点对应平均成本曲线的最低点,那么该行业的发展取决于行业内部的规模经济(因为行业的需求曲线向下倾斜,即使供给曲线也向下,只要其斜率低于需求曲线,还是可以实现均衡),但外生于构成该行业的各个厂商(以便为它们保留竞争均衡的可能性,这需要成本曲线从某一点开始随着产量的增加而上升)。因此,这种理论构建可能遭到批判,因为其缺乏现实性,同时又与一种静态均衡概念有关。

马歇尔虽然对前面概述的推理思路略有提及,但却提出了第二种方法,即代表性厂商理论,其中用了生物学隐喻。该论证的核心如下:一个行业由众多厂商构成,它们像森林中的树木一样处于生命周期的不同阶段——一些新兴的厂商虽然处于竞争激烈的环境中,却享有递增的收益而得到发展;其他成熟的厂商已经达到了增长和衰退因素相互抵消的阶段;剩下一些厂商在日益衰落中。在由处在不同发展阶段的厂商们组成的世界中,达到平均水平的代表性厂商处在其发展进程的中游,因此即使总体上厂商群体是固定的,依然可以把代表性厂商等同于一个正在经历收益递增的厂商。

这一理论构建的薄弱环节不仅在于我们很难用一个结构完善的分析模型,而且在于我们很难接受"厂商生命周期"的假设。马歇尔提出了"控制厂商的三代人"序列:第一代——创始人,具有超常的组织和创新能力;第二代——直接继承人,经创始人严格培育而成长,至少可以胜任严格管理家族企业的工作;第三代人在富足环境下成长,不愿意作出牺牲,而在一个技术不断革新,从而需要储蓄和投资的竞争环境下,这些牺牲又是必需的。[1] 这样的假设是针对由所有者直接管理的小型厂商们,并不适用于上市公司。在《原理》的最后一版中,马歇尔似乎意识到了这些困难。尽管如此,他的众多追随者仍然坚信代表性厂商这一构建理论,如罗伯逊就在 1930 年重新提出这一理论,从而引发了斯拉法(1930 年)的嘲讽反应。

因此至少从马歇尔自己认为个人对新古典价值理论所做贡献的一个关键因素来讲,《原理》是失败的。然而,马歇尔理论大厦中还有很多其他因素,它们完全有资格继续保留在现代经济学理论中。例如,弹性概念。而且,马歇尔作为一名经济学家的伟大之处还在于,也可能主要在于他能够意识到分析构建的局限性,而他的追随者们却仍对此不加思考地全盘吸收。

第 4 节　经济学成为一门专业

当马歇尔开启他的职业生涯时,大学课程主要分两大类:人文科学和自然科学。在第一类课程中,哲学、历史和道德教育三足鼎立,政治经济学处于次要地位;马歇尔给纽纳姆学院女学生开的经济学讲座由于种种原因只是公民教育课程。从这个意义上讲,我们可以解释年轻的马歇尔为什么支持女性入大学接受教育的运动。但这种支持随后转为激烈的反对,这一态度的改变可能是由于马歇尔认为原先他所理解的大学教学和公民道德教育之间的联系(这一联系符合他赋予女

[1] 这一时期(马歇尔《原理》第一版出版后的 11 年到第五版出版前的 6 年,代表性厂商观点得到了充分发展),托马斯·曼的著名小说《布登勃洛克一家》(1901 年)中反映了厂商生命周期这一观点。

性的作为家庭和社会启蒙者的角色),已经变成了获得大学学位和开始职业生涯之间的联系,男女的社会角色差异越来越模糊。而事实上,马歇尔生活在维多利亚时代,思想保守,他支持文化提升有助于妇女和工人的道德提升,但与几十年前约翰·斯图亚特·穆勒以及支持女性入大学接受教育的同时期人物(比如他的老朋友亨利·西奇威克)相比,这种支持女性的立场却有着天壤之别。

在经济学领域创建专业教育,要求经济学从更广泛的伦理学研究中脱颖而出。马歇尔在这方面做出了决定性的贡献。1890 年他创立了英国经济学会(后来的皇家经济学会),创办了《经济学杂志》,在剑桥大学为将经济学设置成专业课程作了长期斗争。由此,经济学(不再是“政治经济学”)被认为是由专家基于自然科学模式予以发展的一门科学,而不再是作为知识的一个分支,这一分支的发展部分有赖于依据实践经验作出思考的人(比如银行家理查德·坎蒂隆、证券经纪人大卫·李嘉图),部分有赖于拥有良好的普遍文化素质且对经济社会事件的解读存有政治兴趣的人(比如当过医生的配第、曼德维尔和魁奈,还有像马克思这样的职业革命家)。

经济学的专业化既有积极影响,又有消极影响。积极影响包括更加精确的分析技术的传播,这一技术要求更高的严谨性和更强的论证逻辑连贯性。数理经济学的发展,尤其是统计信息的收集和系统分析,正体现出这一过程的若干方面。而消极因素是使研究活动失去了参与文化和政治生活的本质,成为投身学术事业的工具。由此,我们可以理解为何马歇尔、杰文斯及瓦尔拉斯在出版著作中强调其思想的原创性和优先性,这是有重要意义的。然而就这一点而言,理论争鸣与真实世界长期对立,获得的却是一种危险的独立,即如何通过使用精确的分析工具来彰显科学能力变得更为重要，甚于对现实问题的务实理解。

第 5 节　货币理论：从剑桥学派到新剑桥学派

马歇尔在《原理》中没有研究货币，而当他在 80 高龄时成功出版了《货币、信用与商业》（1923 年）时，他的分析已不再有严谨性。他的贡献更多地体现在他对一些研究这一主题的委员会活动（马歇尔 1926 年，1996 年 b）的参与，以及源于其教学的口头传统。在此，我们发现了两大贡献：其一，将欧文·费雪的数量方程 $MV=PQ$ 转换为所谓的剑桥方程，$k\ Y=M$；[1] 其二，他用“货币波动”来解释长期均衡下的经济周期性波动，这是由新古典主义价值理论中需要考虑的实际因素决定的。

第一个贡献似乎只是符号的简单变化：剑桥的 k 实际上对应费雪方程中货币流通速度 V 的倒数。然而，这种形式变化背后却体现了一个完全不同的货币需求概念。与这一点相关联的与其说是交换的融资需求，不如说是经济行为人对于收入所占比重的决策（换种表述，即后来由凯恩斯提出的财富所占比重），他们希望收入以金钱的形式存在。通过这种方式，对货币的预防性需求（以及后来凯恩斯提出的投机性需求）与实现交易目的产生的货币需求同时明确出现。因此，交换方程形式的变化指向了一种具有革命性的新视角，后来他的学生凯

[1] M 表示经济流通中的货币数量，V 表示流通速度，P 表示价格水平，Q 表示产量，Y 表示以货币体现的国民收入（因此 $PQ = Y$），k 表示经济行为人希望以货币形式保有的收入占名义总收入的比率。

恩斯向前迈出了这决定性的一步。

马歇尔对于货币在决定实际经济变量中的作用提出了更多有趣的想法，他承认流动性条件对收入、就业以及货币价格的影响。但是这一决定性的步骤是后来由凯恩斯完成的。马歇尔认为“货币非中性”只在短期内存在，他之后的许多经济学家也持同样观点。

第 6 节　马歇尔主义在意大利和美国的发展

马费奥·潘塔莱奥尼（1857—1924）一生有许多重要成就，其中一项便是促成了意大利公共财政学派的诞生。[1] 他最有影响力的教科书《纯粹经济学原理》出版于 1889 年，在 1898 年又被译成英文，比马歇尔的《原理》早一年出版，两者有极为相似的研究方向。潘塔莱奥尼的《原理》试图将杰文斯和门格尔的主观主义方法跟古典传统进行有机结合。许多想法，包括他对掠夺性和寄生现象的分析，都表明了其具有一种进化方法的倾向，我们可以在马歇尔《原理》中也发现类似倾向。潘塔莱奥尼仍然对一般经济均衡理论中罕见的抽象性质感到困惑，并不看好马歇尔通行文本引发的分类热潮（将行业区分为规模报酬递增、不变和递减三类）。然而，他的影响令意大利大学掀起一股马歇尔思潮。

在美国，马歇尔方法得到应用和发展。其中的代表人物有约翰·

[1] 在为意大利公共财政学派的发展做出贡献的经济学家中，我们至少应该想到安东尼奥·德维蒂·德马尔科（1858—1943），他是少数几位拒绝向法西斯主义效忠的意大利教授之一。这一学派引发了“公共选择理论”的思潮，这一思潮后因 1986 年诺贝尔经济学奖得主詹姆斯·布坎南（1919—2013）的努力得到了复兴。

贝茨·克拉克(1847—1938)和雅各布·维纳(1892—1970)。

克拉克是 1885 年美国经济学会的推动者之一,也是纽约哥伦比亚大学的教授。他的主要著作《财富的分配》(1899 年)为以总资本概念为基础的新古典价值和分配理论提供了重要例证。克拉克认为一个经济体系中只存在两个生产要素:劳动和资本,其中获得的产量取决于两种生产要素的使用数量及两者的结合程度;利率和工资率对应的是在均衡时资本和劳动的边际生产率。[1]

克拉克拒绝发展非总资本理论,认为与其研究并不相关。此外,他提出了一种基于效用和劳动相结合的"普遍价值尺度"。在概念层面,他对主观主义方法的主要贡献包括区分了静态经济和动态经济;在分析层面,他揭示了将属于资本或土地的收入部分视为剩余的错误,因为工资率的确定与利率的确定呈对称性,分别对应劳动和资本这两种生产要素的边际产品。

在克拉克之后的一代人中,雅各布·维纳在芝加哥大学任教,之后又去了普林斯顿大学。他的主要研究领域是国际贸易理论和经济思想史(维纳,1937 年、1991 年)。然而,他最有影响力的贡献是一篇论文《成本曲线和供给曲线》(1931 年)。在这篇论文中,维纳用成对的 U 型曲线作为产量函数来表示平均成本和边际成本,用四个图表系统分析了厂商和行业的短期及长期均衡是何以决定的。随后半个世纪的经济学教材一直沿用这种系统性分析。特别在保罗·萨缪尔森(1912—2009,1970 年获诺贝尔经济学奖)于 1948 年撰写的著名教材

[1] 克拉克和在他之前的维克斯第德(1894 年)没有解决在何种条件下,基于生产要素的边际生产率的分配规则会完全耗尽产品整体价值这一问题。但是弗拉克斯在 1894 年已经强调需要假设规模报酬不变。

《经济学》中,核心内容就是这种系统性分析,以及克拉克的新古典主义价值和分配总量理论。作为近几十年来最畅销的教材,它为众多其他作者提供了一种范式。

第 7 节　托尔斯坦 · 凡勃仑与制度主义

托尔斯坦 · 凡勃仑(1857—1929)是挪威移民后裔,出生于农业区,是约翰 · 贝茨 · 克拉克的学生。当时大多数美国高校都附属于教会,他生活方式另类,对宗教又持怀疑态度,因此经常感到与大学生活格格不入。他一生著述颇丰,是《政治经济学杂志》的第一任主编。1899 年他出版了《有闲阶级论》,观点激进,大获成功。他充满嘲讽地研究了经济价值观对风俗和时尚的影响,展示了随着文化价值观的弱化,商业思维如何占据主导地位,甚至在整个教学体制下也是如此。

根据凡勃仑的观点,现代资本主义的特点是旧的思维模式依然存在,比如古老的掠夺性本能以及通过炫耀性消费来维持社会优越感。在 1904 年出版的《商业企业理论》中,凡勃仑对比了产业人员(发明家、工程师、技术专家)和商人(成为推销员或专注于财务管理而非生产)。这意味着,在之后的著作中,他预见到公司所有权和经营权的分离以及大型公司的发展,为伯利和米恩斯(1932 年)的"管理资本主义"、加尔布雷斯(1967 年)的"技术结构"和明斯基(1993 年)的"基金经理资本主义"(此概念参见下文第 17 章)打下基础。凡勃仑制度方法的两个关键核心为:人性不应被视为既定,而应作为经济分析中的内生变量;文化和制度变革在经济发展过程中发挥决定性作用。这一观点随着边际主义的崛起已从美国经济文化中消失。此外,凡勃仑还关注到由于文化适应不断变化的经济环境过程中出现了滞后，从而形成冲突。

凡勃仑是如此另类，难以将他归属到任何学派，但他的著作和教学却很大程度上启发了美国重要的制度主义思潮。

第 8 节　福利经济学和不完全竞争

马歇尔的学生中有两位出类拔萃，一位是约翰·梅纳德·凯恩斯（下一章专题介绍），以及亚瑟·塞西尔·庇古（1877—1959）。庇古年长凯恩斯 6 岁，在 1908 年被马歇尔选为剑桥大学经济学教席的接班人。他支持正统的马歇尔理论，以创新地提出福利经济学而闻名。这项研究借助马歇尔在《原理》中所阐述的外部经济和不经济概念发展而来。[1]

让我们回顾一下，当一种经济活动（无论是生产还是消费）对第三方产生间接影响，这些第三方虽未参与与之直接相关的经济行为人的决策过程，但却从中获利（或受损），就会产生外部经济（或不经济）。当（假设是理性的，实际上是自私的）经济行为人决定生产数量和消费数量时，会考虑与其直接相关的行为的影响，而不考虑对他人造成的影响。这意味着形成外部经济时，消费和生产的数量过少，而形成外部不经济时，消费和生产的数量过多。因此，政府应当对经济领域进

[1] 庇古也以跟凯恩斯的论战闻名。他认为在完全竞争的条件下可以通过庇古效应实现充分就业均衡。这一效应在莫迪利亚尼（1944 年、1963 年）的“新古典综合”理论中得到体现。这种调整机制具体运行如下：失业率增长导致货币工资下降，从而降低物价水平，对家庭持有货币余额的实际价值产生了积极的影响。因此，家庭财富实际价值的增加会刺激消费，增加总需求，从而降低失业率。（参看庇古 1933 年、1950 年）

行公共干预，旨在用补贴来刺激前一种经济活动，并通过税收来抑制后一种经济活动。福利经济学正是分析这样一个领域，通过研究这种干预措施的性质和尺度，推动经济在整个社会中达到最佳状态。庇古(1912 年)使用"消费者剩余"这一分析工具，指的是购买者通过交换获得的总效用，该理论的提出基于这样一种事实：购买者购买先前每一个单位所获得的效用都大于其所支付的价格，直到购买者购买最后(无穷小)一个单位，所支付的价格等于其获得的额外效用(边际效用)为止。我们将每一单位的边际效用和其对应的支付价格的差额(用货币衡量，假设货币边际效用不变)进行加总，得到的就是消费者剩余。通过比较不同情况下经济体内获得的消费者剩余，来对不同情况之间的选择作取舍，这实际上就是福利经济学采用的方法。[1]

根据完全竞争的传统边际主义概念，完全竞争的厂商规模太小而无法用其行为来影响价格，与之相比，马歇尔似乎在确定其行为时假设了厂商的自由空间。这个想法是在琼·罗宾逊(1933 年)的不完全竞争理论中提出的，根据该理论，消费者认为不同厂商的产品不同，使得每个厂商的需求曲线都是递减而并非水平的。因此在一定范围内，厂商能够提高其产品价格，却不会造成客户全面流失。在这种情况下，当成本恒定或缓慢降低时，厂商即使增加产量，仍有可能实现均衡。

琼·罗宾逊的著作依赖于厂商和行业的概念，仍属于传统的马歇

[1] 假设货币具有恒定的边际效用，需求曲线不会因生产数量或消费数量变化而变化，因此消费者剩余的概念仅适用于部分分析(最初是由马歇尔设定)。福利经济学的另一个可疑方面涉及人际效用比较问题，这一问题对于如何确定补偿至关重要，经济变化使一部分行为人承担损失，另一部分则得到收益，而后者给前者提供的补偿足以使前者可以接受这一变化。

尔体系框架。爱德华・张伯伦(1899—1967)在同年(1933 年)发表了论垄断竞争的著作,强调因市场不完善,每个厂商享有自由决策的余地。他指出这样一来行业这一概念就失去了意义,因为行业之间的界限本来就是基于“同行业的厂商生产同质产品”的假设而人为设立的,而现在不同厂商的产品之间却存在持续的质量差别。从这一点看,张伯伦的贡献标志了经济学理论向一般经济均衡的现代公理化理论的转变,其中每个经济行为人反映的都是他自己这个特例。

第 14 章

约翰·梅纳德·凯恩斯

A Brief History of Economic Thought

第 1 节　生平和著作[1]

约翰·梅纳德·凯恩斯 1883 年生于英国剑桥。他的父亲约翰·内维尔·凯恩斯(1852—1949)师从马歇尔,是一位逻辑学家和经济学家,曾撰写《政治经济学的范围和方法》(1891 年)。相比教学,他更喜欢行政工作,位居剑桥大学最高管理层。他的母亲佛罗伦斯·布朗是剑桥大学最早的女毕业生之一,也是第一位当选剑桥市长的女性。

凯恩斯接受的教育符合资产阶级的最高标准:先在伊顿公学上中学,后在剑桥大学国王学院读大学,学习数学和古典人文学科,还入选由精英组成的秘密社团"剑桥使徒社",致力于"追求真理"。另一位成员哲学家乔治·爱德华·摩尔(1873—1958)比凯恩斯年长几岁,他反对功利主义将"善"与"为善"混为一谈,提出了一种通过自我内省来寻求真理和保持个人一致性的伦理学。爱德华时期特有的文化

[1] 主要传记由斯基德尔斯基(1983 年、1992 年、2000 年、2010 年合本)和莫格里奇(1992 年)撰写;哈罗德写的传记(1951 年)现在已经过时。约翰·梅纳德·凯恩斯的著作全集共 30 卷,于 1971 年至 1989 年间在皇家经济学会的倡议下由伦敦麦克米伦公司出版。

复兴氛围对凯恩斯及其朋友们来说，意味着对维多利亚时代的文化和道德进行彻底的重新评价，他们的个人行为所表现出的极端的知性主义和对于审美乐趣的追求，也体现了这一点。然而与摩尔不同的是，他们不认为行为存在一般准则，而是相信“上帝的选民”有能力在具体案例中评价何为正确行为。

这个社团成员还包括里顿·斯特拉奇、伯特兰·罗素（1872—1970）和阿尔弗雷德·怀特海（1861—1947）等人。在接下来的几十年里，一些成员（尤其是斯特拉奇）同其他英国文坛的领袖人物，如弗吉尼亚·伍尔夫和凡妮莎·贝尔一起，建立了布卢姆斯伯里文化圈（因这一群体的主要成员都居住在伦敦这个街区而得名）。凯恩斯与这个团体保持着密切的联系，至少在婚前如此。

凯恩斯拿到数学专业学位后，于 1906 年参加了文官考试，成绩虽位居第二，却不得不在印度事务部屈就（通常考生中名列前茅者都是去财政部）。那里的工作比较清闲，凯恩斯抽空写了一篇关于印度货币体系的论文（1913 年）和一篇关于概率论的长篇论文。在首次申请剑桥国王学院研究员职位失败后，就是这篇《概率论》帮助他在 1909 年申请成功，之后他一生都积极参与学院事务。1908 年，他从印度事务部辞职，成为剑桥大学经济学讲师。他薪资微薄，还是由庇古自掏腰包支付，这延续了马歇尔开创的传统，正是马歇尔让庇古接任剑桥大学经济学教授一职。从 1911 年开始，在马歇尔的支持下，凯恩斯接任《经济学杂志》主编，两年后他还担任皇家经济学会的秘书。他在这两个岗位上工作了 30 多年，在此期间《经济学杂志》一跃成为当时最负盛名的经济学期刊。

在第一次世界大战期间，凯恩斯在财政部工作，负责与战争筹资相关的事务，尽管如此，他自称是一名有良知的反战者。1919 年，他作为英国代表团成员出席凡尔赛和平会议，但他反对强加给德国的"战争赔款"，认为这会加重德国负担，使其经济和社会不能持续发展。因此他辞去代表团职务，回到剑桥，就德国赔款问题写了《凡尔赛和约的经济后果》一书（1919 年），引发轰动。[1]

此时，凯恩斯是一位广受认可的作者，他就经济政策的主要问题发表了一系列文章，还出版了一些书籍，其中包括 1921 年的《概率论》（凯恩斯对他 1909 年成为研究员的论文做了修改，跟其他的著作相比，他对这篇投入了更多的时间和精力）和 1923 年的《货币改革论》。[2] 除了他所担任的众多学术职务外，他还担任了一家保险公司的董事长，为自己和亲朋好友们开了账户，合伙投资外汇市场（虽然投资并非总是获得成功）。凯恩斯早年一直与男性朋友结交甚密，而在 1925 年，他与俄罗斯著名舞蹈家莉迪亚 · 洛波科娃结婚。

凯恩斯分别于 1930 年和 1936 年出版了两部著作——《货币论》和《就业、利息与货币通论》，从此作为理论经济学家而闻名。其他重要的贡献还包括在《劝说集》（1931 年）中收录的生动风趣、引人深思的文章，

[1] 凯恩斯的批判不是基于战争赔款的内部可持续性，即其所指的财政负担，而是基于其外部可持续性，即是否有可能在国际收支的其他项目中实现足够多的顺差来抵消战争赔款这一单方面的支付转移。凯恩斯关注的是德国不可能产生贸易顺差，从而引发了关于出口和进口相对于汇率和收入弹性的广泛争论。事实上，由于向美国借款，德国实际上已经有大量的资本流入。

[2] 在这部著作中，凯恩斯区分了货币价值的内部稳定性和外部稳定性，宣称应优先考虑稳定一国货币的内部价格而不是其外部价值；因此，他批评了英镑回归金本位的观点。然而，在 1925 年 4 月 28 日，仅过去几个月，这个决定依然被落实。此外，根据当时英国财政大臣温斯顿 · 丘吉尔的决策，英镑的价值要回归到与战前的黄金持平，这意味着英镑价值被高估，英国制造商丧失了竞争力。凯恩斯在一本影响极大的小册子《丘吉尔先生政策的经济后果》（1925 年）中严厉批评了这一决策。

以及在《传记文集》(1933 年)中收录的内容详尽、见解精辟的名人传记。在《通论》出版的同一年,凯恩斯为剑桥艺术剧院揭幕,这个剧院几乎是由他私人出资创建的,他的妻子莉迪亚在开幕演出中担任首席芭蕾舞演员。在接下来的一年里,凯恩斯心脏病发作,不得不缩减他的工作量。

1940 年,凯恩斯被任命为英国财政部顾问,再次为战时大量的财政问题献计献策,并参与向美国借款的谈判。1944 年 7 月,他在布雷顿森林会议上发挥了重要作用。1946 年 4 月 21 日,由于心脏病再度发作,凯恩斯与世长辞。

有大量文献研究凯恩斯思想。许多学者一致认为,20 世纪 30 年代持续不退的高失业率促进了凯恩斯主义思想的传播。一些评论家则强调,看到英国落后于美国的凯恩斯明显持英国视角。至于国际货币体系,凯恩斯的概述考虑到较弱货币的利益,因为在由美元主导的货币体系中,英镑也很可能成为弱币。凯恩斯致力于改良资本主义制度,在追求自由和效率的同时也保证其日益公平。他反对极权主义,如意大利和德国的法西斯主义和纳粹主义。他对极端的经济自由放任主义意识形态的终结有着明确的认识,因此他对当时主流理论的批判表明了自由市场均衡机制的不足,也体现了关于政府积极干预经济政策的理论构建。

第 2 节　概率和不确定性

我们必须用当时的剑桥文化,即约翰・斯图亚特・穆勒的逻辑归纳法传统(凯恩斯的父亲也遵循这一传统,他在 1891 年的一本书中尝试了将其与德国历史主义进行折中综合),来解读《概率论》。在凯恩斯研究概率论的同一年,伯特兰・罗素和阿尔弗雷德・怀特海推进了从纯粹的逻辑前提推导数学的项目，发表了《数学原理》(1910—1913)。

凯恩斯的志向是构建一种关于知识和理性行为的一般理论，在这个理论中，完全确定和完全无知是两种极端情况。由于这个原因，凯恩斯拒绝从频率论的角度来解释概率，因为它仅适用于在不变条件下可以无限重复的那类现象。相反，他提出了一种理性主义的方法，其核心是在知识状态给定的情况下，相信某一事件会发生的信心程度。对于经济学家来说，这种观点的重要性在于它是在主体不确定的情况下来处理理性行为的问题，于是理性行为就跟基于经验和个人直觉的主观评价有关；概率计算是筛选这些评估的方法。

凯恩斯区分了表达特定事件概率的命题和人们在这种评估中持有的信心，他将后者称之为“论据的权重”。当相关的经验证据(可以理解为直接或间接用于我们对事件进行评估的一组信息)增加时，论据的权重增加，而赋予这一事件的概率可能增加、减少或保持不变。此外凯恩斯不认同可以为事件概率赋值的观点：在某些事件中我们可以这样做(例如，掷骰子或统计死亡表，总而言之，就是在所有存在精算风险的情况下)；在另一些事件中，我们对事件进行部分排序时，可以表达非定量观点；而在第三类事件中，信息基础甚至不足以让我们形成这种相对判断。当面对后两类事件时，依赖传统的行为方式(符合或可预测大多数人的行为)行事可能是合理的。[1]

[1] 因此，凯恩斯的方法同数年后由拉姆齐(1931 年)、德福内梯(1930 年、1931 年、1937 年)和萨维奇(1954 年)提出的主观方法有所区别，后者将概率视为通过投注表达的主观评价，因此通常是可以量化的。此外，凯恩斯主义的不确定性概念在他的货币、收入和就业理论中发挥了至关重要的作用，比奈特(1921 年)对概率的风险和不确定性的区分，以及门格尔(1871 年)对经济行为人有限知识问题的处理更具实质性。参见荣卡格利亚，2009 年 a。

第 3 节 《货币论》

在凯恩斯撰写《货币论》(1930 年)的 6 年间,依托马歇尔方法框架研究货币现象与短期生产水平之间关系的著作已经琳琅满目。[1]在许多方面,《货币论》遵循了马歇尔传统;而在其他方面,它又有所创新,为人们理解《通论》中一些进步新颖的观点搭建了一座桥梁。

凯恩斯避免正面批评边际主义传统的理论核心,即长期均衡概念的特点是充分利用包括劳动力在内的资源和货币中性(也就是说,流通货币的数量影响价格水平,但并不影响系统中的实际变量,如产量和就业水平)。因此,关于"长期"这一观点一直居于幕后。就货币和金融部门而言,《货币论》继承并发展了马歇尔对货币数量论的批判,重点关注流动存货需求而不是流通速度。《货币论》最值得玩味的创新之处在于货币金融与实际方面之间的联系:凯恩斯遵循马歇尔的短因果链方法,开始在长期流动的货币经济内,一环环地在价格变化和产量变化中发现因果联系。

凯恩斯在对经济实际情况的分析中采用了两部门模型:一个部门生产投资品,另一个部门生产消费品。凯恩斯表明,对于一般价格水平概念的分析不可能十分严谨:对总量概念缺乏信心符合典型的马歇尔传统,对凯恩斯理论作出解释时应该牢记这一点。凯恩斯理论是基于对立的"宏观"总量分析和"微观"非总量分析,这仍然是经济

[1] 此处可回顾丹尼斯·罗伯逊(1890—1963)的《产业波动研究》(1915 年)、《银行政策与物价水平》(1926 年)和拉尔夫·乔治·霍特里(1879—1975)的《通货与信用》(1919 年)以及庇古的《产业波动》(1927 年)。

学理论的基础。

《货币论》中这些基本方程表达了两部门内价格与供求水平之间的关系，指出了可能导致价格偏离均衡水平的因素。凯恩斯考虑了一种有序图式，将生产水平和已实现利润联系起来。凯恩斯在这里使用的收入、利润和储蓄的概念，跟现代国民经济核算中通常使用的概念有所不同，跟他在《通论》中使用的概念也存在区别。这一分析的核心在于区分了投资和储蓄，这也是《通论》的分析重点。只要投资和储蓄是两组不同经济行为人（企业家和家庭）决策的结果，两者便会有所不同，其差异决定了两部门供求产生不均衡，价格波动产生了无法预料的利润或损失，[1]对此，企业家随之对产出和就业水平的变化作出反应。假设储蓄与财富有关，那么储蓄在收入短期变化时相对稳定，因此，周期性动态取决于投资的可变性。鉴于投资对库存的影响不大，凯恩斯将注意力集中在固定资本投资上，主要研究长期利率。

《货币论》阐述了流动性创造的不同渠道、持有金融资产的决策和国际货币关系。凯恩斯强调了国际货币标准的可取性，提出了由国际中央银行发行的一种货币来替代黄金，国际央行有义务通过一大堆国际可交易商品使这种货币保持稳定价值。在这种各国货币汇率固定的情况下，国家货币政策失去了自主权，因此有必要借助于财政政策，特别是公共工程来支持就业，这是《通论》中谈及的另一个主题。

---

[1] 利润在《货币论》术语中，仅对应不可预见的收益或损失，并未包括在收入的定义中。但是，通常包括在创业收入内的预付资本利息被视为生产成本的一部分，并被计入收入。

第4节 从《货币论》到《通论》

《货币论》到《通论》的过渡从前者即将问世时就开始了。凯恩斯提出观点后，能成功地将自己置身事外，批判性地去看待这些观点，即使在修正《货币论》的论据时，他也得出结论：用不同的分析结构支持他关于治理市场经济的主要观点更为适合。这一过程的关键时刻，是从分析非均衡状态过渡到分析就业不足情况下的均衡状态。虽然从利率到投资再到收入的因果关系仍然存在，但是得承认边际消费倾向值可能（实际上很可能）低于1，这为在确定收入均衡水平时赋予投资以关键地位开辟了道路。此外，还需要利率理论。至于价值理论，由于马歇尔主义在英国的传播，凯恩斯选择了人们更为熟悉的短期分析，便于他的读者理解。除此之外，他的学生和最亲密的合作者理查德·卡恩也促使他沿这个方向发展。

《货币论》和《通论》在分析结构上有些重要的差异，但关键观点保持不变：在货币经济中，企业家关于生产水平的决策不一定会自动导致可用资源的充分利用。在《货币论》中，我们找到了一种非均衡分析，长期均衡的观点还未成主流。《通论》的主要论点涉及以失业为特征的长期均衡。因此，主要用《货币论》中的货币–金融杠杆，加上《通论》中的财政杠杆（尤其是公共支出）去积极干预经济是至关重要的，从长远来看，这么做是支持需求，而不仅仅是作为一种反周期的工具。

凯恩斯的学生和朋友，包括理查德·卡恩、琼·罗宾逊、詹姆斯·米德和皮埃罗·斯拉法在内形成了“剑桥学社”（Cambridge Circus），特别是理查德·卡恩，其影响对于《通论》分析结构的发展显得十分重要。卡恩的贡献不仅包括乘数效应(1931 年),尽管它跟有效需求概念和基于货币投机性需求的利率理论一起构成了《通论》的三大分析支柱,还包括建议将马歇尔短期均衡理论作为《通论》的理论基础。卡恩于 1929 年发展了这一理论,他提出的厂商概念主要针对具有一定战略自主权和决策权的厂商,它们不一定以报酬递减为特征,但由于难以为其产品拓展市场渠道而发展受限。因此,这里存在的市场不完善与马歇尔《通行文本》中的完全竞争均衡大相径庭,这意味着企业家起到了消极作用,而在凯恩斯的理论体系中,企业家在生产水平和新产能投资决策方面发挥了积极作用。

"剑桥学社"内部形成了百家争鸣。其中一个极端是一种较为传统的观点(代表人物米德和奥斯汀·罗宾逊),更接近新古典主义传统。而另一个极端以斯拉法为代表,与之正面抗衡。在中心,卡恩和琼·罗宾逊所持观点更多是直接受马歇尔教学的影响,最终占了上风,这就确定了凯恩斯采用的分析框架。卡恩建议的"折中"(受凯恩斯的马歇尔研究背景影响)尽管成效立竿见影,但与以米德和罗宾逊为代表的"新古典综合派",以及斯拉法重新释义的凯恩斯对古典框架内部所做的贡献相比,随后又显示出局限性。

第 5 节　《就业、利息和货币通论》

《就业、利息和货币通论》(以下简称《通论》)于 1936 年 2 月问世,虽未再现如《凡尔赛和约的经济后果》那样的成功,却也很快拥有了广泛的读者群。而且,其影响力更为强大,集中在专业经济学家的领域:许多年轻学者很快将其作为自己研究工作和教学的基本参考点。

《通论》的文字并不通俗易懂,连许多"凯恩斯主义"经济学家都没有读过。这就可以理解为何这本书在语言学上有许多晦涩难懂的解读,如认为凯恩斯主义理论的基础是工资和价格呈下降刚性(该书的第 19 章明确否认了这一观点)。[1]

首先,让我们回顾凯恩斯的著述目的和他对经济的看法。他认为,捍卫自由政治制度要基于经济领域中个人主动性的自由,这就必须承认纯粹自由放任制度的局限性;因此,需要国家对经济进行积极干预,这不仅有利于保障公平,也有利于整体效率提升。经济行为人在"不确定"(参见《概念论》定义)条件下作出决策。在方法论层面,这导致人们优先考虑专门针对所考虑问题设计的开放模型,谨慎地构建,并思考单个因果关系成立的条件。凯恩斯理论的其他方面也源自"不确定性",例如金融市场的作用,它不仅充当持主动和被动财务立场的经济行为人之间的中介,最重要的是,为跨期选择提供了灵活性,允许企业家就未来的产出水平和投资作出决策。正是在这种背景下,我们发现了短期和长期预期之间的区别,前者关乎当期生产的选择,以便能够使生产随结果得到迅速调整,后者涉及固定资本投资的决策;由此看出,不确定性的影响确实相当强大。

《通论》的分析结构有三大支柱:有效需求的概念、乘数效应和利息理论。这些众所周知,但在大学教科书中对它们的解读存在偏差——特别是第一个和第三个,所以让我们在这里简单回顾下。

《通论》第 3 章讲的是有效需求原理。凯恩斯将"有效需求点"定

---

[1] 关于工资和价格呈下降刚性的假设,可以被用在不同的分析框架内(如所谓的新古典综合)来理解凯恩斯的结论,但不能用来解释凯恩斯的本意。

义为总供给函数和总需求函数这两条曲线的相交点。在概念层面上，这两条曲线不同于传统的供求曲线，因为它们将企业家对成本和收益作出的评估与就业人数相联系。更确切地说，总供给函数 Z 表示说服企业家雇用 N 个工人所需的最小预期收益，而总需求函数 D 表示企业家在市场上销售通过雇用 N 个工人获得的产品而产生的预期收入。因此，这两条曲线反映的是同一类经济行为人（企业家）的观点（估价），而不是两组截然不同又彼此对立的买卖双方（消费者和生产者）的观点。

预期成本和预期收益都随着就业人数的增加而增加。因此，这两个函数都呈递增趋势。然而，Z 增长得更快（其二阶导数为正），而 D 增长更慢（其二阶导数为负）。事实上，D 由消费和投资两部分组成；凯恩斯认为，在"心理法则"作用下，消费增加，但增幅低于收入，因此也低于就业，而投资取决于企业家的长期预期，因此可以认为投资在有效需求点确定的情况下是既定的。就 Z 而言，在凯恩斯理论的马歇尔体系背景中，可以很自然地假设，当所雇用工人的数量增加时（而在短期内，假设生产设备保持不变），边际成本递增。[1]

"有效需求点"就是 $D = Z$ 的相交点，表明的是企业家短期预期成本和收入既定情况下的预期就业和生产水平。[2]

[1] 这意味着实际工资和就业呈反比关系，类似于马歇尔假设的那种关系以及所有支持自动趋向充分就业的边际主义理论。凯恩斯理论否定这种调整机制，认为这种反比关系并不重要；实际上，在面对邓洛普（1938 年）和塔西斯（1939 年）的实证批判，以及大量关于实际工资变动呈顺周期性质的实证时，凯恩斯就准备抛弃这种调整机制。可见，抛弃这种假设强化了凯恩斯对自动趋向充分就业均衡论点的批判。

[2] 因此，如宏观经济学著作长期研究所示，它不应被解释为供求两种对立力量之间的均衡点，更不能被认为是稳定均衡。凯恩斯的观点只有在假设企业家的短期预期总是得以实现的情况下才与教科书上的观点一致，因此预期和不确定性不再被需要，虽然凯恩斯提出的供给（生产）适应需求的论点仍然存在。

有关消费和投资的决策由不同类别的经济主体(分别为家庭和厂商)作出,因此遵循两种截然不同的逻辑。消费(和储蓄,定义为对收入的补充)主要取决于收入。投资取决于企业家的决策(因而也取决于他们的预期),并且独立于收入。因此,是投资决策决定收入的均衡水平,而储蓄则是适应(收入的均衡水平)。更确切地说,均衡收入必须能够产生一定数量的储蓄(在简化的系统中,没有税收和公共支出,与外国没有任何关系),与企业家决策产生的投资数量一致。因此,它取决于投资水平 I 和储蓄倾向 s($s=S/Y$,其中 S 是储蓄,Y 是收入);更确切地说,根据均衡条件 $I=S$(收入循环流中的流入量等于流出量)以及储蓄倾向的定义,我们得到 $Y=I/s$:乘数,即相乘的系数,当应用于投资水平时,得出均衡收益等于储蓄倾向的倒数。在将乘数确定为《通论》的三大支柱中之二时,我们不仅指这个等式,还指投资对于决定收入起到的积极作用以及消费和储蓄对于决定收入起到的被动作用。

至于投资理论,和有效需求理论一样,凯恩斯采纳了企业家的观点。企业家决定是否通过评估投资的预期收益进行投资,并将其与代表金融投资收益的货币利率进行比较,金融投资也是可用资金的一种使用方式。如前所述,与投资决策相关的预期涉及"长期",因为其涵盖了考虑购买的生产设备的预期使用周期,并且在此基础上作出的决策在一定时间段内可以被修改,但是要支付很高的成本。而与当前生产水平和就业决策相关的预期涉及"短期",可以随时被修改,其修改成本很低(甚至无修改成本)。长期预期不稳定:因为其涉及的时间段太长而无法作出足够精确可靠的评估,所以远远不如短期预期稳定。

凯恩斯《通论》的第三大支柱是货币和金融市场理论,认为利率是流动性溢价的前提。这个理论包含两个主要方面,经常在宏观经济学教科书中被误解。首先,大大小小的储蓄者决定以何种形式保存金融资产,其背后是赫然耸现的金融机构,它们是凯恩斯所描述的决策过程的真正主角。其次,决策过程本身并不涉及传统理论所关注的流量,而是存量的分配;因此,投机性货币需求主导了货币的交易需求。在发展完善的金融市场上,交易成本非常低,并且可以每天甚至每小时更改金融资产在不同类型资产之间的分配决策。

凯恩斯简化了这个问题,考虑了两种资产:一、货币,流通性强,因为通常所有的交易都使用货币,但不能产生收益;二、债券,其年度收益可以预先确定,众所周知,当利率下降时,已有债券的市场价格会上涨,反之亦然。因此,那些预期利率下降的人也会期望债券价格上涨,并且会成为债券市场上的买家,而那些期望利率上升的人则反其道而行,以债券换取货币。在对货币和金融市场前景存在不同看法的情况下,每个时刻利率水平的设定对应两个相反等级之间的均衡,即"牛市"和"熊市"。

因此,一切都取决于金融操作者的期望。如果我们暂时假定这些保持不变,显然当利率下降时,越来越多的操作者预期利率会随后增长(因此以债券换货币):对货币需求因而变成了利率的反函数。然而,由于金融事件变化多端,难以预期,这种关系的基础非常薄弱。例如,很可能降低利率会导致许多操作者修改他们的预期,期待进一步降息,相比以前,他们更偏好债券而不是货币:利率变化和货币需求变化之间会形成正向而不是反向的关系。

在凯恩斯的分析框架内,投机性货币需求理论使利率的决定远离了储蓄和投资的相对关系的传统机制，这里的储蓄和投资分别被理解为可贷资金的供给和需求。根据凯恩斯的说法，从逻辑上看储蓄决策与用何种金融资产形式（货币或债券）投资于储蓄的决策不同。与许多评论家的解释相反，关键点并不是储蓄量更取决于收入而不是利率，庇古这样的理论家也承认这一点，他被凯恩斯选为所攻击的传统理论的范式。关键在于两种决策之间的区别，分别涉及储蓄量和储蓄投资的金融资产，正是后一种决策与货币当局奉行的决定现行利率水平的货币政策一致。

同样，希克斯的观点体现在他著名的 IS－LL 模型中（1937 年），将货币的交易需求和投机性需求相提并论，就好像它们处在同一层面上，因而忽略了两种决策之间的本质差异。投机性选择涉及长期累积的储蓄存量的分配，因此主导了货币的交易需求，即为当期交易流提供资金的流动性需求。当债券和货币之间待分配的储蓄存量面对的不是年收入和交易，而是可以不断调整金融决策的每日流量时，这一点就更为明显。因此，我们有一个影响力的等级：财务预期主导储蓄存量的分配，从而决定利率，而所有其他因素（包括货币交易需求）则变得次要。由此产生的利率和长期预期决定了投资水平，而后者又通过乘数效应决定了收入和就业。

这种等级关系模式与一般经济均衡模式形成鲜明对比，在后一种模式中每个变量取决于所有其他变量和系统中的所有参数。凯恩斯理论正是在这方面坚持使用“短因果链方法论”，充分展示其马歇尔理论基础，凯恩斯所有著作中蕴含的实用主义特征也彰显了这一点。事实上，对凯恩斯思想的诠释主宰了之后几代的宏观经济学教科书，而其中湮没的正是这一方面。

第 6 节　开放经济中经济政策的不对称性，以及国际机制

《通论》分析了一个封闭的经济体系——世界经济的情形，既可用于理论上的简化，又可以为工业化国家整体建立一些原则。[1] 但是，在经济政策层面，从封闭经济中得出的结论不能自动适用于开放经济，例如通过提升本国产品的竞争力，实际工资减少，因而对就业产生积极影响。通过这种方式，可以重新建立工资和就业之间的反向关系；一个国家可以通过所谓的“以邻为壑政策”，从他国获得市场销路来促进自身发展，这是一种零和博弈，一国的收益必然意味着另一国的损失。这是经济大萧条时期许多国家采取的政策，现在德国希望在整个欧元区加以实施。

在第二次世界大战即将结束前，凯恩斯于 1944 年 7 月参加了在美国小镇布雷顿森林（Bretton Woods）举行的会议，试图制定促进各国经济合作的博弈规则。然而，美国的保守主义淡化了他的观点。他的中心思想是，技术进步使失业问题层出不穷，在工人数量不断减少的情况下，产量却不降低。在没有完善的政策来管理经济的情况下，失业问题会越来越严重，可能会变得极具社会爆炸性。此外，在《通论》中采用的封闭经济这一思想实验的有力支持下，凯恩斯坚信，“以邻为壑政策”只能简单地重新分配世界危机的成本，并不能解决问题。

凯恩斯认为，国际经济体系的组织方式不仅要促进商业发展（在

[1] 尽管凯恩斯假设的仍是一个封闭体系，但凯恩斯在《战争的代价》（1940 年）中提出了“通货膨胀缺口”概念，来解释当总需求超过总供给时产生的通货膨胀压力。一个国家在战争时期由于军费支出激增，就会出现这种情况。

贸易自由、货币可兑换和汇率稳定的背景下)，还要为提升世界产出水平提供支持。因此，在刺激贸易顺差国或逆差国采取补救措施时，国际博弈规则要避免任何不对称性。贸易逆差国要减少外汇储备，采取通货紧缩措施，减少进口，促进出口或采取限制性货币政策，以促进资本流入，但对经济增长会产生负面影响。相反，贸易顺差国应冷静对待外汇储备积累或仅用低利率政策以促进资本流出。凯恩斯认为，一个平衡的国际货币体系应该通过减轻对贸易逆差国采取通货紧缩政策的压力来控制国际流动性(通过发行一种超国家的世界货币——班柯[Bancor])，对于贸易顺差国而言则相反，应该通过国际博弈规则(例如对外汇储备的管制)刺激其采用通货再膨胀政策。

第7节 米哈尔·卡莱斯基

我们认为米哈尔·卡莱斯基(1899—1970)可能是凯恩斯思想的先驱，就在《通论》出版之前，他的一些文章已用波兰语发表，文章受到马克思《资本论》中提出的增长图式影响，文章观点被杜冈-巴拉诺夫斯基(1905年)采纳，在罗莎·卢森堡(1913年)的消费不足理论中也有所体现。因此他的理论跟基于供求均衡概念和自动趋向充分就业论点的传统边际主义分析大相径庭。卡莱斯基提出的收入、消费、储蓄和投资之间的关系类似于凯恩斯的理论，两者都认为充分就业是一种临界情形而不是普遍情况，自发性支出尤其是投资决策起到了推动作用。不过，两者的差异也显而易见。卡莱斯基的著作中几乎不涉及不确定性和预期(这两样对于凯恩斯来说是关键)，也缺乏一个完善的金融市场理论。[1] 相反，尽管卡莱斯基(特别是在其早期著作中)显示出受到马歇尔影响的迹象，他在分析中却包括了像“完全成本原则”这样的机制，[2]这样就可以同现代非竞争性市场理论联系起来。此外，卡莱斯基扩展了他的形式结构来处理贸易周期和发展问题，并将这些理论与社会阶层之间的收入分配分析联系起来。[3]

卡莱斯基的许多主要贡献都与计划经济和混合经济有关。[4] 在华沙这个东欧国家最活跃的经济学研究和教学中心，卡莱斯基度过了他生命中的最后几年，而在那几年，波兰的政治当局却将他边缘化。较之凯恩斯，我们可以发现：国籍、出生条件和政治变迁，在决定经济学家的观点和分析产生的影响时显得多么重要。

---

[1] 卡莱斯基提出了“风险递增原理”来解释单个厂商对融资投资可能性的限制。卡莱斯基的合作者——奥地利的约瑟夫·斯坦德尔(1912—1993)在他的厂商理论中引用并发展了这一主题(参见斯坦德尔，1945 年，以及斯坦德尔，1990 年第 1—73 页收集的文章)。斯坦德尔还在他的代表作《美国资本主义的成熟与停滞》(1952 年、1976 年，第 2 版)中发展了卡莱斯基的主题，其中他认为由于寡头垄断市场形式的逐渐出现，资本主义经济呈停滞趋势。美国的阿尔文·汉森(1887—1975)对凯恩斯学说在美国的传播发挥了重要作用，他也持类似观点(参见汉森，1938 年)，随后索罗斯·拉比尼(1956 年)解释了技术进步效应的传播促进了竞争性体系的发展，但对寡头垄断体系不起作用。

[2] 例如参见卡莱斯基，1943 年。完全成本原则是具有一定市场力的厂商经常采用的定价标准，特别是在寡头垄断行业，其中包括给可变成本增加比例保证金用于支付固定成本和一般费用，来保证该部门通常的利润率，以此设定产品价格。菲利普·安德鲁斯(1914—1971)研究了完全成本原则(参见安德鲁斯 1993 年收集的文章)，然后由索罗斯·拉比尼于 1956 年纳入寡头垄断理论。

[3] 他的政治周期理论尤为精彩(卡莱斯基，1971 年，第 138—145 页)。

[4] 卡莱斯基的著作选集由他自己编辑，但在死后才出版，分为短短两卷，一卷关于资本主义经济(卡莱斯基，1971 年，其中包括 1933 年、1934 年和 1935 年的三篇文章，最初以波兰语出版，先于凯恩斯提出了凯恩斯理论的重要方面)，另一卷关于社会主义经济和混合经济(卡莱斯基，1972 年)。

第 8 节　新剑桥学派

自然而然，凯恩斯的《通论》在剑桥产生了尤为强烈的影响。凯恩斯直系弟子（如卡恩和琼·罗宾逊）的地位随着其他人的加入得到了巩固，例如来自伦敦经济学院的尼古拉斯·卡尔多，早年他曾跟随哈耶克。而皮埃罗·斯拉法是个特例，尽管他的研究比许多评论家所公认的更接近凯恩斯学说，但却开创了一条自主研究的道路。所有这些主要人物和其他人——从英国的马克思主义者莫里斯·多布（1900—1976）到美国的理查德·古德温（1913—1996）[1]——一起创立了“新剑桥学派”（此称法区别于以马歇尔和他的学生为代表的老一代剑桥学派）。特别在 20 世纪 50 年代和 60 年代，这一学派是一个极为活跃的知识分子团体。

卡恩（1905—1989）是凯恩斯最亲密的合作者，也是他的学生，后来成了他的书稿委托管理人。卡恩在剑桥先求学后任教，20 世纪 30 年代早期，卡恩是“剑桥学社”（Circus）的推动者，正如我们前文所述，他促使了凯恩斯的研究从《货币论》转向《通论》。他的乘数理论（卡恩，1931 年）构成了凯恩斯分析工具的一大关键因素，它将就业变动与自发性支出（投资、公共支出、出口）变动联系起来，这种关系预先假定存在失业

[1] 多布是一位马克思主义者，他的重要著作涉及理论、经济史和经济思想史，其中一卷专论苏联（1928 年及以后的版本）；他在一卷《资本主义发展研究》（1946 年）中讨论了从封建主义向资本主义过渡的问题，还有一卷经济思想史（多布，1973 年）。古德温最值得一提的是对于乘数和周期的研究。古德温（1967 年）提出了一种经济周期模型，该模型是基于最初由数学家维托·沃尔特拉（1860—1940）研究的捕食与被捕食者进化系统。

工人。对于当时所有的经济学家来说,这是一个与主流理论的核心原则相矛盾的生活现实,即存在自动趋向充分就业的趋势。通过对"短期经济学"的研究(这也是他在 1929 年写的博士论文的标题,这篇论文在 50 多年后才得以发表,主要讨论了市场不完全性的主题),卡恩开始逐渐背离这一理论。卡恩在货币理论方面也做出了重要贡献,部分是由于他对著名的《拉德克利夫报告》(1959 年)产生的影响,该报告提出了凯恩斯主义中关于金融市场运作和货币政策工具作用的观点。[1]

琼·维奥莱特·莫里斯·罗宾逊(1903—1983)的丈夫是奥斯汀·罗宾逊(1897—1993),他是一名凯恩斯主义者,也是剑桥经济学教授,但对应用政策问题更感兴趣。琼·罗宾逊是凯恩斯主义的旗手,她是活泼多产的作家、聪明热情的演说家,也是充满活力的辩论者,在世界各地的大学都留下了她的印记。她的著作除了对凯恩斯主义的种种阐述,值得一提的还有《不完全竞争经济学》(1933 年)。她还尝试将凯恩斯理论延伸到分析长期,尤其在《资本积累》(1956 年)这本书中,她提出了增长模型的分类,对有效需求与生产能力之间相互关系进行分析,这已经成为哈罗德著名模型(1939 年)的核心要素。

尼古拉斯·卡尔多(1908—1986)出生于布达佩斯,后来加入英国国籍,二战后成为欧洲驻联合国委员会专家,为许多发展中国家和英国工党政府提供咨询。他提出了一种收入分配理论,充实了剑桥学派的理论文献,其中工资和利润之间的分配取决于资本家的储蓄倾向和经济增长率。[2] 在增长模型后续的版本中,积累理论基于凯恩斯主

[1] 他的主要贡献都收录在卡恩 1972 年的著作中。

[2] 卡尔多于 1956 年提出这一理论;由帕西内蒂于 1962 年引用并发展;然后,卡尔多(1966 年)将这一理论与厂商的财务选择联系起来,进而与管理资本主义的新研究相结合。

义和古典(李嘉图)思想(卡尔多,1957 年、1961 年),丰富了收入分配理论。在这一积累理论中,他着手反映发达资本主义经济的主要“程式化事实”。

第 15 章

约瑟夫·熊彼特

A Brief History of Economic Thought

第1节　生平和著述

约瑟夫·阿洛伊斯·熊彼特(1883—1950)最为人所知的观点是：企业家通过银行家提供的购买力实现一系列创新，从而产生了经济发展的过程。此观点的吸引力至少部分源于其双重政治含义：一方面，它使企业家和银行家因在发展过程中起主要作用而地位突出；另一方面，它反对凯恩斯式的政策激进主义，认为危机是不可避免的灾祸，资本主义需要危机来激发活力。此外，熊彼特认为经济和社会存在内在的动态过程，资本主义必将衰落。这一观点似乎使其与马克思联手对抗传统的经济均衡理论化。

1883年熊彼特出生在摩拉维亚(当时是奥匈帝国的一部分)。他的父亲是纺织业的一名小企业家，在熊彼特只有四岁时就去世了。他的母亲年仅26岁就成了寡妇；1893年她改嫁奥地利军方的一名高级官员，该军官当时已经退休且年长她许多。他们送熊彼特去维也纳一所培养年轻贵族的学校——特蕾西亚学校读书，在那里，他接受了人文教育。之后他就读于维也纳大学法学院，庞巴维克是指导他的教授之一。在他召开的研讨会上，熊彼特跟奥地利社会主义的两位未来领导人奥托·鲍威尔和鲁道夫·希法亭,以及自由主义的领袖之一路德维希·冯·米塞斯展开了热烈的辩论。

在英格兰短暂停留后,1907 年,熊彼特来到开罗,成了一名律师。1908 年,他撰写了自己的第一本德文版著作《理论经济学的本质与内容》。1909 年,他回到奥地利,被任命为切尔诺维茨大学教授,然后又在格拉茨大学任教,直到 1921 年。一战前,他用德语发表了《经济发展理论》(1912 年)、《经济理论与方法:历史札记》(1914 年);1913 年至 1914 年,他在纽约哥伦比亚大学举办了讲座和研讨会。

熊彼特注定不是一个墨守成规的人,一战期间,他表明了自己的和平主义者身份和亲西方的立场;1918 至 1919 年间,尽管他持保守主义观点,但参加了一个由考茨基担任主席的委员会,此委员会由奥地利社会主义政府组建,旨在组织私营企业实现国有化。1919 年,他成为社会主义者伦纳领导的奥地利政府的财政部部长,并得到社会主义者和保守派联盟的支持,负责解决战争带来的公共债务问题这一不可能完成的任务(根据熊彼特的想法,通过高额的财富税,激励外国资本流入,刺激旨在降低公债实际价值的通货膨胀)。由于他反对政府的国有化方案,他的部长生涯只维持了短短数月;社会党人指控熊彼特支持外国(意大利)势力收购奥地利最大的 AMG 钢铁厂,从而导致他辞职。

熊彼特重回大学,但到了 1921 年,他已辞去教职,任一家小型私营银行(比德曼银行)的行长,直到该银行 1924 年倒闭。银行许多客户都遭受了重创,熊彼特也失去了所有的资产和积蓄,在接下来的几年,他的部分收入被用于偿还这次破产引发的债务。

熊彼特重返大学任教,先是在波恩大学,后又去了哈佛大学。在波恩大学时期,他致力于撰写一部探讨货币问题的长篇著作,然而一直没有完成,直到他去世后才于 1970 年出版。究其原因是早在 1930 年,凯恩斯的《货币论》已经问世,提出的思路跟熊彼特完全不同,熊彼特无奈只能将手头在写的书稿束之高阁。他很可能认为如果没有进一步的深入研究,他的著作与凯恩斯相比会显得苍白无力。1939 年,在他迁居美国后,《经济周期》这本不朽之作问世,随后 1942 年,他又出版了引发轰动的巨作《资本主义、社会主义和民主》,而直到他去世时,伟大的《经济分析史》仍尚未完成。

除了令人印象深刻的研究活动外,熊彼特还是一位颇具影响力的教师。在他的学生中有许多 20 世纪最伟大的经济学家,从列昂惕耶夫到萨缪尔森,从斯威齐和古德温到明斯基,从都留重人到索罗斯·拉比尼。1950 年,熊彼特与世长辞。

第 2 节　方法

熊彼特在他 1908 年的著作中已经采取了一种立场:他在他成熟时期的作品中保留一种方法论的自由主义,用熊彼特自己的话来说(1908 年,第 156 页,斜体为引者添加),“我们不应一劳永逸地为所有目的设定种种方法论的假设,而应当使之适应我们的每个目标,并且一旦这样的具体假设看起来足以达到目的,就*应使之尽可能自由*,这样做是有益的”。

熊彼特(1908 年,第 3 页)从“所有科学只不过是……现实的表现形式”这一说法开始,批评了“确切地表述规律是可能的”的观点(同上,第 12 页)。这种方法论的立场跟斯密和凯恩斯的并没有很大不同,斯密和凯恩斯把理论视为现实内部倾向的工具,与数学定律表达事物内在本质的立场截然不同,理论家的任务是“揭示”这种隐藏在偶然现象中的规律:这一观点在当时仍然盛行。

熊彼特正是从方法论自由主义的角度批判了当时仍在进行的方法论之战,一些人(如门格尔)认为经济学是一门抽象科学,另一些人(如历史学派的领袖施穆勒)认为它更接近于历史-社会科学。熊彼特认为这场论战毫无结果,“历史学派和抽象学派并不形成鲜明对比……他们之间唯一的区别就是他们感兴趣的问题不同”。(同上,第22页)或者更确切地说,双方关注的是同一现实的不同方面,这一现实极其复杂,不能被完全归结为一个问题或另一个问题。熊彼特在各种著作中重新提出了这种方法论立场,一再强调经济生活存在方方面面,可以从多种角度对其进行有效分析。

熊彼特的方法论自由主义的必然结果是他对方法论个人主义持谨慎态度,方法论个人主义的分析方法从个人(即个人偏好和禀赋)开始,这是新古典经济理论的根源。熊彼特(1908年,第83页)强调了科学中的个人主义与政治个人主义(自由主义)之间的区别,指出“个人主义经济科学与政治个人主义之间没有特别密切的关系”,而“从理论本身我们可以得出论点,既不赞成也不反对政治个人主义”。在此,他遵循了属于科学领域的理论命题和属于政治领域的价值判断之间的区别,[1]这也得到了韦伯的强烈支持。

---

[1] 这也是区分经济自由主义和政治自由主义的背景。人们认为前者等同于“促进经济发展和公众福利的最佳方式是消除私营经济中的一切束缚,任其自由发展”,而认为后者等同于“支持议会政体、选举自由和选择权的普及、新闻自由、政教分离、陪审团审判制度等等”(熊彼特,1954年,第394页)。

第 3 节 从静态学到动态学：周期

熊彼特在 1908 年的著作中遵循了边际主义传统，根据这一传统，经济商品的价值是通过对其稀缺性的需求来表达的。然而，他不认可杰文斯的功利主义，将价值等同于人们对商品能否满足其需求的（主观）衡量。事实上，“心理演绎只是一种同义反复。如果我们说有人愿意为一件商品支付比其他人更高的价格，因为他觉得该商品更有价值，那么对此我们并不给出解释，因为正是从他的估价中我们推断出他提出支付更高价格的事实”（同上，第 64 页）。因此，根据熊彼特的观点，所谓的边际效用递减规律“在经济学中……不是规律……而是概括已知的科学事实而得出的基本假设。因此，这种假设原则上是任意的”（同上，第 71 页）。同样，“*经济人* 这一计算快乐的机器……是一种现在已知的假设构建”（同上，第 80—81 页）。

熊彼特认为价格理论是“纯粹经济学的核心”（同上，第 106 页）。他对这一理论的阐述并非没有缺陷，也没有提出新颖的分析方法。有趣的反而是他对这个理论的解释。在他看来，他所谓的“变异方法”标志着经济均衡理论的横空出世。事实上，“我们永远无法解释经济的实际均衡状态”（同上，第 361 页），而只能考虑某个数据变化对均衡造成的后果，“这是构建这些规律的唯一原因”（同上，第 360 页）。对于无穷小的变化，这种方法，也就是现在的比较静态分析，其适用范围非常有限：“严格来说，我们的体系排除任何变化。”（同上，第 375 页）然而，经济均衡方法还是有用的，因为它可以清楚呈现经济现实中某个不断变化的特定方面：习惯、重复性、无数的“日常生活的机械行为”。

熊彼特和传统边际主义理论之间的主要区别在于利息理论。熊彼特批判了他的导师庞巴维克教授提出的理论，即“将利息定义为当期商品相对于未来商品的溢价”（同上，第 329 页），并用一种不同的“动态”方法反驳这一理论，“本质现象是利息来自信用，用于创造新的产业，形成新的组织形式，开发新技术，产出新的消费品”（同上，第 355 页）。根据熊彼特的理论，货币市场在静态系统中只起到了次要的、消极的作用，只有在经济发展过程中才发挥了积极的作用。

此观点是在《经济发展理论》中提出的。这部著名作品的第一版于 1912 年出版，是一部用德语写成的鸿篇巨制，涵盖了丰富的史学和方法论论文 ，1926 年再版，1934 年出版了英文版，删减了大量篇幅，开始广为流行。

熊彼特在这一著作中用循环流转理论和发展理论的二分法，取代了静态学和动态学之间的二分法。循环流转对应静态，其中经济体在一个个周期中不断自我复制，没有发生结构变化；在这种情况下，熊彼特也承认纯粹的数量增长，而根据定义，（在此情况下）生产技术和消费者偏好并无变化。

与此相反，发展的特点就是变化。生产者在变化过程中扮演了积极行为人的角色，而消费者只是被动跟随，“并在必要时接受生产者的教育”（熊彼特，1912 年，第 65 页）。熊彼特回忆说，“生产就是把我们所能支配的原材料和力量结合起来”（同上），熊彼特指出，“在我们看来，可以通过实施新的组合来定义发展”（同上，第 66 页），即“引进新产品”，“引入新的生产方式”，“开拓新的市场”，“获得新的原材料或半成品供应” 和“实现新的行业组织，如树立垄断地位……或打破垄断地位”（同上）。

企业家的任务就是引入新的生产组合。他们只有在作出创新选择时才会这么做。企业家概念是熊彼特理论的一个关键范畴：企业家作为变革的创造者会推动资本主义的发展（而在古典经济学家的方法中，是发展的过程产生了变化的动力），企业家的动机与经济人不同，是“创建私人王国的梦想和决心……是征服的意志，是创造的喜悦，是成就事业的畅快，或仅仅是发挥个人能力与才智的快乐”（同上，第 93 页）。

除了肯定企业家在发展过程中的作用，熊彼特还赞美了与之同等重要的银行家的作用。这一观点源于熊彼特模型中的两个关键假设。与熊彼特所遵循的传统边际主义理论一致，在均衡状态下，不存在企业家-创新者可用却未用的资源。因此，只有拥有某种专门的购买力，企业家才能实现创新，因为他们能够利用这种购买力，从旧的厂商（即一组传统的生产活动）和消费者那里获取开始新的生产过程所需的资源。这种购买力最初是由银行创造的：因此，企业家的创新力和执行力与银行家正确评判新举措是否具有潜力的远见和能力相辅相成。同企业家一样，银行家也必须接受伴随新生事物而来的不确定性（以及随之产生的亏损和失败的风险）的挑战。

如果企业家着力于创新，决定为创新融资，他们就向银行家申请贷款，如果银行家同意其贷款请求，就提供了一种支付手段使企业家可以进入市场获得生产资料。通过假设，在均衡状态下，所有可获得的生产资料都物尽其用，因此不能通过增加供给来满足额外需求。价格因此上涨，自动削弱了消费者和传统厂商的购买力。通货膨胀过程使由银行资助的新厂商通过新创建的支付手段将生产资料从其传统用途中吸引过来。这是一种“强制储蓄理论”，是奥地利学派提出的各种理论中的共同要素，与经济体趋向充分就业的观点相关。（20世纪50年代和60年代的货币主义理论认为公共支出挤走了私人投资，这一理论是对凯恩斯主义政策的回应，但也不过是强制储蓄理论的变体。）

贸易周期与发展进程息息相关。企业家创新者实现了短期利润，吸引了大量新厂商争相效仿生产创新，从而出现了扩张阶段。偿还贷款引发了信贷紧缩，从而导致衰退阶段的出现；而且，就算公司能够偿还银行贷款，这也要归功于新技术使产品在市场上有了销量，但这会打压旧产品的需求和价格，从而导致那些一直坚持使用旧生产技术的厂商破产，特别是那些最直接受到新产品竞争影响的厂商；因此，那些没有顺应创新风潮而掉队的厂商被驱逐出市场。

如果创新是随着时间的推移而均匀分布的，时而发生在一个经济部门，时而又在另一个，那么扩张和衰退的阶段将涉及不同时期的不同部门。长期看来，对于整个经济体而言，发展遵循的是经济的常规路径。然而，根据熊彼特的理论，发展过程是不连续的。事实上，创新意味着打破传统的发展方式：换言之，必须克服以传统力量为代表的障碍，以实现创新变革。经济体内的变化越广泛，这种障碍越容易克服。因此，长远看来，创新并不构成规律的流动，而是以密集的形式出现。因此，熊彼特的贸易周期理论与马克思的类似，其特征在于循环与发展之间关系的内生性——内生于这一理论中。在这两种理论中，周期结束时的情况必须与开始时的情况不同，因为技术变革在经济的周期性运动中起着至关重要的作用。

熊彼特1912年著作中提出的发展理论基本模型在《经济周期循环论》（1939年）这部鸿篇巨制中没有发生实质变化，而是通过分析完全竞争以外的市场形态以及三周期(短期、长期和非常长期)并存模式得到了进一步发展,其中 50 年周期研究的是划时代的创新,这些创新影响了整个生产系统,如伴随运输革命产生的铁路、电或当代的信息技术。

第 4 节　资本主义的崩溃

在《资本主义、社会主义与民主》(1942 年)中,熊彼特认为,资本主义无法维续,注定要被社会主义所取代。[1]

熊彼特的观点早在资本主义经济大萧条之前就已成形:[2] 它与基于投资机会丧失的滞胀理论无关(凯恩斯之后的汉森于 1938 年吸收并发展了这一理论),而是借鉴了韦伯(1904—1905)的观点,韦伯将资本主义视为一种全面理性化过程,同时影响生产活动和文化。熊彼特认为,资本主义发展存在着一种内在矛盾:经济稳定需要不断地发展,但这会给政治稳定带来越来越大的困难。这种困难在超越某一点后必将导致资本主义不可避免的崩溃。

熊彼特论证的核心,是经济发展与资本主义政治-社会基础的破坏之间的联系。这一联系包含两个方面:从积极的一面来看,反对资

---

[1] 熊彼特(1946 年,第 103—108 页)总结了他 1942 年著作的论点,并提出"自由人"概念来回应书中所述的倾向,这可能导致社会的"分解"和"中央集权主义"的胜利,而"道德改革"则借助于罗马天主教教皇庇护十一世颁布的《四十年通谕》中的法人原则。

[2] 熊彼特 1928 年(第 385—386 页)发表的文章中已经预示这本书的核心论点:"资本主义虽然在经济上稳定,并且其稳定性不断增强,但它通过使人类思想理性化,来创造一种与其自身的基本条件、动机和社会制度不相容的心态和生活方式。尽管不是出于经济上的必要性,甚至可能需要牺牲一些经济福利,它终将被改变成另一种秩序,至于是否称这种秩序为社会主义,这只是偏好或术语问题。"

本主义情绪的高涨，主要跟理性思维方式的传播和知识分子地位的提升有关；而消极的一面则是削弱了资本主义的“保护层”（主要由中小企业家构成），这些中小企业家要面对大型官僚化企业的发展。前一方面涉及马克思主义传统所考虑的资本主义社会的上层建筑，后者涉及的则是社会结构，这两个方面在社会转型过程中相互作用。[1]

经济的官僚化阻碍了企业家的创新行为以及“创造性破坏”，即行动迟缓企业的破产，这些企业为创新厂商释放资源，并不断对企业所有者和管理者进行筛选淘汰。官僚化是随产业集中的过程带来的占主导地位的市场形态变化的结果，它意味着其中的技术创新活动需要成为常规活动。（卡尔·伦纳和鲁道夫·希法亭已经提出过同样的观点。他们是奥地利社会主义的重要代表，也是熊彼特在维也纳大学的同事。）

熊彼特式的市场形态理论与传统的边际主义理论明显不同，因为它具有内在的动态特征。熊彼特（1942年，第84—85页）反对“关于竞争的运作方式的传统（静态）概念”，这会导致所谓的一价定律，他（1942年，第84—85页）指出：

> 来自新商品、新技术、新供应来源、新型组织（例如最大规模的控制单位）的竞争——具有决定性的成本或质量优势，它们打压的不是现有企业的利润空间和产量，而是它们的基础及至生计。这种竞争比另一种竞争更有效，就像把门炸开肯定比强力开

[1] 熊彼特追随韦伯，不认可马克思的唯物主义，后者认为上层建筑的演变主要取决于人类社会结构中所发生的事件；然而熊彼特并没有颠覆这种因果关系，而是在一定程度上承认这两个方面之间复杂的相互依存关系。

门更有效……（它）不仅在实际存在时起作用，哪怕仅仅作为一种永远存在的威胁，它也发挥了作用。

可以看出，竞争与新的创新企业进入市场的自由度有关。这意味着源于市场差异化的竞争障碍不怎么受重视，这也是张伯伦（1933 年）坚持的观点。它还预示着对基于市场中活跃的企业数量而言的反垄断政策的彻底批判。

产业集中的过程也会导致社会结构的巨大变化："完全官僚化了的巨型工业单位不仅驱逐中小型企业，'剥夺'企业主，并且到最后还会撵走企业家，剥夺作为一个阶级的资产阶级。在这个过程中，资产阶级不但失去收入，而且更为重要的是，丧失其职能。"（同上，第 134 页）

经济和社会变革伴随着同样彻底的文化和意识形态变化："资本主义创造了一种重要的思想体系，在摧毁了众多社会制度的道德权威之后，最终跟自身作对；资产阶级惊讶地发现，理性主义者的态度并不满足于批判国王和教皇的资质，而是继续攻击私有产权和资产阶级的整个价值观体系。"（同上，第 143 页）知识分子乐于传播对资本主义社会所持的批判态度，尤其不承认企业家充当的英雄角色，排斥资本主义的基本制度，即私有产权，从而导致了资本主义社会的"瓦解"（同上，第 156 页）。

第 5 节　经济科学之路

随着《经济理论与方法：历史札记》（1914 年）和《经济分析史》

(生前未完稿,遗著于1954年出版)的问世,熊彼特为经济科学提供了一条重建之路。熊彼特提道:

> 科学分析……不仅仅是对客观现实的逐步发现……也是与我们自己和前辈的思想创造进行不断斗争,它以“纵横交错”的方式“前进”,它的前进不受逻辑支配,但是受新思想、新观察或新需求的影响,也是由新一代人的偏好和气质决定。

在研究经济科学发展的崎岖道路时,熊彼特把注意力集中在理论和分析工具上,撇开了理念和意识形态,或“政治经济学体系”。事实上,只有当我们成功地将经济研究中的分析性方面同理念和意识形态的要素区分开来时,我们才可以像提起“穆勒时代和我们的时代之间拔牙技术取得的进步”一样,提起“约翰·斯图亚特·穆勒时代和萨缪尔森时代之间取得的科学进步”(同上,第39页)。分析工作还包括阐述概念工具来反映现实,事实上后者出现在正式模型构建阶段之前。

熊彼特在重农学派——斯密、约翰·斯图亚特·穆勒——新古典主义理论这一链条中确立了经济研究中的主要发展路径,认为李嘉图这一路径是一种偏离,它无视供求在决定均衡中的关键作用以及以下事实:收入分配问题实质上涉及生产要素价格的确定。熊彼特还批判了*经济人*的概念:

> 个人逃避痛苦、寻求满足的自觉愿望是严格的理性主义和知性主义哲学以及社会学体系的科学核心,这一体系无比贫乏、浅薄,极度缺乏对人类动机和社会凝聚力的理解。尽管它也有诸多

优点，但对于当代人甚至后代人而言，已经足以令人心生厌恶。[1]

关于经济行为人，这位奥地利经济学家在这里隐射了一种不同的并且更具吸引力的观点，即企业家-创新者（及银行家）在发展过程中具有积极的作用。这也是他的经济发展理论的根基。与许多理论家如出一辙的是，对于熊彼特来说，经济思想史的重建在某种意义上也是他理论贡献的一部分，具有双重意义：一方面通过对比和类比阐明其方法论和概念基础，另一方面强调了创新性，使之从以往整个经济学传统中脱颖而出。

[1] 熊彼特，1914 年，第 87 页；还可参见第 97 页和第 177—178 页。

第 16 章

皮埃罗·斯拉法

A Brief History of
Economic Thought

第 1 节　早期著述：货币和银行

皮埃罗·斯拉法（1898—1983）是 20 世纪重要的知识分子之一，不仅因为他在严格的经济学领域做出了贡献，也在于他对其他人（从安东尼奥·葛兰西到路德维希·维特根斯坦）产生的影响。在经济学领域，斯拉法的文化计划显示了其雄心壮志：暴露边际主义方法的不足之处，同时重新提出亚当·斯密、大卫·李嘉图以及卡尔·马克思（在某些方面）的古典方法。

皮埃罗·斯拉法出生于都灵。他的父亲是一名商业法教授，随后出任米兰博科尼大学的法律系系主任。斯拉法先后就读于帕尔马、米兰和都灵。在都灵，他读完大学预科后又就读于法律系。1917 年 3 月到 1920 年 3 月期间，他服兵役；1920 年 11 月，他在路易吉·伊诺第[1]的指导

[1] 路易吉·伊诺第（1874—1961 ）是一位务实的自由派，从 1902 年起担任都灵大学公共财政学教授，1919 年起被任命为参议员，法西斯主义在意大利盛行时，他淡出了公众视线，又于 1945 年成为意大利银行行长，1947 年担任财政部部长，后被选为意大利共和国的总统（1948—1955）。值得回顾一下的是他与克罗齐就经济自由主义与政治自由主义之间的关系所发生的争议（参见克罗齐和伊诺第，1957 年）。伊诺第和克罗齐同意经济自由主义与政治自由主义不同，前者不可能是一个绝对原则，而只（转下页）

下完成博士论文《战时与战后意大利的通货膨胀》并顺利毕业。

斯拉法这篇博士论文（斯拉法，1920 年）提出了一些原创性的想法。在分析通货膨胀时，它考虑了不同价格指数的不同演变，这些价格指数与各种社会群体的不同观点相关，比如工人和企业家这两大阶层。依赖一般价格指数（货币数量理论含此观点，但更常见的是在所有将金钱视为面纱而不影响实际变量的理论中）之所以具有误导性，正是因为它模糊了社会冲突在经济生活中发挥的关键作用。[1]而这一点也是凯恩斯（1930 年）批判货币数量理论的基础。此外，斯拉法区分稳定货币的内部价值和外部价值，换言之，即稳定国内价格平均水平和稳定汇率平均水平。根据传统的金本位理论，两者是合而为一的；但是在考虑短期问题或不可兑换的纸币体系时，这一区别变得至关重要，与当时的政策选择密切相关。凯恩斯在《印度货币和财政》（1913 年）中并没有提到这一区别，但在《货币改革论》（1923 年）中确有论述，此时他已经遇到了斯拉法[2]（1921 年 8 月）。

（接上页）是一个实用规则。然而，伊诺第强调了自由主义具有促进经济权力分散的作用（否则将集中在政府或政治精英手中）。事实仍然是，如果一个人的自由主义局限于经济领域中最为流行的自由放任主义，那么他绝不可以自称为自由主义者。因此，虽然伊诺第持保守主义观点，但为皮埃罗·戈贝蒂、卡尔罗和内洛·罗塞利以及“正义与自由”政治运动这样呈改良主义或社会主义性质的自由主义发展开辟了道路。斯拉法是达则格里奥学院的学生，又是罗塞利兄弟的堂亲，身处这种文化环境中，虽然他倾向于葛兰西的马克思主义，但始终与反法西斯民主运动的众多领袖保持着良好关系。

[1] 斯拉法（1932 年）对哈耶克的批判也以类似的方式展开。根据哈耶克的强制储蓄理论，通货膨胀时期对应的可能是比经济基本参数所支持的速度更快的资本积累，但经通货紧缩过程，系统则会自动回归到长期均衡状态。斯拉法（1932 年，第 110 页）强调，重建货币均衡状态并不能使每个经济行为人都回到初始状态。

[2] 斯拉法的早期著述（1922 年 a，1922 年 b）讨论了货币和银行业问题，显示了他作为一个经济学家，具备全面掌握这些问题的素养。他的主要兴趣在于纯理论研究，同时对制度细节的掌握也非常扎实，也能对现实世界具体问题作典型分析。

第 2 节　对马歇尔理论的批判

1923 年 11 月，斯拉法在佩鲁贾大学担任讲师，可能就在这个时期他加深了对理论问题的研究兴趣。在 1925 年，他用意大利语发表了长篇文章《论成本与产量的关系》，对马歇尔的厂商和行业均衡理论提出了彻底批判，由此参与了约翰·哈罗德·克拉潘（1873—1946）发起的关于报酬规律的辩论。

马歇尔理论指出了三种情况：随着产量增加，平均单位成本保持不变，则报酬恒定；平均单位成本减少，则报酬递减；平均单位成本增加，则报酬递增。克拉潘（1922 年）认为这三个类别是"经济空盒"，不可能用真实行业的具体案例来解释说明。[1] 斯拉法（1925 年）对此持有异议，他认为"空盒"问题与如何将这三个类别应用于实际情况无关，而是源于厂商和行业均衡理论中不可逾越的理论困难，这是概念混淆造成的：在古典政治经济学中，报酬递减规律与地租问题

[1] 克拉潘的文章引起了学术界的极大反响，首先是庇古（1922 年），这位捍卫一系列马歇尔正统理论的骑士。还有其他学者继续加入辩论，其中包括丹尼斯·罗伯逊（1924 年）、阿林·杨格（1928 年）、莱昂尼尔·罗宾斯（1928 年）、杰拉尔德·肖夫（1928 年）、约瑟夫·熊彼特（1928 年）和罗伊·哈罗德（1930 年）。阿林·杨格（1876—1929）强调了报酬递增的重要性，他对经济思想发展的影响往往是间接的，例如，奈特（1921 年）和张伯伦（1933 年）在他的指导下完成后来成为名著的博士论文。肖夫（1887—1947）是马歇尔的学生，尽管他发表的论文只有寥寥几页，但却是"剑桥学派"中一位有影响力的成员。罗宾斯（1898—1984）在 20 世纪中期占据伦敦经济学院的核心地位（他从 1929 年起担任教授）；他支持哈耶克反对凯恩斯，以主要成员身份积极参与关于当代政策的辩论，从 1960 年起，他曾担任英国《金融时报》总裁，他最负盛名的作品是《关于经济科学的本质和意义》（1932 年），他也因对经济学的定义而闻名（"经济学是研究人类行为的科学，这种行为指目的和具有替代用途的稀缺手段之间的关系"，同上，第 16 页），他还撰写了重要的经济思想史著作。

相关(即与分配理论相关),而报酬递增规律与分工相关,也就是说与总体经济进步相关(即与生产理论相关)。马歇尔试图将这两种规律置于同一层面,单单用一种不成比例的报酬规律对其进行协调,以便将厂商或行业的成本表示为产量的函数。由此,我们得到每个产品的供给曲线,同从边际效用递减规律推导出的相应需求曲线对立而设。

然而,正如斯拉法所表明的那样,这意味着将递增报酬和递减报酬转移到跟原始范围不同的领域中,这使得我们难以在新的领域应用这些最初用来解释成本变化的理由。特别是,报酬递减与生产要素比例的变化有关,而递增的报酬则来自生产扩张和劳动分工细化。当生产要素稀缺时,才会出现报酬递减的情况。现在,除非我们确定整个行业的所有厂商都使用稀缺要素,否则与所研究行业产量增加的相关的平均成本变化,将与其他使用相同要素的行业同时经历的成本变化处于同一数量级。因此它违反了局部均衡分析中隐含的“其他条件不变”假设:其他商品价格变化了,需求曲线改变了。

至于递增报酬,它不可能在个别厂商中存在,否则厂商会继续扩张,直到它们达到与竞争假设不相容的规模。它也不能在各个行业中同时存在,否则会再度违反“假定其他条件不变”这一条款。因此,他提出了外生于个别厂商但内生于整个行业的生产经济范畴:尽管是一个不切实际的范畴,但显然不能将其作为一般假设。总之,马歇尔的建构不能满足逻辑一致性的要求,除非采用不切实际的特定假设,这显然无法为针对一般阐述而设计的理论打下充分的基础。

第 3 节　不完全竞争与对代表性厂商的批判

斯拉法于 1925 年用意大利语发表了一篇论文，随后又在《经济学杂志》上发表了一篇英语文章（斯拉法，1926 年），篇幅比意大利语版的要小得多。文章的上半部分概述了意大利语文章的主要观点，第二部分则详细阐述了一种独创性的研究思路：不完全竞争理论，它的优势在于可以跟报酬递增和报酬不变情形同时存在，同时体现了马歇尔著作中体现的种种现实特征。他的主要观点是：作为市场不完美性的结果，对于每一个行业而言，即使其内部存在众多厂商，每一个厂商面对的仍是一条特定的、斜率为负的需求曲线。然而根据传统的竞争理论，每个厂商应该面对一条水平的需求曲线。但是，斯拉法强调了这一方法的局限性，因为它忽视了新厂商进入行业的可能性，从而忽视了古典意义上的竞争，即资本为追求利润最大化而在部门之间流动。因此，斯拉法并没有热衷于在 20 世纪 30 年代盛行一时的不完全竞争，转而关注古典的竞争概念。而且，古典的竞争概念构成了斯拉法在 1960 年著作《用商品生产商品》中提出的研究思路的基础。

斯拉法参与了"报酬递增和代表性厂商"研讨会，他的投稿发表在 1930 年 3 月号的《经济学杂志》中，这里他对厂商和行业理论这一传统框架的背离显得更为彻底。这些短文的结论是对当时主流观点的明确背离："我们不能通过一种特定的方式来解释马歇尔的理论……使其在逻辑上能够自圆其说，同时又使它能够与其试图解释的事实取得一致，"因此，"我认为……它应当被抛弃"。（斯拉法，1930 年，第 93 页）

这里，斯拉法的批判针对罗伯森（1930 年）提出的马歇尔理论中的进化论观点，其基础是厂商的生命周期。马歇尔已经使用过这一概念，试图使报酬递增能够与厂商的竞争均衡同时成立。厂商就像一个生物有机体一样，经历发展的不同阶段，从成熟到衰退；代表性厂商处于这一发展过程的中点，即规模报酬递增阶段。马歇尔自己也曾指出，这一类型的概念认为厂商的扩张取决于企业家能力的生命周期，因此它可能适用于直接由家庭进行管理的企业而不是现代股份制公司。

因此，罗伯森的这种生物学意义上的类比是为马歇尔分析进入的死胡同（受困于报酬递增和竞争均衡的矛盾）找到了一个虚幻的出口。斯拉法能够轻松地指出这些生物学比喻看似能破除分析困境，但并不能填补这些分析结构内在的逻辑连贯性空白："在其论述的关键点上，厂商和行业退出了这一画面，取而代之的是树木和森林、骨头和骷髅以及水滴和波浪——实际上他利用了所有自然界的元素来丰富自己的比喻。"（斯拉法，1930 年，第 91 页）

第 4 节　剑桥：维特根斯坦和凯恩斯

由于斯拉法发表于 1926 年的文章产生了重大影响，凯恩斯为斯拉法提供了剑桥大学讲师的职位；在葛兰西入狱后，作为一名反法西斯主义者，斯拉法也受到了威胁，于是他决定移居英国。在那里，他从 1927 年一直生活到 1983 年去世。在英国，斯拉法开展的研究沿着三条思路，它们都与一个伟大的文化构思有关：1930 年，经凯恩斯提议，皇家经济学会委托他完成李嘉图著作评注版的编辑工作；他对价值理论领域进行研究，最终出版了《用商品生产商品》；同时他对凯恩斯理论的发展也作了研究。而且斯拉法还在剑桥结识了一位好友——奥地利哲学家路德维希·维特根斯坦（1889—1951），斯拉法对后者产生了非常重要的影响，特别是在从《逻辑哲学论》（1921 年）的逻辑原子主义到《哲学研究》的成熟观点的转变上。《哲学研究》是在维特根斯坦去世后于 1953 年出版的。

维特根斯坦早期和晚年立场之间存在着一个清晰的变化。这里我们关注的是对我们而言具有最直接意义的方法论结论，当然只是以一种极端简化的形式。《逻辑哲学论》认为一方面世界及其构成要素（“事实”）存在着对应关系，另一方面世界与我们对世界的再现（它的构成因素是用“命题”反映的“思想”）也存在对应关系。维特根斯坦以此为基础，认为我们可以构造一组逻辑的、公理性质的命题，其中每一个命题描述一件“事实”，它们一起描述的是世界；即使不是整个世界，也是其中可以用理性形式描述的一切。对于那些无法进行理性描述的情感、宗教信仰以及美学判断等，维特根斯坦说：“一个人应当保持沉默。”

但是，在斯拉法的影响下，维特根斯坦在《哲学研究》中抛弃了认为语言是对世界的“镜像反映”的观点以及“不可言说”观点，同时发展了一个新的理论。不只存在一种语言，维特根斯坦（1953 年，第 21 页）断言：“而是存在无数种：这些彼此不同的无数种语言，我们可以将它们的用途称为‘符号’‘文字’以及‘句子’。而且这种多重性也不是一次就能获得的固定事物，我们可以说，新的种类的语言和新的语言-游戏不断形成，而其他的则因过时而被遗忘。”一般而言，“一个词语的含义就是它在语言中的用途”（同上，第 33 页）。然而，文字并不与现实中的简单要素对应,而且对这些简单要素是无法进行严格定义的,我们也不可能创造出一种一般的语言理论。

我们不知道斯拉法是否同意维特根斯坦思考得出的结论。也许我们可以在斯拉法对一种承认社会要素(“语言学游戏”所发生的环境)、规则、惯例作用的理论以及方法论选择的偏好上,感受到他的政治兴趣。他的方法论选择的偏好,即抛弃那些从基本构成部分开始,假装可以描述世界的任何以及一切方面的包罗万象的理论,而选择理论构建中的灵活性,针对每一种情况中所研究的特定问题。

在葛兰西和维特根斯坦之后,同斯拉法进行了丰富交流的20世纪文化界的另一个重要人物,就是约翰·梅纳德·凯恩斯。凯恩斯比斯拉法年长15岁,曾多次为斯拉法提供重要帮助:从他早期作品的出版,到在剑桥大学的就职,到李嘉图著作评注版编辑工作的委托。斯拉法仅有一本著作是与他人合著的,合著者就是凯恩斯:两人都是热心的藏书家。1938年,他们编辑再版了一本极为罕见的小册子《“人性论”概要》(休谟,1740年),辅之以一篇学术气息浓厚的介绍,其中包含了有力证据,证明这一著作的作者是休谟而不是人们通常认为的亚当·斯密。斯拉法还负责凯恩斯《货币改革论》意大利语版(1925年)的出版工作。

与我们的直接研究目的更为密切相关的,是两人在经济学理论领域的文化交流。在这一方面,我们可以回顾四个事件:斯拉法的毕业论文可能影响了凯恩斯关于旨在稳定国内物价水平的货币政策和旨在稳定汇率水平的货币政策的区分;他参加了促使凯恩斯从《货币论》转向《通论》的讨论;他对哈耶克理论做出了关键性贡献(斯拉法,1932年),凯恩斯从中得出了自己的利率理论,构成了《通论》第17章分析的核心；最后一个是斯拉法自己在《用商品生产商品》序言中（1960 年，第 vi 页）回顾的："1928 年，凯恩斯在阅读了本文首章观点的草稿后建议，如果不应当假设存在报酬不变，那么就应当着重提醒这一点。"凯恩斯指出的这一点具有十分重要的意义，因为有关报酬的假设的缺失，构成了斯拉法这部著作的一大鲜明特点，它首先意味着对边际主义均衡概念的放弃。因此，凯恩斯与他的探讨很可能对斯拉法观点的发展起到了重要作用。

第 5 节　李嘉图著作的评注版

就连罗伯森（在 1930 年的学术讨论会上）和哈耶克（在 1932 年的争论中）这样的经济学家也很难理解斯拉法的目标，这本身表明边际主义方法在 20 世纪上半叶对古典传统的侵蚀到了何种程度——因此有必要重新发现基于剩余概念的古典方法。斯拉法耗了将近 30 年的时间编辑李嘉图著作的评注版，就是为了追求这一古典方法。

在斯拉法开始这一工作前，对于李嘉图的理论，最为普遍接受的解释是由马歇尔（1890 年，附录 i）提出的。根据马歇尔的观点，在某种程度上李嘉图是现代理论的不够精确甚至片面的先驱（因为他在什么决定价格中考虑的是生产成本，即供给而不是需求）。另一种常见的解释是由杰文斯（在《政治经济学理论》第 2 版序言中）提出的，他认为李嘉图应当为经济学严重偏离真正的科学道路负责。不管依据哪一种解释，人们都没有必要在李嘉图的著作上浪费时间。人们最多可以把他的地租理论作为边际生产率递减原则的先驱，另外值得一提的或许还有他的基于比较成本原则的国际贸易理论。

斯拉法的《李嘉图著作和通信集》评注版被一致认为是文献学的严谨的典范。最重要的是,斯拉法正是因此于1961年被瑞典皇家科学院授予金质奖章:之前这一荣誉也曾被授予凯恩斯和缪达尔这样的经济学家,而且这一奖章可以被视为1969年才诞生的诺贝尔经济学奖的前身。这一版本所包含的著作和所用的注释以及斯拉法在第一卷中的导言(最为重要的),一起将对李嘉图思想的解释(本质上就是第7章所阐述的内容)从边际主义著作画蛇添足的误导中解放出来,从而使李嘉图,以及通过他使整个政治经济学的古典方法重新在经济理论中获得关键地位。斯拉法特别强调了剩余概念以及作为生产和消费循环流的经济体系概念的重要意义。剩余的规模(即亚当·斯密所研究的国家财富和劳动分工的问题)、剩余在不同社会阶层中的分配(李嘉图在《原理》中所关注的问题)以及它在非生产性消费或积累中的使用,构成了古典经济学家分析时所关注的问题。正如斯拉法(1960年,第93页)所指出的,它们"与现代理论所提出的从'生产要素'到'消费品'这一单行道观点形成了鲜明对比"。

第6节 《用商品生产商品》

我们在第7章已经看到,李嘉图提出的分析性陈述存在一个弱点,就是以下假设:相对价格与不同商品的生产所需要的劳动量成正比。斯拉法在《用商品生产商品》(1960年)中在古典概念的框架内为这一问题提出了解决之道。因此,李嘉图著作评注版和斯拉法自己从事的理论研究之间存在着紧密关系。

斯拉法采取了与古典经济学家类似的研究方法,其分析核心是以劳动分工为基础的经济体系。在这个体系中，一个部门所生产的产品与其需要的生产资料（包括该部门所雇用工人的生活资料）并不一致。每一个部门不能单独延续其活动，必须至少用自己生产产品的一部分与经济体中其他部门交换，以获得自己所需的生产资料，由此出现了一个交换网络。正如斯拉法所表明的那样，交换率（关于价格的）的问题跟工人、资本家和地主之间的收入分配问题相关。这两个问题的相关性构成了古典传统中的价值问题。

因此，商品价值并不是来自对某种商品的主观欣赏，而是源于商品生产难度（技术）的客观要素，以及经济体内各部门和社会阶层之间的联系。而且，斯拉法分析的基础是那些能反映资本主义基本特征的假设（一价定律，工人、资本家和地主的社会阶层划分，以及统一利润率）。

如果一组商品同时既是产品又是生产资料，那么不能脱离其他商品来独立决定其中某一种商品的价格，也不能脱离收入在利润和工资之间的分配来决定一组相对价格。我们必须同时考虑收入分配和相对价格的决定。这正是斯拉法在其 1960 年著作中所采取的研究思路。

斯拉法在《用商品生产商品》的序言中强调，他对价格和分配变量关系的分析并不需要假设规模报酬不变。斯拉法在序言中补充道："作为一种暂时有效的假说，""任何习惯了用供求均衡方法思考的人都会倾向于……假设，这一论点的基础是一个隐性假设，即所有行业的报酬不变。"（斯拉法，1960 年，第 v 页）由于报酬不变这一假设，对相对价格和收入分配关系的分析可被视为一般经济均衡的边际主义模型的一部分，其中最初给定的生产要素能够与经济主体的最终需求相一致。通过这种方式,斯拉法的分析可被“解释”为边际分析的一个特例,因此可以以它为基础,来(从内部)批判关于价值和分配的传统边际主义理论的逻辑不连贯性。但事实上,在斯拉法的阐述中根本没有提到由供求相等决定的均衡价格,而均衡价格正是边际主义经济理论的特征。[1]

现在让我们来阐明斯拉法分析中的各个步骤。作为第一步,斯拉法(1960年,第3页)表明,在一个只为维生而进行生产的体系中,“产量只是足以维持体系自身的需求”,其中“产品是由不同的行业生产的”,并且在生产阶段结束时,“在集市上和其他产品交换”,“存在一组独特的交换价值,如果市场采用了它们,就能复原产品的初始分配,并且使这一过程能够不断重复;这样的价值直接源于生产方法”。

如果所研究的经济体系能够生产剩余,那么“剩余的分配必须和商品价格同时通过同样的机制来决定”(斯拉法,1960年,第6页)。如果工资超过维生水平,相对价格和两个分配变量的其中一个可以同时得到确定,条件是技术和其他分配变量已知;工资越高,利润率就会越低。“工资变化引起的相对价格变化的关键在于不同行业所使用的劳动和生产资料的比例不相等。”事实上,“如果这一比例在所有行业中都是相等的,那么价格就不会发生变化”,然而“这一比例不相等时,价格就不可能保持不变”(同上,第12—13页)。

斯拉法(1960年,第18—33页)还构造了一种特别的分析工具,即“标准商品”。有了这个工具,在经过适当的重新定义之后,他能够解决李嘉图遇到的不变价值度量问题。事实上,李嘉图赋予了价值标

[1] 关于这一点以及对斯拉法著作的解释,参见荣卡格利亚(1975年,2009年b)。

准度量这个概念两种含义，它们不应当被混淆：一种是指收入分配发生变化、技术保持不变时，这一价值标准度量拥有不变的价值（相对于为获得它而必需的一组生产资料而言）；另一种则是指技术变化时（对比较贫瘠的土地的开垦、技术进步），这一价值标准度量拥有不变的价值。斯拉法用“标准商品”解决了第一个问题。它是一种复合商品（即一组有特定比例的商品），用来生产它的生产资料总量和它本身具有相同的构成。因此，在标准体系中——产品由一定数量的标准商品构成的一个抽象的经济体系——假设生产成本包括工资，我们就可以确定利润率就是两个实质同质的数量的比率：剩余，即产品和生产资料之间的差额，以及资本家预付的生产资料。至于第二个问题——面对技术变化时的不变性——所含的劳动作为生产难度的一个广义的但不完美的指标仍然具有重要意义。但是这也有一种风险，即将形而上学和主观主义的色调带入到经济学论述中（把劳动视为辛苦和烦恼）。因此，斯拉法好像暗示一种对马克思的重新诠释。

斯拉法用联合产品以及这一范畴中的固定资本品、稀缺生产资料或不可再生的生产资料（如土地）为例完成了生产价格分析。这一著作的最后一章研究了在利润变化时如何从经济角度选择生产方法。此外，还有四个附录，包括参考文献，其中斯拉法明确地将自己的分析同古典经济学家的分析联系起来。

第 7 节　对边际主义方法的批判

斯拉法的著作在古典方法的框架内提出了生产价格理论，同时它还为批判价值和分配的边际主义理论基础提供了工具。但是我们需要做好相应的准备工作以避免误解。这种误解就是将斯拉法的分析理解为一种规模报酬不变假设前提下的一般均衡分析,可以通过关注生产成本(即供给侧),抛开需求侧来解释价格。斯拉法很明确地一再否定(在其著作序言中就有三次)他的分析需要报酬不变这一假设。

“没有出现任何报酬变化或不变的问题。我的研究只关注经济体系的如下特点,即这一体系不依赖生产规模或‘要素’比例的变化。”(斯拉法,1960 年,第 v 页)但是,我们可以将得到的关于生产价格的分析性结论,调换到边际主义概念框架中,从而对边际主义价值和分配理论中存在的逻辑不一致作出内部批判。

斯拉法著作中可以直接用作边际主义价值和分配理论批判基础的结论,涉及平均生产周期和技术选择。庞巴维克(1889 年)提出了平均生产周期概念,它可用来衡量生产资本密集程度。斯拉法表明,尽管平均生产周期取决于利润率,在利润率被解释为资本这种生产要素价格的情况下,不能用平均生产周期来衡量资本。维克塞尔(1901—1906)已经感知到了这种困难,但奥地利学派的当代领军人物,包括哈耶克(1931 年),后来还是又使用了平均生产周期这一概念。[1]

关于在利润率发生变化时在多种生产技术中进行选择的问题,斯拉法(1960 年,第 81—87 页)指出了“技术再转换”的可能性;换言之,某种技术对某一利润率而言最有利,当我们调高利润率时,最有利的

[1] 哈罗德在 1961 年写的一篇对斯拉法著作的评论中回顾道,对于任何水平的利润率,尽管存在复利,我们仍然可以明确地定义平均生产周期,由此坚持捍卫了奥地利学派的理论价值。斯拉法(1962 年)回复道,这一事实并不充分,因为在这里我们陷入了一个逻辑上的恶性循环:为了确定应当使用的平均生产周期(作为度量决定利润率的生产的资本密度的尺度),利润率必须是已知的。

技术可能变成了另一种。当利润率进一步提高,最有利的技术又会发生改变。这一事实的含义在于:不管我们如何衡量两种技术的资本密集度(或者说资本和劳动使用数量的比率),作为边际主义价值理论基础的一般规律总是自相矛盾的。这种规律将工资率和利润率这些分配变量视为对应的生产要素的价格(由供求定律所决定),因此随着利润率上升(从而工资下降),生产中所使用的资本数量下降(并且劳动数量增加)。在"技术再转换"的情况下,违反边际主义原则是不可避免的:当利润率提高,一种技术被另一种技术所取代的时候,该原则成立;当利润率进一步提高,经济体从第二种技术回到第一种技术时,就会发生相反的情形。

这一批判引发了广泛的争论。[1] 然而其相关性这一关键问题却较少得到关注。斯拉法的批判不仅适用于总生产函数,而且适用于以下所有情形:尽管承认资本是异质生产资料组合而成这一事实,不管在哪种定义中(总体价值、"等待"、平均生产周期),利润率仍被解释为生产资本要素的价格。斯拉法的批判动摇的正是边际主义宏观经济学理论中关键观点的基础:实际工资率和就业水平呈逆相关,封闭

[1] 与斯拉法的著作发表几乎同时,加列格纳尼(1960 年)直接批判了边际主义传统的一些主要理论。继斯拉法著作出版之后,经济学界展开了一场激烈的争论。在上一条注释已经提到过第一次短兵相接(哈罗德,1961 年;斯拉法,1962 年)。第二次冲突始于萨缪尔森 1962 年的一篇文章,他试图把总生产函数描述成一种"并不违背市场经济本质特征的寓言",以及勒哈里(1965 年)试图表明斯拉法所提出的问题(如技术改换的可能性)针对的只是单独一个行业而不是整个经济体系。这些观点立即被加列格纳尼(1970 年)、斯潘万塔(1968 年)以及帕西内蒂(1966 年)驳斥。萨缪尔森(1966 年)和勒哈里(连同萨缪尔森,1966 年)也认识到了他们自身观点的谬误。帕西内蒂(1969 年)批判了对索洛(1963 年、1967 年)的依赖,以及费雪提出的收益率概念,它被认为是可以独立于利润率而进行定义的资本数量的指数,因此可以用来解释利润率。

经济中的竞争性劳动力市场会自动趋向充分就业均衡，因此失业导致的实际工资的下降会促进劳动-资本比率的上升，因此，在资本到位的情况下，雇佣劳动力的数量必然增加。斯拉法的批判不仅驳斥了对于分配变量、工资率和利润率存在均衡（最优）价值这一观点，还支持了凯恩斯的批判，否认了竞争性劳动力市场会自动趋向充分就业。[1]

第 8 节　斯拉法学派

众多经济学家追随斯拉法从而取得了大量研究成果：首先是关于经济思想史的研究，重构了古典方法及其与边际主义方法的差异；其次是关于资本论的争论以及经济学研究不同领域对边际主义方法的批判；最后是斯拉法的生产价格分析的分析层面的发展，并将其用严格的数学术语表述。至少存在三次对政治经济学进行的比较整体性的重构。简单起见，我们分别将其与古典方法的三大主要代表人物的名字联系起来，他们分别是亚当·斯密、李嘉图和马克思。

帕西内蒂（1960 年、1965 年、1975 年、1981 年）的“李嘉图主义”重构始于后凯恩斯主义分配理论（帕西内蒂，1962 年）：一旦工人和资本

---

[1] 顺便提一点，这意味着在过去几年里由所谓华盛顿共识坚持推进的所谓结构改革，旨在降低工人的议价能力，必定影响了收入分配。它对就业的影响是积极还是消极，由具体情况而定（凯恩斯的理论表明更有可能是消极影响）。

我们还可以补充说，斯拉法对古典方法的复兴看上去和凯恩斯的方法是一致的。摈弃基于供求机制决定价格和数量均衡的方法，使我们能够认为价格决定和数量决定是不同的分析问题，从而为凯恩斯基于有效需求的概念决定生产和就业水平开辟道路。再者，斯拉法（1960 年，第 33 页）关于利润率对利率影响的引用，暗示了促成实体经济演化的货币因素和金融因素的重要性（换言之，即对货币中性的引用），他引用的是凯恩斯方法论中的一条主要原则。参见荣卡格利亚和托维罗纳齐，2015 年。

家的储蓄倾向和增长率给定，工资和利润之间的收入分配就与投资水平相关。随后，他发展了垂直一体化部门理论（帕西内蒂，1973 年）。这是分析“利用它（经济体系）的所有潜在可能性使它得以发展和获利的条件”的背景（帕西内蒂，1981 年，第 25 页）。具体而言，在任何垂直一体化的部门中，“自然”利润率（根据部门不同而不同）必须能够确保利润总量等于投资的均衡价值，即：投资总量能够使产量扩展的速度等于“人口增长率”和“每种消费品人均需求增长率”之和（1981 年，第 130 页）。为了解释需求结构的长期变化，帕西内蒂使用了“恩格尔定律”，从而避免了使用任何主观因素，如效用图和消费者偏好。人均收入和需求的增加对应的是由技术进步（它可以在不同部门以不同速度发生）带来的人均产品的增加。

均衡概念在这一语境中具备了一种规范意义，它与充分使用可得的全部劳动力和产能这一假设有关。换言之，帕西内蒂的分析关注的是确保充分就业的必要条件，而不是与具体制度相关的经济体系的实际行为。[1]

加列格纳尼（1981 年、1984 年）的“马克思主义”重构在斯拉法 1960 年所分析的涉及生产价格和分配变量的一组关系中，找出了古典经济学家以及马克思和斯拉法共有的分析核心：工资率、社会产品和技术是用来决定利润和地租的分配份额以及相对价格的数据。作为不同的逻辑阶段，其他问题也被纳入了考虑范围，比如工资率的确定、产品和技术。然而，在分析核心内“可以假设充分确定形式的一般数

[1] 关于这一方法的局限性（这一分析具有规范性质，技术进步具有外生性质，分析中没有包含市场形式和货币及金融因素的作用，以及“短期”因素在“长期”演化中的作用），参见荣卡格利亚，1990 年 a，第 207—209 页。

量关系”，在分析核心外“经济体的各种关系错综复杂，而且随环境的变化而变化，因此不存在充分确定形式的一般数量关系”。[1]

保罗·索罗斯·拉比尼(1954年、1956年、1972年、1974年、1976年、1984年、2000年)发展了斯密对古典政治经济学核心内容的解释。他发起的重构古典政治经济学这一计划的核心，是市场形态在与积累和技术变化的互动中的作用。这意味着在分析核心引入一条斯密式的因果链，这一因果链从分工的变化(即技术变化)开始，到市场形势的长期变化，再到积累的速度，加上关乎公共政策和政治-制度环境的方面，最后到收入分配。通过这种方式，尽管作为斯拉法分析核心的生产价格和收入分配之间的关系仍然是经济学理论化的核心支柱，分析的主要目标却是国民财富，在不同国家决定国民财富长期发展的因素，尤其是不同群体的经济主体之间收入和财富的分配。换言之，为了对我们所处的经济体系的发展重新提出一种古典解释，仅仅依靠斯拉法在《用商品生产商品》中展开的分析是不够的——不管是从逐渐扩展一种基本形式模型的角度，还是从逐渐扩展一种受限制的因果关系分析核心的角度。

这些进展的多样性本身就证明了斯拉法所开创的研究项目具有生命力和吸引力。

[1] 加列格纳尼(1990年，第123—124页)。关于这一区别的批判，参见荣卡格利亚(1990年a，第209—211页，和1990年b)。

第 17 章

分崩离析的时代

A Brief History of Economic Thought

第 1 节　从大西洋的一侧到另一侧

这一章所涵盖的领域非常宽泛，因此，我们并不会去作广泛但不完整的调查，而是去探索研究的主要脉络。

二战结束后，经济文化的中心就从欧洲转移到了美国。很多经济学者为了逃避种族歧视或政治迫害移居到美国。一个本土没有遭战争毁坏的战胜国积聚了财富，这形成了另一重要的优势。比如在美国的大学里，富布莱特奖学金资助了很多年轻的欧洲经济学者以及访学教授。再者，大量的基金会（比如考尔斯基金会或者兰德公司）和始于二战、延至冷战时期的军事项目也支持了经济学研究（在一定程度上将其引导至一些具体的问题上）。

直到最近，经济学发展的这一方面才引起足够的重视（米卢斯基，2002 年、2012 年）。战争引发的迫切问题加上美国文化中的实用主义倾向，可以解释欧洲的文化氛围跟一种从美国走向世界进而统领世界的经济文化之间的差异，尽管我们会看到这种经济文化有很多变体，并且从未大获全胜。

尽管美国的经济文化仍然处于边际主义传统的概念框架内（这是

一条单行道：从稀缺资源通向人类需求和欲望的满足），但其重心已经从社会分析转向决策分析，从一般均衡的参数分析转向一般均衡的战略博弈论分析（即从假设个人决策独立于其他所有个人的决策，到考虑个人决策之间的相互依存性）。由此产生了理性经济人概念，这一概念成了理论构建中的主要支柱，同时又是理论构建中的薄弱点。经济文化重心的转变也推动了经济学的发展，它被理解为理性选择分析，使之囊括了人类生活的方方面面，这也就是所谓的经济学的帝国主义。

理性概念是以一种公理化的方式建立起来的，它暗示了边际主义传统[1]依附于功利主义基础。因此，我们会在下一节将它作为分析近期经济学研究新途径的起点：这一分析已经变得更为复杂，因为活跃在大学和研究中心的经济学研究者数量激增。经济学专业化，这一在马歇尔时代已经可以感受到的趋势，如今已经占据主流地位，并且给经济学研究施加了科学标准，这一标准在库恩（1962 年）称为“常规科学”的各阶段颇为典型：内部一致性、与主流研究传统基本原理的连贯性，以及坚决把一切不能融入主流传统的研究都拒之门外的态度。因此，所谓的主流变得越来越重要。主流方法结合了对数学模型的盲目推崇（基于对经济行为人的单维认知），以及在政策上对自由主义的强烈倾向。

第 2 节　新基础：一般均衡理论及预期效用

两个因素——一个较笼统，另一个较具体——需要在这里强调一

[1] 作为类指的“家长”（pater familias）所拥有的判断力暗示了许多非常不同的涵义，这个概念本身不足以构建效用函数。

下：把个人决策问题作为经济学起点的选择，和冯·诺依曼的作用。第一个因素可能归因于军事上对决策问题的科学(客观)规划的兴趣；第二个要素可能归因于这位匈牙利数学家的才华，以及他在二战期间以及战后作为顾问参与的各种活动(包括参与研制原子弹的曼哈顿计划以及第一代计算机的研发)。

约翰·冯·诺依曼(1903—1957)出生在匈牙利首都布达佩斯，在30 年代早期移民到美国。1933 年，诺依曼成为普林斯顿大学高级研究院最年轻的成员，阿尔伯特·爱因斯坦是他的同事。诺依曼是均衡增长(冯·诺依曼，1937 年)这一著名模型的创建者。从 1940 年开始，诺依曼除了从事顾问的工作，还和奥斯卡·摩根斯坦恩[1](1902—1977)合著了《博弈论与经济行为》(1944 年)，该书对美国经济学研究的发展产生了重大影响。

《博弈论与经济行为》运用公理化的分析，系统地阐述了 n 人的零和博弈，概括性地介绍了非零和博弈。同时，它也运用了预期效用的概念，这个概念包含了对消费者选择使用稀缺资源问题的延展。每个选择行为不一定产生某个明确的单一结果，而是产生多种可能的结果；于是经济行为人需要同时评估每种结果的效用和概率，从而从其选择中计算出预期效用，即不同结果的效用与其概率加权后的平均值。

为了分析预期效用，冯·诺依曼和摩根斯坦恩(1944，第 26 页及以后各页)介绍了假设系统。这个系统在本质上跟经济行为人个人偏好(如果比起 B 我更喜欢 A，比起 C 更喜欢 B，那么比起 C 我肯定会更

[1] 摩根斯坦恩由于政治原因于 1938 年从维也纳移居到普林斯顿。

喜欢A)以及不同结果概率的完整性、连续性和传递性相一致;此外,每一个偏好关系都被认为是独立于其他事件的(也就是不存在外部效应)。这一整套假设确保概率和效用(因此也确保了预期效用)保留了数学期望的特性。再者,概率和效用都被认为是可以测量的(可计算的)。[1] 因此,假设经济人拥有完整信息,我们可以确定符合"理性行为"的决策(整个体系的解决方案),使预期效用最大化。

博弈论的方法认为每个经济行为人都会考虑其他经济行为人的决策,这使得我们从分析孤立的经济行为人(杰文斯对鲁宾逊·克鲁索的分析),转向分析经济行为人面对其他经济行为人时作出的选择,从而分析经济行为人相互作用的经济体内的一般均衡。在完全竞争的情况下,这与瓦尔拉斯及其追随者所作的分析并不存在实质性差异;然而,冯·诺依曼和摩根斯坦强调联盟的重要性。所谓联盟,就是允许合作可能性的博弈。然而他们的后续研究却专注于非合作博弈,特别是在信息不完整的条件下。简单来说,我们可以说一般经济均衡分析聚焦于市场的相互依存性,而冯·诺依曼和摩根斯坦恩——大体而言是他们所开创的广泛研究——聚焦于理性经济人的选择。

众所周知,紧随冯·诺依曼和摩根斯坦恩(1944年),萨维奇做出

---

[1] 偏好顺序本身的常规假设(完备性、传递性、连续性)暗示着序数效用函数;冯·诺依曼和摩根斯坦恩根据对于"以结果概率加权的效用的算术平均值"的假设(我把这归功于奥尔多·蒙特萨诺)得出基数效用函数。偏好顺序可以通过询问个体主体获得(同上,第18页笔记);这些数据被认为是可复制的(同上,第24页:这意味着,尽管两位作者没有明说,个人偏好系统不会随时间的推移而变化)。

冯·诺依曼和摩根斯坦(1944,第17页)认为效用是一种自然现象,可以被客观地测量,并且追随边际主义的前帕累托传统:即使今天效用显得非常非数字化,热理论的历史经验会重演,就如光理论、颜色论以及无线电波论所经历的那样(以不同的方式)。

了重要贡献，出版了《统计学基础》（1954 年）。该书保留了预期效用的概念，并对这个概念进行完全公理化的处理，把它与德福内梯和拉姆西提出的概率的主观主义观点整合在一起，从此，《统计学基础》被视为现代推断统计学的基础。

这个研究的分析结果很重要，但我们不能把它看作是瓦尔拉斯一般均衡研究计划中最辉煌的时刻。基于公理化方法和拓扑学的运用，我们可以从传统瓦尔拉斯式方法的发展中（因此在假设完全竞争和没有组合的情况下）学到很多：与表明存在一般均衡模型解决方案的结果同时出现的，是均衡独特性和稳定性方面的负面结果（瓦尔德，1936 年；纳什，1950 年；阿罗和德布鲁，1954 年；德布鲁，1959 年）[1]。根据决策论对这个问题的重构，为规避这些问题以及凸偏好集假设的缺陷开辟了道路。凸偏好集假设很明显不现实，特别是把它应用到生产技术上的时候。[2] 不管怎样，经济理论的系统陈述忽视了这些缺陷，从萨缪尔森的《经济分析基础》（1947 年）开始就如此（这本书是一代又

[1] 20 世纪 50 年代早期，罗拉尔·德布鲁（1921—2004，1983 年诺贝尔经济学奖得主）是阿罗在芝加哥考利斯委员会的同事。此后，他一直在美国做教授，起先是在耶鲁大学，后来去了伯克利大学。在德布鲁 1959 年及其他一些著作中，一般经济均衡模型被扩展以顾及“日期”依存商品（某一给定日期可以得到的一桶玉米和另一个不同日期里可以得到的一桶玉米不一样）和“状态依存商品”（同一种商品，比如说雨伞，根据“自然状态”的不同被认为是不同的商品，比如晴天或雨天）；或有市场可以大致理解为有关不同可能的“自然状态”的保险凭证市场（假定一整套可能的自然状态的定义都是单一的，每一个自然状态都有详尽的说明——这是一个站不住脚的假设，就像在 16 章第 4 节提及维特根斯坦恩时所说的）。

[2] 让我们回想一下，收益递增和竞争的假设是矛盾的。几年来试图把局部凹引入生产集的努力，相当于探索一片未经实验的领域，而不是真正地理解一般均衡分析局限性的重要性。如要调查不同领域对一般均衡模型所作研究的成果，可参阅玛斯克莱等（1995 年）。

一代人的参考标准)。[1]

另一个负面结果是不可能把选择系统的一致性从个人扩展到社会。肯尼斯·阿罗(1921—2017,1972 年诺贝尔经济学奖得主)在《社会选择和个人价值》(1951 年)一书中提出*不可能定理*。根据这一定理,不存在同时满足以下两个要求的决策程序:第一,保证三个或更多社会选择的传递性(如果 A 比 B 好,B 比 C 好,那么 A 一定比 C 更好);第二,满足一些正式表述的民主的要求,比如在某一个人的排列中,某一选择靠前,但是其他所有人的排列保持不变,那么那个选择对于社会作为一个整体而言不会靠后。换言之,尽管我们依赖完整传递的个人偏好排列,我们却不能获得完整传递的社会偏好排列。[2]

[1] 在 1983 年的新版本中,这部 1947 年的著作被提议不作修改,仅把新材料添加到文末。我们可以看到本书第 16 章在说明投入-产出系统时讨论了一些斯拉法的分析以及关于资本理论的批判。然而,萨缪尔森书中的引用隐含了对斯拉法分析的曲解,并且低估了批判的重要性,事实上关于价值和分配的边际主义理论正是由此而产生。事实上,萨缪尔森把斯拉法的分析吸收到了里昂惕夫的分析中,将之错误地解释为一般均衡模型,其中,规模报酬不变的假设(在斯拉法 1960 年的著作中被明确否定)考虑到了不涉及需求侧的相对价格的确定。再者,关于资本理论的批判,萨缪尔森将之(随后,琼·罗宾逊于 1953 年,斯拉法著作出版前就此做了讲座)归纳为用于总生产函数的总资本概念(比如著名的柯布·道格拉斯,他是索罗增长论的中流砥柱,在本章第 3 节将会讨论“柏拉图式资本的极简克拉克寓言”,就像萨缪尔森所说的,1947 年、1983 年版的第 568 页)的批判:因此这个批判虽被认为正当但是不能应用到“一般”边际主义模型中。因此事实上,斯拉法的批判不仅仅(并且不主要)关注总资本概念,而且还关注(并且是主要关注)证明实际工资率和尚未发生的雇佣大致存在反比关系的不可能性,尽管这一反比关系对于能够导致充分就业(市场的“看不见的手”)的边际主义均衡机制的存在是必要的。我们会在本章第 3 节看到这仍然是主流宏观经济学的基本支柱。从这里开始有了“低级理论”和“高级理论”的区分,“低级理论”利用总供给函数,而“高级理论”(也就是一般均衡论)拥有内部一致性,却没有确切的结果,也不可能从总生产函数中获得“极简寓言”。

[2] 尽管阿罗得出负面结果,理性经济行为人决策论的分析工具已经被用来研究选举人、政治家以及官僚的行为,由此开启探索公共选择的领域。这一流派的主要代表人物是詹姆斯·布坎南。

很多人都认为公理化的一般经济均衡理论是经济学基础研究领域的前沿，是任何经济学探索必须要参考的，换言之，它是把整个经济学理论简化为一个核心的程序，即一套精确的公理。他们认为，辅之以可能会因不同案例而改变的进一步的假设，就可以从这个核心推断出一系列定理，这些定理足以完整地表现能够科学表达的经济现实，或至少是经济现实中每件事物。事实上，这个研究的结果（均衡的多重性、稳定的不可论证性、放弃生产集凸性公理的不可能性）使得它不可能直接利用一般均衡模型来分析真实世界的问题。一般均衡分析的引用通常依赖简化的——单一商品、单一代表性主体——模型。如今这在主流宏观经济学或者其他研究领域非常流行，马歇尔的*其他条件不变的假定*，为局部均衡分析开辟了道路。于是现实主义的要求和逻辑一致性的要求，这两者之间的矛盾又浮现出来。

从 20 世纪 70 年代开始，一般经济均衡方法内的研究关注不同情形下的市场最优运作的局限性。因此，人们不可能完整地具体说明一项协议的所有方面，这一情况引发了所谓的“委托-代理问题”，即存在这样一种可能，接受某一工作责任的人（完成某一项特定任务：经济行为人）利用自己的自由行为空间谋取私利，而不是维护该项工作委托者（委托人）的利益。大量文献讨论了如何设计激励结构，以促使经济行为人将委托人的利益视为自己的利益这一问题。与“委托-代理问题”相类似的是不对称信息的例子，即不同代理拥有不同的信息集；这被用来解释逆向选择机制：由于卖家和买家可获得的信息不同，劣质商品将优质商品驱逐出市场。[1] 不过，由于其专门假定（即“其他

[1] 乔治·阿克劳夫（生于 1940 年，2001 年诺贝尔经济学奖得主；参阅阿克劳夫（转下页）

条件不变”)所造成的简化,这些模型经常性地落入局部均衡范畴。但是,如果不进行简化,我们实际上不可能从分析中得到有意义的结论。于是近年来,对一般均衡理论的兴趣大不如从前。

第 3 节　行为悖论和行为经济学

针对冯·诺依曼和摩根斯坦恩著作的辩论,主要涉及作为公理系统基础的合理性假设。就这一点来说,我们可以区分两个流派:一个是从描述意义上理解的合理性,这一特点或许不是所有经济行为人都具备的,却有着充分的一般有效性,因此基于这一特点的理论可以用来解释真实世界(未采取理性行为是经济行为人的缺陷);另一个是规定性标准意义上的合理性,即经济行为人应采用可以获得最优结果的行为。[1]

这两种解释(描述性的和规范性的)构成了随后辩论中不同立场的有用且独特的要素,该辩论的参与者包括心理学家和经济学家。萨维奇和弗里德曼曾在一场辩论中一起反对阿莱、鲍莫尔以及萨缪尔森,后三位支持公理的描述性解释。从那之后,萨维奇便采用了这个

(接上页)1970 年)使用了旧车市场的例子,买家不能准确判断所出售旧车的状况,因此很可能的一种情况就是:如果一辆旧车的要价是使用年限相同的旧车的平格,那么该车的质量低于平均质量。这一理论适用的情形很多:从贷款申请人的选择到潜在保险客户的选择,再到雇佣工人的选择。

[1] 这个二分法与 1953 年弗里德曼所提出的关于实证科学的范围以及伦理学的规范范围的二分法不同:即使在“规范的”意义上,冯·诺依曼和摩根斯坦恩的理论也是“客观的”,在这个意义上讲,其结果自动得自理论假设而不诉诸任何价值判断。就像萨维奇一样,冯·诺依曼和摩根斯坦恩认为他们的公理是抽象的,但同时又是人类行为的现实表现,是理性决策的标准。关于行为经济学的历史,请参阅赫克洛姆,2014 年。

关于公理解释的差别。在公理的描述性解释这方面，莫里斯·阿莱（1911—2010，1988 年诺贝尔经济学奖得主）找到了一些反例：如果让一些人来考虑——包括高级经济学家和概率学者，萨维奇是其中之一，因此这是一些公认的能够理性推理的人——他们所做的选择往往不同于冯·诺依曼和摩根斯坦恩的理论所规定的那样。[1] 假如我们把预期效用理论解释为描述经济行为人行为的理论，那么"阿莱悖论"本身就构成了对这个理论的毁灭性批判，因为它表明理性经济人违反其假设。（丹尼尔·埃尔斯伯格[生于 1931 年]在 1961 年对个人偏好系统独立性的假设作了类似的批判，认为个人偏好系统不是规避风险，而是规避不确定性。）然而，根据规范性的解释，违法假设可以被理解为经济行为人个人偏离了最佳选择路线，而最佳选择路线仍然是理论所描述的那一条。

这些进展贯穿于数理心理学和实验心理学的平行发展中，涉及决策论中规范性和描述性两个方面。这些研究领域获得了巨额资助，部分与军事研究相联系。[2] 在这样的背景下，研究决策过程的机构包括 1947 年密歇根大学成立的以心理学家为主要工作人员的社会研究所，1949 年成立的数学心理学研究小组，1955 年成立的心理健康研究所，以及 1958 年成立的人力绩效中心。由于受到冯·诺依曼和摩根斯坦恩著作的启发，沃德·爱德华兹（1927—2005）提出数学心理学和实验心理学的融合，从而开拓了《行为决策论》（这是他发表于 1961 年

[1] 关于阿莱所做的实验的描述，可见于其邮件（与萨维奇和其他人）或者一些国际会议上，比如 1952 年在巴黎举行的那场国际会议，请参阅赫克洛姆，2014 年，第 44 页及以后各页。图解可参阅阿莱 1953 年。

[2] 米卢斯基 2002 年和赫克洛姆 2014 年在这方面提供了各种例子。

的一篇颇具影响力的文章标题）的领域。预期效用分析被解释为一种测量理论，以此为基础来理解理性经济人面对不确定时所采取的行为。

根据由德福内梯提出、由萨维奇阐明的主观概率论，每个经济行为人都有其自身对事件可能性和效果（即预期效用）的评估，这个评估不一定正确，但是它决定了经济行为人的选择。经济行为人行为的错误在于违背了他自己的偏好系统和概率，可能归于缺少时间、在压力下作决策以及诸如此类的原因。在20世纪70年代，卡尼曼和特维斯基专门考虑了另一个问题。他们关注到这样一个事实，即由于经济行为人缺乏理性推理的能力，他们会作出一系列"错误的"决策，这些决策不同于决策论中所说的最佳决策。

阿莫斯·特沃斯基（1937—1996）在20世纪60年代致力于传递性公理的验证，这是效用顺序量表存在的必要条件。当然，对公理的每一次违反也许可以归因于经济行为人偏好的变化；然而，这种辩护反复发生的时候，就该被认为是特别情况。另一方面，丹尼尔·卡尼曼（生于1934年，2002年诺贝尔经济学奖得主）研究了经济行为人如何偏离理性的行为标准，深信人类经常犯认知上的错误。于是这个问题就变成如何简化和重组的决策难题，从而使得不成熟的经济行为人也能解决它。在20世纪60年代末，卡尼曼和特维斯基开始沿着这条研究道路展开合作，从而创立了众所周知的前景理论。[1] 这一理论参照S型效用曲线，这一曲线是通过考虑离现状的距离来定义的：由于风险规避，与现状负偏差相关的亏损（负效用）比相同量级的正偏差

[1] 比如参阅卡尼曼和特维斯基，1979年。

带来的获利(效用)要大。卡尼曼和特维斯基得出以下结论:此结果证明把预期效用理论解释为描述性理论是错误的。

或许可以认为这些结论为行为家长主义开辟了道路:经济行为人充分理性,但又不是完全理性;从事人类工程规划,更具体地说是致力于改善人类决策过程的科学家能更好地确定最佳选择,并且向经济行为人指明这些选择。[1]

卡尼曼和特维斯基的理论不像赫伯特·西蒙(1916—2001)的理论那样偏离主流。赫伯特·西蒙强调主流的理性概念和经济行为人实际行为之间的差距。西蒙(1957 年、1979 年)提出了有限理性的概念,摈弃了一组预设的可供选择行为的假设,摈弃了关于知晓不同行为后果的假设以及可最大化给定效用功能的假设。面对多重目标,合理的做法是采用"满意度法则",针对每个不同的目标达成可接受的结果,而不是在充分加权下将包含所有目标的函数最大化。

关于理性这一概念,我们有一系列的具体说明。第一个具体说明,早在冯·诺依曼和摩根斯坦恩的著作以及后来的辩论中略有提及,涉及对理性的两种不同理解:一个是选择系统内部一致性,另一个是经济行为人一方有计划地追求自身利益。接着,我们应留意实质理性和工具理性的差别。前者可以理解为客观独立于个人选择的对个人客观利益的追求;后者指的是经济行为人追求某一目标,不管这个目标是以何种方式选择的。从方方面面看,两者相互联系,但并不

[1] 由弗农·斯密斯(生于 1927 年,2002 诺贝尔经济学奖得主)开启的实验经济学主要关注市场的行为。斯密斯认为市场运行良好,因为不同市场显示出主流理论所表明的趋同性。实验经济学的技术在过去的 20 年里得到广泛的运用,尽管弗农·斯密斯提出自由市场的观点。

一致。在神经经济学这个新的研究领域里,一些作者建议有必要将短时思维和长时思维视为不同的领域,后者更多受理性支配,前者则更多受感情支配(麦克卢尔等,2004 年)。在此之前的神经经济学和生物经济学都在理性行为的假设下分析经济行为人的行为,他们认为理性行为是进化选择这个自然过程的结果(参阅弗罗门,2007 年)。

近期的另一个研究流派旨在扩延冯·诺依曼和摩根斯坦恩的效用函数,使之包括经济行为人重要的身份特征(性别、宗教、国籍等):这些选择表明认同身份或者拒绝身份会对相关经济行为人和其他经济行为人(外部效应)带来正面或负面影响(阿克劳夫和克拉顿,2000 年)。多重均衡可能衍生于此,取决于不同的参数值。在所有情况下,可以对所选择的结果进行单维度测量的假设都是必要的,因为它考虑到选择行为中直接预期的效用加上或减去因身份增强或减弱而间接产生的效用,而这正是我们在第 8 章看到过的约翰·斯图亚特·穆勒批判边沁的功利主义时提出的假设。

最后,在近阶段,一系列跨学科研究,在人类学家、心理学家和经济学家的合作下,倾向于赋予偏好形成的过程以内源性(参见亨利希等的重要著作《人类社会的基础》,2004 年)。这个研究意味着它接替了早先冯·诺依曼和摩根斯坦恩的方法,并且还倾向将其逐出经济学领域,或者至少是主流经济学的领域。

第 4 节 “低级理论”:宏观经济学和增长理论

就纯理论而言,美国主流的经济文化参考一般经济均衡和预期效用理论。但是还是有许多问题悬而未决,特别是关于政策策略形成的背景分析问题：宏观经济学、货币理论、财政学。

在这些领域，20 世纪 30 年代的大萧条和在那种背景下凯恩斯收入和就业支持政策的扩散，产生了一个两难困境：一方面，竞争均衡的纯理论意味着生产性资源包括劳动力的充分利用；而另一方面，实际经历让人们明显地看到失业可能（或者更确切地说，极可能）会发生。主流经济学家该如何调解这两方面的矛盾呢？

如斯拉法（1930 年，第 93 页）在另一语境中所提出的那样，当理论和现实发生冲突的时候，我们不应摈弃理论中的现实主义或内部一致性，而应放弃导致这种无法解决之冲突的方法（无论是新古典主义方法还是边际主义方法）。

然而，美国的主流理论分道扬镳，比如分为“长期”和“短期”两条研究道路。在长期竞争的条件下，纯理论保有完全有效性，包括充分就业的论点。[1] 另一方面，在短期内，人们可能会认为产生均衡的调整过程未能完全发挥作用，因此失业就会成为可能；[2] 在这种背景下，凯恩斯政策是有用的，原因是它们加快了均衡位置的趋同。或者，也有人采纳了不同于自由竞争的假设，特别是涉及劳动力市场的假设，认为尽管存在失业，工会的存在可能会阻碍原本趋向均衡价值的实际工资的减少。[3]

---

[1] 事实上，作为参照的抽象理论不是一般经济均衡的纯理论，而是它的简化版，只有一种商品和一个代表主体。这个简化版被用来维持充分就业均衡存在及其稳定性的论点。

[2] 在这一系列研究的例子中，我们可以包括劳动力需求和劳动力供给（比如哲学家太多，水管工太少）之间比例失当的例子，这在短期内是无法解决的。

[3] 如果我们假设在有限的时间跨度内工会能够阻碍实际工资下降，第二条道路就和第一条一致了。

两条道路都考虑到微观经济学和宏观经济学之间的区别：纯理论研究领域区别于接地气但更现实的研究领域，换句话说，完全竞争的最优领域区别于存在市场不完美性的真实世界。无论如何，在宏观经济学领域也如此，理论的构建依赖于供求均衡的需求，存在于描述相关市场运作的简化版的一般均衡模型中。

约翰·希克斯（1904—1989，1972 年诺贝尔经济学奖得主）在 1937 年的一篇文章中提出了所谓的 IS－LL 方案，将凯恩斯的理论转化为一种用更为传统的术语表达的、简化的一般经济均衡模型，其中存在着三种市场：产品市场、货币市场和债券市场（尽管后者只起被动作用）。当供给（即产量）等于总需求（在不存在政府支出和税收的封闭经济这一简化假设条件下，它对应的就是对消费品和投资品的需求）时，产品市场处于均衡状态。当储蓄（它是收入的递增函数）等于投资（它被认为是利率的递减函数）时，这种均衡状态就会出现。当货币的供给（由货币当局决定）等于货币的需求（货币的交易需求是收入的递增函数，货币的投机性需求被认为是利率的递减函数）时，货币市场实现均衡。在这个模型里，通向充分就业的传统调节机制（一般用它来解释支持就业的财政和货币政策）并没有发挥作用，原因很简单，就是没有考虑劳动力市场。

弗朗哥·莫迪利安尼（1918—2003，生于意大利，后因逃避种族迫害移民到美国，1985 年诺贝尔经济学奖得主）在其 1944 年和 1963 年的两篇文章中，扩展了 IS－LL 方案，将劳动力市场考虑在内。在劳动力市场中，工资率的变化使劳动力的供求回到均衡状态，从而保证了充分就业。一些阻碍劳动力市场自由运行的障碍（这与工会的议价能力相关，决定工资的向下刚性）的引入，导致了“凯恩斯主义”（即持续性失业)结果的出现。通过这种方式,凯恩斯理论被描述为边际主义理论的一个特例:其中由于劳动力市场不是一个竞争市场,从而不可能实现充分就业的均衡状态。由此出现了所谓的新古典综合,即将新古典价值理论同凯恩斯就业理论进行综合,它在几十年里统治了世界各地的宏观经济学教学。

每当工会能够发挥一定市场作用的时候,旨在减少失业的公共干预就会导致货币工资率的增长率上升,它反过来又会导致通货膨胀的加剧。根据新古典综合经济学家的观点,失业和通货膨胀率之间这种此消彼长的状态被称为菲利普斯曲线(菲利普斯,1958 年),代表了一系列的经济政策选择。

新古典综合存在一些变体。第一种是由罗伯特·克劳尔(1926—2011)和艾克塞尔·莱荣霍夫德(生于 1933 年)提出的,他们将凯恩斯理解为一种非均衡理论,其微观基础见于马歇尔和维克塞尔的方法(而非瓦尔拉斯的方法),考虑了信息传播和实体经济的跨期协调问题。[1]

第二种研究思路就是所谓的新凯恩斯主义经济学。约瑟夫·斯蒂格利茨(生于 1943 年,2001 年诺贝尔经济学奖得主)和其他人一起,试图在各种市场失灵中找到失业的起源,市场失灵和缺失某些完美竞争状态必需的要素有关。于是我们有了基于"菜单成本"(厂商调整价格的成本,它使得厂商通过改变生产水平以及就业水平,而不

[1] 参见克劳尔,1965 年;莱荣霍夫德,1968 年。然而,巴罗和格罗斯曼 1971 年以及马兰沃 1977 年模型用的是瓦尔拉斯的术语(其中价格和货币工资是固定的,交易可以以非均衡价格发生,从而有了配给需求或者供给的可能性,由此有了一种工资向下的刚性导致的"古典"失业状态或有效需求不足导致的"凯恩斯主义的"失业状态)。

是通过改变价格来适应需求变化）的模型、“局内人-局外人”模型（其中那些已经被雇用的人员利用自己拥有的市场力量的优势获得更高水平的工资，其代价是原本可以有更高的就业水平）和“效率工资”模型（其中厂商为了保留有经验的工人——认为他们比可能的新雇员更有效率——而尽量避免削减货币工资）等等。在单一商品、单一代表行为人模型和/或局部均衡模型以及实际工资和失业的逆相关（如前文所说，这种逆相关不能从一般均衡模型中推断出来，而这正是斯拉法和其他人抨击的对象）的单薄理论基础上，引入种种特定假设来解释失业，通常让人难以置信。

第三种研究思路是将新古典综合扩展到货币理论领域。詹姆斯·托宾（1918—2002，1981 年诺贝尔经济学奖得主）把货币需求解释为理性经济主体面对风险时所作出的一种组合投资选择。莫迪利安尼和米勒（1958 年）表明了在完全竞争条件下（且不存在不确定性），不同的融资渠道（银行贷款、新股或债券的发行、未分配给股东的利润）对厂商而言是等价的。[1]

芝加哥学派或者货币学派是最为著名的一派，他们坚信市场均衡力量，反对政府干预经济（即使是改良版的新古典综合凯恩斯理论和政策）。米尔顿·弗里德曼（1912—2006，1976 年诺贝尔经济学奖得主）是这一学派公认的领袖。他吸收并发展了以往货币数量论的观

[1] 这一研究思路还包括法马的论点（1970 年），在有效资本市场里，金融资产的价格与由经济的“真正”要素决定的均衡价值和 CAPM 模型（即资本资产定价模型）相一致，这在过去的几十年里统治了金融理论。这一研究思路已经诞生了若干诺贝尔经济学奖得主：除了莫迪利安尼和托宾，还有哈利·马科维茨（生于 1927 年）、默顿·米勒（1923—2000）、威廉·夏普（生于 1934 年）以及 1997 年获奖的罗伯特·默顿。然而，2007—2008 年金融危机的结局表明在这方面还需要更谨慎一点。

点：长期的（如果不是短期的）收入均衡水平取决于“实际”因素，比如资源禀赋、技术和经济主体的偏好；货币流通速度被认为是各种资产（货币、债券、商品和人力资本）[1]收益率的稳定函数。弗里德曼认为货币供应只能在短期内影响收入和就业，长期来看，货币供应只能影响一般价格水平。换言之，菲利普斯曲线只有在短期才是斜率为负的，在长期则是垂直的。[2]

而且，弗里德曼批判了货币和财政政策手段：这些干预只在短期内有效，而且其短期效果也是不确定的，并且很有可能是负面的。事实上，经济政策手段受制于三种时滞和不确定性，它们出现在对需要干预情况的评估中、评估后的政策措施，选择及运用中，以及所采用政策产生的影响。

理性预期理论家们提出了一种更为极端的观点。罗伯特·卢卡斯（生于 1937 年，1995 年诺贝尔经济学奖得主）在 1972 年的一篇文章中，把连续均衡市场假设和理性预期假设相结合。后者最早由穆斯（1961 年，第 194 页）提出，根据这一假设，“预期……本质上与相关经济理论的预测相同”，因此经济主体学会了将经济的公共干预纳入考虑范围，在此之前是忽视其作用的。例如，政府采用公共支出赤字来刺激总需求，这并不是通过税收的当期增加进行融资的；但是，由于私人经济主体预期到政府将来迟早会提高税率以偿还为公共支出融资的公债，他们决定缩减私人消费，把钱储蓄起来交税。这抵消了上述财政政策的效果。在这个背景下，即使短期的菲利普斯曲线也是垂直

[1] 特别参见弗里德曼，1956 年。

[2] 参见弗里德曼，1968 年；费尔普斯，1967 年。

的：扩张性的货币和财政政策干预只会造成通货膨胀率的上升，而没有同时促进就业水平的提高。[1] 只有经济主体没有预见到的政策措施（政策休克）才会对实际变量产生影响，尽管这个影响是暂时性的。

理性预期理论家们唯一承认的一种经济政策是旨在减少自然失业率的政策。自然失业率就是在存在摩擦的市场运行中，总供给和总需求处于均衡状态的失业率。于是我们有了所谓“供给侧的政策”，例如采取措施提高工人的工作流动性，或者确保劳动力所具备的资质与经济体系的要求相一致；再或者，降低财政压力，因为在均衡状态下，税后收入的增加伴随的是经济主体愿意作出的牺牲（即生产劳动）总量的增加，从而积累和增长都得以增加。

新古典综合派还推崇增长理论。这些进展可追溯至罗伊·哈罗德（1900—1978）于 1939 年发表的一篇论文。哈罗德使用了凯恩斯的方法定义了“有保证的增长率”，与之对应的是生产能力的增长率与总需求增产率之间的持续相等。哈罗德模型基于三个等式：第一个将储蓄定义为收入的函数；第二个按照加速理论，将投资设定为收入变化和资本-产出比率的乘积；第三个将凯恩斯总供给和总需求均衡的条件表达为储蓄等于投资。通过将第一和第二个等式定义储蓄和投资代入到第三个等式，使得“有保证的增长率”等于储蓄倾向与资本-产出比率之比。

此外，哈罗德强调了实际增长率一旦偏离有保证的增长率后出现

[1] 这一理论假定所有经济主体都拥有相同的经济运行方式模型：新古典主义的单商品模型，其中实际工资率和就业之间存在逆相关，因此在竞争条件下，稳定的充分就业均衡就得以存在。在多商品模型中，我们就无法证明这种均衡的独特性和稳定性。因此，如果将理性预期假设应用到这种模型中，所得到的结论必将存在相当大的差异——事实上，任何事情都有可能。凯恩斯的不确定性又一次变得非常重要。

的不稳定性：这就是所谓的刀刃问题。每当实际增长高于有保证的增长时，生产能力就会落后。这意味着下一时期会出现投资以及总需求的增加，这会使得增长率进一步提高。相反，如果实际增长率低于有保证的增产率时，投资就会减少，随后出现的总需求的下降会带来增长的进一步减缓。

当实际增长率与有保证的增长率相当，但是后者低于自然增长率，等于生产力增长率和人口增长率之和的时候，失业就会增加。经济学家们提出不同的机制来支持这两个增长率会聚的趋势。根据马尔萨斯的方法，调节机制通过人口增长率起作用，当失业增加导致工资率下降时，人口增长率下降。卡尔多（1956 年）认为，失业增加的时候，工资下降，而且因为工人的储蓄倾向低于资本家的储蓄倾向，平均储蓄倾向提高，对应于有保证的增长率增加。最后，根据罗伯特·索洛（生于 1924 年，1987 年获诺贝尔经济学奖）发展的新古典方法，失业增加导致工资下降，厂商由此转而使用需要较多劳动力的生产技术，因此资本-收入比率下降；它对应的也是有保证的增长率的上升。

但是这些均衡机制并不是完全没有缺陷的。例如，在当今条件下，根据马尔萨斯方法所要求的反比关系，人口增长是否取决于工资水平是值得怀疑的。卡尔多的理论需要失业的增加使分配份额发生有利于利润的变化，但一般而言，利润在危机或萧条时期的减少幅度远远高于工资。最后，斯拉法 1960 年的批判以及随后展开的争论表明，我们不能把资本劳动比视为工资的递增函数。由此，我们回到哈罗德首创的观点（这也是典型的凯恩斯观点）：资本主义经济的增长从本质上看是不稳定的，而且市场自动调整机制远不能保证充分就业。

前文已经提到过的索洛的增长理论尽管存在基本的薄弱之处，仍引发了各种研究思潮。索洛（1956 年）在最初的模型里引入外生的技术进步。随后出现了大量的实证研究，其目的是确定在不同的国家，资本、劳动力和技术进步分别对经济增长所做出的贡献。这样的研究著作将技术进步等同为“残差”，即收入增长中无法用劳动或资本投入增长解释的那一部分，这意味着无法解释构成经济增长的主要成分。为了减少“残差”的规模，人们尝试在固定资本积累上加上“人力资本”积累。罗默（1986 年）开辟了一种新的研究思路，通过引入报酬递增或“干中学”机制，[1]把技术进步与收入增长联系起来。这一研究思路的基础不稳定：报酬递增和单个生产单位的竞争性均衡是矛盾的，唯一的例外是单个厂商之外、整个行业之内（在内生增长模型提出的“单商品世界”，行业就是指作为一个整体的经济系统）的规模经济，而斯拉法早在 1925 年和 1926 年的文章中就已经提出这是一个特例。[2]

---

[1] 阿罗（1962 年）提到，随着经验的获得（它与产品的累积生产总量成正比），当单位生产成本下降的时候就会出现“干中学”现象。这些效应不能跟产量增加和技术进步之间的联系（一种动态的规模报酬递增形式，它被称为“凡登定律”，参见凡登，1949 年）相混淆。它可能和对新机械装置的投资相关，一般而言，新的机械装置比已经在使用的机械装置效率更高。

[2] 让我们在这里回顾一下另外两种研究思路：一种属于经济统计学领域，它是由西蒙·库兹涅茨（1901—1985，1971 年诺贝尔经济学奖得主）提出的，其研究目的是在经济增长的过程中找到经验规律性；另一种属于经济史领域，它是由沃尔特·罗斯托（1916—2003）提出的，一起提出的还有他的“经济发展阶段理论”（参见罗斯托，1960 年）。之后，我们还有各种其他的研究思路，量化诸如民主、腐败、公共管理或司法行政的良好运作这样一些定性变量，以便用实证方法研究它们和不同国民经济增长率之间的关系；显然，这些研究的结果取决于所研究的定性变量转化为单维度定量变量的方式。参见比如阿西莫格鲁和罗宾逊（2006 年），他们把民主的实证分析和沿公共选择学派传统的理论分析结合起来，运用了总体增长理论。

与新古典综合派提出的对凯恩斯理论的重新解释和货币主义的批判直接对立的，是来自后凯恩斯主义者的明确反应：他们包括上文（参见第 14 章）已经提到的“新剑桥学派”的倡导者，比如理查德·卡恩、尼古拉斯·卡尔多和琼·罗宾逊，以及一些美国经济学家如西德尼·温特劳布（1914—1983）、海曼·明斯基（1919—1996）和简·克里格尔（生于 1944 年），他们强调不确定性、期望及其波动性的重要性。[1]

与多个市场的同时均衡相反，后凯恩斯主义经济学家提出了一系列因果关系：货币的投机性需求影响利率，它反过来与预期一起影响投资水平，而投资乘数决定收入和就业。因此它强调了货币市场和金融市场对收入和就业的影响，这与古典传统和边际主义传统的货币中性的观点相反。而且，各种后凯恩斯主义经济学家声称货币供给是内生的，即：流通中的货币数量（特别是银行货币）并没有受到货币当局的严格控制，而是（至少）部分取决于其他经济行为人的决策。[2]

第 5 节　新厂商理论

二战结束后的数十年，从萨缪尔森（1948 年）开始，美国的经济学

[1] 关于对新剑桥学派的统一理论结构的描述，参见哈考特，2006 年；关于这一学派的一些领军人物，参见马尔库佐，2012 年。

[2] 明斯基（1982 年）基于“金融脆弱性”这一概念提出了金融危机“内生”理论。金德尔伯格（1978 年）在历史研究中使用了这一理论，经济学家后来也经常参考这一理论来解释近年来发生的金融动荡。在后凯恩斯主义框架下的其他研究路线包括戈德利和拉沃伊（2007 年）提出的存流量分析以及格拉齐亚尼（2003 年）和其他人提出的货币循环。

教科书成为研究厂商理论的主要参考书，这个版本的马歇尔厂商理论包含维纳提出的U形成本曲线。然而，在传统边际主义框架内外，其他理论也在不断发展。

首个理论成果可以追溯到罗纳德·科斯（1910—2013，1991年获诺贝尔经济学奖）于1937年发表的一篇文章，但在几十年后，其重要意义才得到认可（诺贝尔经济学奖于54年后姗姗来迟）。科斯解决了以下问题：在市场内，法律上彼此独立的经济行为人之间建立联系，组织结构在每个公司内部占统治地位，组织设置基于"命令"，即建立一个集中决策，且控制权高于执行权的一个层级结构；是什么决定了市场和命令这两种不同经济生活组织形式之间的界限？科斯在文章中强调，市场交易的参与者需要支付成本：有必要收集信息，寻找愿意与自己交易的另一方，并协商价格和其他条件。在没有厂商的情况下，每个工人都必须讨价还价以获得各种投入（他自己使用的半成品和原材料、他的工作用具及工程服务等等），然后出售产品，通常只会是半成品或最终产品的一部分。厂商通过等级制决策结构大幅减少了必要交易的数量，避免对生产过程的方方面面进行讨价还价。当厂商规模扩大时，其内部组织变得越来越复杂，效率越来越低；一旦超过某一点（对应于厂商的最佳规模），依靠命令来扩张关系的成本就高于依靠交易来扩张关系的成本，即借助市场扩张关系的成本。[1]

厂商规模的扩大导致了另一个问题：谁控制着企业？在1932年出版的一本书中，阿道夫·伯利（1895—1971）和加德纳·米恩斯

[1] 另一方面，意大利学者彼瑞和萨贝尔（1984年）仍认为这种制度具有决定性影响，支持发展大型垂直整合厂商的体系，而不是构建由小厂商和普通厂商组成的网络。

(1896—1988)通过阐述上市公司所有权和经营权的分离来表明一种新的社会形式特征,即管理资本主义,它取代了竞争资本主义中盛行的由所有者直接管理小厂商的社会形式。随着许多大厂商一一被组建为上市公司,所有权被细分到许多小股东手中;公司的管理者获得足够的自主权来负责所有决策,这些决策不仅与公司当前的生存有关,也与长期战略决策有关。

管理资本主义还涉及企业目标的转变:从利润最大化(符合企业所有者的利益)到销售最大化,这更加符合企业管理者的利益(鲍莫尔,1959 年)。显然,如果一群新的所有者接管企业,管理者必须考虑自己可能被取代的风险。罗宾·马里斯(1964 年)提出“管理资本主义理论”正是基于这一限制。

另一些研究涉及大厂商的市场力量。在 1956 年出版的两本书中,拉比尼(1920—2005)和贝恩(1912—1991)提出了寡头垄断理论,跟纯粹竞争和垄断这两种极端情况相比,寡头垄断被认为是常见的市场形态。但这种壁垒不是不可逾越的。在寡头垄断下,市场上的厂商在竞争中受到一定程度的保护,因为潜在竞争者的进入遇到障碍(在这种情况下会出现垄断,而无壁垒情况下会出现完全竞争)。这种壁垒的程度取决于一系列因素,包括最有效率工厂的技术上的最小最佳规模,这要求进入市场的新厂商的最小产量具有相当规模,以当前价格不会找不到市场销路(集中型寡头垄断)。而差异化寡头垄断需要一笔广告支出将新的(差异化)商品推向市场。受这些壁垒的保护,已经活跃在市场中的厂商可能享有远高于竞争水平的利润以及一定程度的行动自由。

据一些凯恩斯主义经济学家所言(约瑟夫·斯坦德尔,1952 年;

阿尔弗雷德·埃克纳,1976 年;阿德里安·伍德,1975 年),厂商充分利用这些自由空间来设定产品价格,使其足以产生为所需投资水平融资的利润率,因为企业更倾向于使用内部资源(不作为分红分给股东的利润)而不是债务来融资。[1]

鲍莫尔等人(1982 年)随后提出了可竞争市场理论。完全可竞争的市场是那些没有进入成本或退出成本的市场,因此没有任何厂商可以享受超额利润,哪怕是短期利润。没有退出成本,新厂商就能够随机应变,规避风险:进入市场,获得部分超额利润,并在占主导地位的厂商采取应对措施之前退出。退出成本主要来自固定资本品,一旦人们不再进行这些固定资本品所服务的生产活动,它们就无法再次被利用——这就是“沉没成本”。

新的产业组织理论广泛诉诸博弈论的数学工具。在厂商理论领域,这种方法旨在颠覆传统理论的结构,从厂商行为中推导出市场形态,而不是为每种市场形态构建理论。在这个领域,就像在宏观经济学中一样,博弈论提供了另一种方案,而不是认为经济行为人采用“参数化行为”,即假设其他经济行为人的行为既定,并在此基础上选择策略;这形成了一种“战略”态度观点:考虑每个行为人对其他行为人的行动作出的反应。[2]

由此,演化理论问世,用于解释厂商和行业在技术变迁过程中的行为。理查德·纳尔逊和西蒂尼·温特(1982 年)认为行业结构不是

[1] 根据莫迪利亚尼—米勒定理(1958 年),在完全竞争和信息完备的条件下,不同的融资方式是等价的,但是经济学家认为这一定理在现实生活中难以应用。

[2] 为进一步阐明这些发展,请参阅梯若尔(1988 年)(让·梯若尔生于 1953 年,于 2014 年获得诺贝尔经济学奖)。

利润或销售最大化过程的结果，而是演化过程的结果。与生物学一样，此理论也使用了数学随机模型。厂商的“基因”（决定每个厂商的身份）将主要的行为特征从一个厂商传到另一个，并随着时间的推移经历突变。这些“基因”由一系列日常运营惯例组成，即厂商在生产、营销、财务管理等过程中采用的标准化程序。在市场经济中，这些成为主流的标准化程序决定厂商的主要特征，确保其获得成功。

科斯的理论和新的产业组织理论在边际主义方法框架内，而本节中简要回顾的其他理论，对其他的研究方法持更为开放的态度（换言之，更符合其他的研究方法），如拉比尼在寡头理论中用到古典方法，斯坦德尔、埃克纳和伍德的理论用到凯恩斯主义方法，尼尔森和温特的理论则用到演化方法。

第 6 节　计量经济学与缺乏理论的经验主义

通过分析不同变量之间的定量关系来研究经济问题的观点由来已久，可以追溯到威廉·配第的政治算术。尽管在随后的几个世纪，政治经济学是一种道德科学的观念将其取而代之（斯密、马歇尔和凯恩斯都这样认为），但在近几十年，这种观念再次显现出来。

瓦西里·列昂惕夫（1905—1999，1973 年诺贝尔经济学奖得主）制定了投入-产出表，用矩阵来表示经济：每列表示在特定部门中使用的生产资料，以原产地来区分部门；每行表示某一部门的产品在各部门的流向（参见列昂惕夫，1941 年）。列昂惕夫的表格是用于实证分析的工具，例如研究各个国家的生产结构或技术变化的差异。此外，在投入产出表中，组织的统计信息已在线性规划中使用。假设经济体中所有部门的规模报酬不变，计算技术生产系数（即每一单位产品所需的每种生产资料的数量），从而推算出与一组既定的净产品相对应的各个部门的总产出数量。在理论层面，由此得出的总产出水平的确定体系与基于不同商品相对生产难度的相对价格的确定体系是对偶的（从该术语的数学意义上看）。[1]

另一个实证分析工具，是由理查德·斯通（1913—1991，1984年诺贝尔经济学奖得主）等人在凯恩斯主义理论和其所使用的宏观经济范畴的推动下，提出的国民收入核算体系。该体系提供了一系列范畴，其定义方式易于进行精确的统计计算，并符合复式记账法原则，这些原则代表作为货物和货币流动网络的经济系统的运行方式，该网络连接不同经济行为人。经联合国动议，由斯通指导，国民账户体系（SNA）问世（首次设计于1953年，随后进行了多次修改），成为国家统计机构的强制参考标准。

足够可靠的统计信息越来越容易获得，且按定义明确的类别进行组织，有利于应用经济研究的发展。但统计理论的发展，特别是推理统计（萨维奇，1954年）也发挥了重要作用。这些因素（以及其他因素，如信息技术的发展）共同解释了计量经济学（源于希腊语 metron，意为“计量”）迅猛发展的原因：这门科学旨在确定经济变量之间的数量关系。

意大利统计学家、人口统计学家和经济学家鲁道夫·贝尼尼（1862—1956）是最早在经济分析中使用多元回归等先进统计方法的

[1] 冯·诺依曼（1937年）提出的位似增长模型（model of homothetic growth）的核心就是价格系统和数量系统之间的二元性，也是基于规模报酬不变的假设；此外，它强调了另一种对应，即利润率和增长率之间的对应。

人之一(参见贝尼尼，1907 年)。亨利·摩尔(1869—1958)和他的学生(其中包括保罗·道格拉斯[1892—1976]和亨利·舒尔茨[1893—1938])对经济关系的统计估计值进行了系统分析。

拉格纳·弗里希(1895—1973,1969 年诺贝尔经济学奖得主)在《计量经济学》创刊号(弗里希，1933 年)的编辑前言中为刚刚诞生的世界计量经济学描绘了远大前景,该刊物是 1933 年成立的世界计量经济学会的官方刊物。弗里希认为,计量经济学构建了统计学,达到了经济理论和数学的统一,它“对真正理解现代经济生活中的数量关系”而言是必不可少的。

考尔斯委员会的经济学家们为计量经济学技术的发展做出了贡献。他们中有雅各布·马沙克(1898—1977)、简·丁伯根(1903—1994,1969 年诺贝尔经济学奖得主)、加林·库普曼斯(1910—1985,1975 年诺贝尔经济学奖得主)、唐·帕廷金(1922—1997)和劳伦斯·克莱因(1920—2013,1980 年诺贝尔经济学奖得主)。特里夫·哈维尔莫(1911—1999,1989 年诺贝尔经济学奖得主)在 1944 年发表的一篇文章中提出了在随机情况下对计量经济关系的估值。通过这种方式,面对凯恩斯(1973 年,第 295—329 页)对于宏观经济学模型构建的批判,哈维尔莫捍卫了计量经济学方法。

二战期间,美国将定量分析应用于战争,从而推动了其发展,尽管主要是在操作研究层面,如解决交通等类似的规划问题。现代计量经济学旨在构建大型计量经济模型,二战后迅速成立了考尔斯委员会。克莱因设计了美国经济的第一个计量经济模型。经济中存在越来越多的公共干预,这需要对宏观经济趋势作出预测,从而有利于推动新的分析方法的发展。冷战时期政治局势紧张,战争支出枯竭形成了一种对新的市场经济大危机进行预测的气氛,其中考尔斯委员会经济学家的乐观预测成为检验种种新分析技术的关键,很快得到了广泛采纳。

值得注意的还有关于时间序列分析方法的某些发展,如 ARMA 模型(自回归滑动平均模型:参见波克斯和詹金斯,1970 年),以及 VAR 方法(向量自回归:参见希姆斯,1980 年、1982 年)。希姆斯提议用 VAR 方法替代传统计量经济学,却受到了批判,其中卢卡斯(1976 年)的批判尤为激烈,他认为宏观经济模型的结构参数在面对自由裁量的经济政策措施时会发生变化,因此模型本身不能用于预测采取政策措施后出现的后果。此外,大量的计量经济学实践调查无法证实(或证伪)理论,因为验证将同时涉及理论本身以及将其转化为计量经济模型所需的辅助假设。于是,希姆斯提出了"缺乏理论的计量经济学",其中模型的结构不是预先确定的:计量经济学分析旨在根据具体案例确定最合适的模型。[1] 就这样,经济理论与计量经济学之间的距离横生,因为经济理论似乎越来越不能为计量经济学的检验提供假设。

第 7 节　演化理论与制度主义

研究思潮将主流研究方法延伸到新的分析领域,其中就包括新制度主义方法。该方法将产权和政治制度视为存在交易成本、不对称信

[1] 在坚持这一理论的过程中,希姆斯忽略了这样一个事实,即概念化构成了理论化的一个阶段,以收集的统计数据类别为基础。

息或“委托-代理”问题的情况下理性选择过程的结果。（正如我们之前提到的那样，1937 年科斯在证明企业这种特定机构存在的合理性问题时强调了其重要性。）

新制度学派的主要代表人物有道格拉斯·诺斯（1920—2015，1993 年诺贝尔经济学奖得主）和奥利弗·威廉姆森（生于 1932 年，2009 年诺贝尔经济学奖得主）。新制度主义可能被视为新古典综合的另一面：解决制度问题的传统方法是历史-社会学分析，制度问题被纳入最大化经济行为人的理性行为理论，从而产生自发的自我组织过程，这种自我组织通常达到最佳效果（在各位作者的引领下，尤其是奥地利学派哈耶克的指导）。更普遍的说法是，新制度学派和传统的制度学派都认为制度是“社会已知、共享的价值观、规范、信仰、意义、符号、习俗和标准的复合体，它们描绘了特定背景下预期行为和接受行为的范围”（纳尔逊，1995 年，第 80 页）。[1]

面对以供需均衡概念为核心的静态主流经济理论，美国依然留有那些早期经济文化的残余影响：历史学派、马歇尔的持续影响和凡勃伦对制度的重视。因此在主流研究领域之外，还有另外两种研究另辟蹊径，即演化理论和制度主义（勿将后者与之前讨论的新制度学派混淆）。在许多方面，这两个研究方向是相互关联的，实际上，一方对另一方的理论贡献多到可以相互融合（参见纳尔逊 1995 年所持的演化理论观点和霍奇森 1998 年所持的制度学派观点）。

20 世纪初，制度学派沿用了凡勃伦的传统，在美国大获成功。制

[1] 在制度学派和新制度学派之间的界限上，埃莉诺·奥斯特罗姆（1933—2012，2009 年诺贝尔经济学奖得主）研究了各种制度的发展，这些制度旨在解决水和空气等自然资源的可持续利用问题。这些资源不是私有财产物品，因而被称为共有财产。

度学派跟随德国历史学派也研究起经济制度和社会结构，发现不同国家之间存在显著差异。这一理论与抽象理论和"李嘉图恶习"对立，反对在应用理论时没有足够谨慎地对现实进行直接解释。[1]

在此我们也许会想到约翰·肯尼思·加尔布雷思(1908—2006)，他的一些作品，如《富裕社会》(1955年)和《新工业国》(1967年)，吸引了大量读者。

根据加尔布雷思的观点，完全竞争均衡的范式完全不适合解释当代经济，因为当代经济的演变主要取决于政府机构(特别是军方)、大公司和工会等大型组织之间的交互。在这里我们可以回顾一下资本主义的结构变化，从伯利和米恩斯(1932年)提出从竞争资本主义向管理资本主义转型，再到明斯基(1993年)提出从管理型资本主义向货币经理型资本主义转型(由金融主导)。

论经济学和经济史边界的著作强调了制度的重要性(如罗森伯格和伯兹尔，1986年)，分析了世界各个地区之间的差异，来解释西方经济得以较快发展的原因。在近期的研究中，我们可能会想到《资本主义的多样性》，此书分析了发达国家不同的制度设置：福利国家的存在与否、银行的主导地位(莱茵资本主义)或金融市场(盎格鲁-撒克逊资本主义)、劳动力市场或大或小的灵活性、公共部门对生产结构演

[1] 凡勃伦(1899年)强烈批判"富裕社会"概念。美国经济协会的诞生很大程度上归功于理查德·伊利(1854—1943)。他在威斯康星大学创立了制度学派，约翰·康芒斯(1862—1945)也在该大学任教。奥地利和德国的学者遭纳粹政权驱逐，流亡到美国，从而加强了美国的制度主义，这也是纽约社会学新学派崛起的原因之一。二战后制度主义的复兴催生了新期刊：1961年，演化经济学协会发行了《经济问题杂志》，1991年又发行了《演化经济学杂志》。在制度主义方法中，我们也可以对"法国调节学派"(罗伯特·博耶、米歇尔·阿格列塔等)进行分类，此学派活跃于杂志《调节观察》(*Revue de la regulation*)。

变的作用（产业政策，支持基础和应用研究的政策）等，这一系列问题主要通过历史学-社会学-实证分析，而非主流理论模型加以解决。[1]

与制度主义方法不同，演化理论主要依赖于马歇尔传统，但不是主导了主流教科书的 U 型成本曲线理论（由庇古和维纳提出），而是一种开创性的传统，该传统旨在将达尔文的进化方法应用到经济学领域，主要研究随机的、非确定性的、具有能够诱发系统性选择机制的动态过程。[2]

我们已在本章第 4 节中看到，在这些发展中首屈一指的便是纳尔逊和温特的基于惯例的企业理论。随着多西提出“技术范式”概念（1984 年；参见多西等人，1988 年），技术变迁分析从企业延伸到整个经济领域：整合技术逐步完善的阶段过后，随之而来的是由创新引发的一个彻底变革的阶段（如熊彼特的克隆浪潮）。该领域的各项研究都利用了随机分析的工具，而其他研究则侧重于技术史。

在演化方法中，重复博弈理论（假设没有结盟）被用来分析一种理性概念，比主流理论中所使用的更为复杂，经常以计算机比赛实验为基础，同时考虑到交互和演化策略的可能性。由于难以用数学方法解决两个以上博弈者的问题，重复博弈理论作为一种工具被经常使用。[3] 在

[1] 例如，参见豪尔和索斯凯斯（2001 年）的论文集以及里面引用的大量参考书目。

[2] 纳尔逊（1995 年，第 54 页）强调，这种机制可能属于拉马克的进化理论，而不是达尔文的，因为拉马克认为获得的特征可以被遗传。事实上，达尔文型人口的“最小概念”构成了适合演化分析的对象，“具有三个特征：……个体特征的变化，该个体特征影响生殖输出，且可遗传”（戈弗雷-史密斯，2009 年，第 6 页）。大多数演化领域的研究都不能满足这些最低要求。

[3] 传统方法也取得了多种发展，例如在产业组织理论中，因一些宏观经济问题而使用的名声概念：如果非合作行为可能受到惩罚，但对于那些实施惩罚的人而言，惩罚比宽恕的直接成本高，那么在重复博弈中，人们自然会选择惩罚，因为由此获得的非默许的名声将促使其他人进行合作。

这些比赛中,每位博弈者以一种计算机程序为代表,可能与其他博弈者选择相同或不同程序;然后,计算机根据提前设定的游戏规则使不同的博弈者进行交互。在后来成为经典的一项案例中(艾克斯罗德,1984 年),博弈者经历了一系列直接冲突:著名的“囚徒困境”是其中之一,无论对家的选择如何,博弈者选择不合作,则会获得比合作更高的回报;但如果双方都选择不合作,那么结果就比双方都选择合作更糟糕。在非重复博弈的情况下,均衡解决方案是选择不合作。与此相反,在重复博弈的情况下,如果每位博弈者回想起对家在先前博弈中的行为,则可能选择合作。实际上,艾克斯罗德研究的比赛实验表明,在利他主义和以自我为中心的利己主义之间,经济(和一般的社会)交互机制鼓励一种中间立场,即所谓的“以牙还牙”策略。在此策略中,经济行为人愿意合作,不待见那些选择不合作来应对的人,但这些不合作的人如果愿意重返合作,便会得到他们的宽恕。

在近年来的争论中,随机过程理论这种数学工具与博弈论一样,同时被主流方法(如宏观经济学中的真实周期模型)和非主流方法所运用,特别是在研究演化理论的领域。在后一种情况下,结果取决于随机选择的路径(即“路径依赖”)。在当今著名的“打字机”范例中(大卫,1985 年),或布莱恩·阿瑟的理论贡献中(参见阿瑟,1994 年),“干中学”或规模报酬递增,实质上是经济发展过程中存在的累积现象,产生的结果取决于历史变迁,甚至是随机变化。无论出于何种原因,人们在初始阶段更多地选择一种技术而非另一种。例如,选择键盘的某种布局而不是另一种布局,或选择汽油发动机而不是电动发动机。这种技术较其他与之竞争的技术而言更受青睐,直到达到某一点,“锁定效应”开始干预,即实际上,技术范式不可改变:由于存在累积效应，起初微不足道的优势变得无法克服。

这种现象起初只应用于技术变迁研究领域，后产生了所谓的“新经济地理学”（克鲁格曼，1990 年），旨在解释特定生产活动的空间集中现象。实质上，随着不同生产部门的本土化报酬递增，累积机制推动了企业在该领域的初始随机分布，这种分布可能会随着时间的推移而变化；其结果是不同国家和地区的生产结构逐步分化，因此国际贸易流动呈专业化，其中地理分工中出现了“锁定”现象。

在上述所有情况中，我们面对的是一种非遍历随机过程，在此过程中，我们不可能逆转时间之箭，但在遍历过程的情况下，时间可以被逆转。戴维森（1994 年）在宏观经济辩论的背景下使用这种区分，来区别时间在后凯恩斯主义方法和主流理论中分别所起的作用。

混沌理论已在主流理论中使用过，也用于印证演化方法，这些方法认为不确定性和历史发挥了关键作用。[1] 混沌理论认为所研究变量的时间模式对初始条件高度敏感，甚至这些条件间的细微差别会带来完全不同的模式（参照一个著名的例子，北京的蝴蝶扇动下翅膀，可能引发纽约的风暴）。在宏观经济领域，混沌数学工具的应用表明获得经济体中不规律的周期模式是多么容易。然而，这种分析工具尽管使我们可以基于由线性方程构成的模型来评判先前得出的结论，但还不能广泛用来正面解释生产、价格和其他现象。[2]

---

[1] 混沌理论本质上是一种数学理论，其中一个变量（或一组变量）遵循的模式由非线性微分方程确定。该理论已应用于自然科学的不同研究领域，如气象学（其中诞生了分形理论，该理论精妙绝伦，产生的几何对象富有美感，其中空间的维度不断变化而不是根据整数而变化：尽管这一理论鲜少应用于经济学问题，但依然有用武之地，例如批判宏观经济学中的确定性理论）。

[2] 然而可参见古德温，1990 年。

第8节 经济学和伦理学

对经济学和伦理学关系的研究,跟关于理性和人类行为目标的争论有关。在这一领域展开的争论借鉴了后果论和道义论之间的古老争论(第6章和第8章有所阐述)。如果各种行动的效用可以用单一的方式计算,后果论作为一种道德标准是很容易运用的,至少在原则上是这样;然而,就如约翰·斯图亚特·穆勒在对边沁观点的批判中所强调的,事实并非如此。这使人们重新燃起对道义论的兴趣,特别是罗尔斯(1971年)。[1] 20世纪70年代末80年代初发展的新后果论也摆脱了与功利主义的固化的关联,例如参见森的理论(1984年、2009年),其基础是对权利、功能和能力的区分。特别通过对"能力"这个概念的阐述,阿马蒂亚·森强调人类的需求不同,因此资源的平均分配可能(确实在一般情况下)并不符合公正的标准:残障人士需要更多收入和具体的规范来减少他们较之其他人的不利。因此,比那些继承于新古典主义传统的观点更丰富更复杂的观点就出现了。

另一种相似的思路随之而来,它批判将经济发展等同于简单的国民收入数量增长,暗示这样做可能使人们忽视共同决定生活质量的不同方面,尤其是环境方面,[2]也可能使人们忽视经济增长和公民发展

[1] 罗尔斯以他关于公正的观点开创了福利经济学框架内的新发展。据此,所有参与的经济行为人在知道他们各自的位置之前都会同意公平分配资源。关于经济学和伦理学,还可参见森,2009年。

[2] 对"增长热"的批判(参见米山,1967年,以及弗阿,1993年)使人们再次关注构成经济和社会发展的不同要素。因此诸如出生时的预期寿命、婴儿死亡率、教育、收入不均、政治民主和区域不平等(在全球经济的背景下,其表现形式是世界南北的(转下页)

的关系(我们将在下文研究)。

这些方面不应当同关于增长极限的争论混淆。后者的反响更大,但实质内容单薄。长期以来马尔萨斯所持的保守悲观主义在许多著作中重复出现:从杰文斯(1865 年)关于煤的文章到罗马俱乐部(梅多斯等人,1972 年)开展的对“增长极限”的研究,这逐渐引起了人们对生态问题的日益关注。但是,古典传统中的生态学(环境问题早在1848 年就出现于穆勒的《政治经济学原理》中)跟担心自然资源濒临枯竭导致发展受限无关,这种担心在边际主义方法中颇为典型。与此相反,这一问题关注的是经济活动和自然环境之间的相互关系。“可持续发展”概念(布朗德兰德,1987 年)提出一种多维度的经济增长观,关注政策干预下的技术和消费方式的变化。与此相反,在以贫困和落后为特征的世界经济大背景下,“增长的极限”的论点,在某些情况下类似于声称经济增长率与收入分配的某种平等程度成反比的观点(或者更糟糕,民主发展和政治自由之间成反比),二者都反映了一种保守主义的态度。

就这些问题展开的讨论采取了不同的思路。大量研究发达国家和发展中国家二元对立关系的著作表明了种种截然不同的观点,很明显,无论是收入分配不平衡还是独裁政治制度都不是经济可持续增长的先决条件;相反,我们可以认为,公民生活条件(从教育、卫生条件、公共管理的道德和效率、法律和秩序、司法正义,到公民在民主自由环

(接上页)极度不均衡)这样一些指标就变得很重要了。对这些指标的分析构成了一个快速发展的研究领域,始于马布·乌尔·哈克基于阿马蒂亚·森的理论,在联合国贸易和发展会议上构建的人类发展指数,这个指数在年度系列《人类发展报告》中给出。

境下积极参与政治生活)的进步才是社会可持续发展过程的根本前提。

最后我们来看下关于全球化的研究思潮。信息传输的进步跟电信和信息技术的发展息息相关,运输成本降低,金融市场在整个世界市场中日益一体化,人口流动数量庞大且与日俱增,这一切都导致世界各国之间更紧密的联系。在这种情况下,劳动力成本低的国家之间的竞争带给发达国家工人的压力越来越大,特别是发达国家中那些低技能工人,此原则也同样适用于不同财政或环境管理体系间的竞争。

宗教冲突和政治社会的紧张局势导致各国国家结构的崩溃,引发了规模宏大的人口迁移,这需要相应的政策来整合经济考量和社会、政治以及伦理因素。目前的经济文化似乎尚未准备好迎接这个挑战,过去10年世界经济金融危机发生的时候,这个挑战就出现了,随后欧元区经济危机的出现使这个挑战变得更加严峻。在这种情势下,思考不同经济研究潮流的基本特点以及它们在人类文化历史中的兴衰变迁,有伦理道德上的优先性。

文献指南

大约50年前,我拟撰文探讨斯拉法1960年刚出版的书中"固定资本"的概念,为此,我邀请索罗斯·拉比尼做我的导师。他给我的第一条建议是"认真通读"斯密的《国富论》、李嘉图的《政治经济学及赋税原理》以及马克思的《资本论》(尤其是第二卷)。这出乎我的意料,但正如后来他向我解释的那样,如果不首先研究斯拉法著作背后的内容,就不可能理解斯拉法的著作。

毕业后我立即前往剑桥,在斯拉法的指导下进行学习研究。他问我索罗斯的大一经济学课程是如何安排的。我告诉他是从新古典主义经济学关于公司和就业的理论开始,然后是各种批判(斯拉法对马歇尔U型成本曲线的批判,以及索罗斯对边际主义方法及其主观主义的静态特征的批判),最后以索罗斯的寡头理论和凯恩斯的就业理论结束。"首先他让学生堕落,然后再救赎他们!"斯拉法评论道。然而,斯拉法也会要求他的学生深入研读至少一位秉承边际主义传统的伟大的经济学作者的著作。向我,他推荐的是马歇尔的《经济学原理》。

事实证明这些建议让人受益匪浅,因此我很乐意将它们传递下去。它们的普遍意义在于让我们认识到:为了理解某一理论,我们需要研究其文化根源;它们的具体内容则在于告诉我们,阅读应始于经济思想史上大师的著作。我可以笃定地说,阅读古典经济学家的著作不能一蹴而就。我们需要字斟句酌,特别是如果我们想避免从当代的理论视角来解读古典经济学著作的话，一翻而过虽然便捷，但有可能误入歧途。这意味着我们不仅应努力斟酌我们手中正在阅读的作者的视角，而且还需要阅读一些延伸材料，如：经济史、文化史、传记类以及阐释性著作。根据我个人的经验，阅读这些延伸材料所需的时间至少是阅读原著的两倍。

在剑桥时，我和我的朋友马里奥·托维罗纳齐一起阅读了凯恩斯的《就业、利息和货币通论》，发现它晦涩难懂。马里奥花了10年的时间才完成自己对《就业、利息和货币通论》的解读（托维罗纳齐，1983年）：凯恩斯真正的目的不仅是要表明资本主义的不稳定性，更是要表明可能存在以生产能力的非充分利用和非自愿失业为特征的均衡。马里奥的著作以及我们二人的讨论，再加上多年来我与简·克雷格尔的讨论以及他的著作（特别是他1976年的著作），有助于我理解凯恩斯理论以及研究其概率论（荣卡格利亚，2009年a）。

如今沉思细想，我终于明白为何索罗斯和斯拉法不建议他们的学生一开始就阅读《就业、利息和货币通论》（斯拉法给人的印象是他不喜欢《就业、利息和货币通论》这本书，但其实他对凯恩斯评价极高）。原因在于，我的两位导师在一开始就试图澄清古典经济学和边际主义传统之间的本质区别，而凯恩斯则将其激进的创新性观点纳入马歇尔传统：该策略使其观点易被接受（凯恩斯的主要研究兴趣是解决失业问题的政策选择，这在当时是一个紧迫的问题，也是出于政治原因），但也是一种冒险的策略，因为它意味着与边际主义传统的折中和同化，正如新古典综合学派所经历的那样，其结果是凯恩斯在政策影响方面的贡献也非常有限。对凯恩斯需要仔细地研究，更要谨慎地研究。为了理解其观点，我们有必要记得他的上述策略，同时阅读介绍他性格和思想的一般读物(例如斯基德尔斯基的《凯恩斯传》,2010年),以及他本人对于其理论争鸣的一些辩驳,例如凯恩斯 1937 年写的文章。

我明白,对于非经济学专业读者而言,他们的阅读主要是为了更好地理解某些问题,并非是要全身心投入经济学和经济思想史的研究,所以这些短短的阅读说明可能已经耗尽了他们可用的时间。此外,读者在阅读时的兴趣点和想要了解的内容可能与我有所不同,但我们都会乐意阅读那些(出于某种原因)让我们觉得更有趣的内容。以我自己为例,斯拉法很乐意指导我对托伦斯(1821 年)的研究,当我决定开始认真研究配第时,他也很高兴。后来我发现配第是他最喜欢的学者之一。但是,他从不强迫我具体阅读什么内容,或者说他对阅读内容的引导是以一种微妙的、潜移默化的方式进行的,而我自己从未察觉。因此,我相信每位读者都能按照自己的意愿选择自己的延伸阅读内容。在下文中,我谨按照本书章节的顺序指出一些可能的阅读路径。

可以采取的阅读路径有很多,其中一个或许与经济学关系不大,至少是直接关系不大,就是把斯密关于天文学史的文章(斯密,1795年)和库恩 1962 年关于科学革命的书进行比较。根据熊彼特的观点(他不大喜欢斯密),该文章是斯密这位苏格兰经济学家写得最好的一篇(熊彼特,1954 年,第 221 页)。在阅读时,如能在库恩的文章中找到证据证明熊彼特对其研究重点的选择有所影响(即从托勒密体系到哥白尼体系的转变),那将是有趣的发现。这一主题是斯密的建议,后来熊彼特(1954 年,第 389n 页)又再次提出。

政治经济学诞生之前的千年,显然为我们提供了广阔的研究空间。可以尝试在《圣经》和其他著作中寻找一些相关段落，品读它们如何看待人类劳动的积极作用和消极作用。在该时期末的著作中，我最喜欢的是塞拉的作品（1613 年），其研究主题广泛、文本简洁，读来既富挑战性又让人兴趣盎然，尤其因为书中的概念后来获得的不同内涵。

威廉·配第个性强烈，其经济著作通常是针对具体问题的讨论，且主题涉及范围广泛，从中推断出的理论结构并不容易（我曾作过尝试，详见荣卡格利亚，1977 年）。对配第这样一位年代久远的作者，为了重建其概念基础，我们可以尝试不同方法。方法之一就是阅读《关于钻石的对话》的相关内容（配第，1899 年，第 624—630 页），并参照我对其的解读（参见本书第 3 章第 4 节的概述，或详见荣卡格利亚 1977 年出版的英文版的第 73—76 页）。

另一位引人入胜的人物是理查德·坎蒂隆，其一生颇具传奇色彩。值得一读的除了他的《商业性质概论》（1755 年），还有墨菲（1986 年）所著的传记。另外，加利亚尼 1770 年的著作反对重农学派特有的“系统精神”，也非常引人深思。值得推荐的还有洛克、曼德维尔、魁奈以及杜尔哥的著作。这些推荐著作以及书中其他著作的先后排序，反映的仅是我的个人偏好（比如我对于曼德维尔的偏爱），而不代表其重要性。

亚当·斯密不仅是经济学家（斯密，1776 年），也是哲学家（斯密，1759 年），其著作中闪烁着的智慧光芒直到今天仍然熠熠生辉。我能给出的唯一建议就是读他的著作要多多益善，并且要细嚼慢咽。参考书目中引用的几本评注版（有不错的序言，也值得一读）也有平装本，价格实惠，是由美国 Liberty Press 出版的凸版的再版：在任何图书馆中，它们都是历年乃至世代相传的参考书。

马尔萨斯的《人口论》(1798 年)的第一版比后来的版本更简短、更生动、更值得一读。在后来的版本中，许多例子都昭聋发聩，但有些地方扩充过多，往往模糊了主要论点。可尝试阅读那些 19 世纪早期作者的著作，寻找那些专门讨论一般性生产过剩危机的可能性的段落。

在李嘉图的著作中，1815 年的《论谷物低价对资本利润的影响》和 1817 年的《政治经济学及赋税原理》为必读书目(《李嘉图著作和通信集》，1951—1955 年，第四卷第 1—41 页以及第一卷)。必读的还有斯拉法写的序言(1951 年)，堪称经济思想史上的杰作。

经济争论在 19 世纪前 30 年特别活跃。托伦斯(1821 年)对当时关于价值理论的争论了若指掌。该主题在乌托邦文学中就已经出现过(莫尔，1516 年；康帕内拉，1602 年)，但自 19 世纪 30 年代以后才有了详实的研究，关注的是工作日长度的缩短(可能在一个平等主义的社会中才能实现)。据我所知，尚未有人提笔写过这个问题的来龙去脉。如果要研究的话，人们可能会从帕特里克·科奎豪恩(1814 年)以及马克思的女婿保罗·拉法格(1880 年)入手。对于那些研究价值理论的人而言，查尔斯·巴贝奇(1832 年)算不上是一个有趣的作者，但他提出了动态分析，也提出了许多关于技术和社会变革的指标，因此是个重要人物。在约翰·斯图亚特·穆勒的著作中，我推荐的不是《政治经济学原理》(1848 年)，而是他关于自由和功利主义的文章(穆勒，1859 年、1861 年)。在他那些生动风趣的文章中，穆勒提出了与当今的争论密切相关的原创性的思想。

在我大学时代，我们几乎必须阅读马克思的所有主要著作和一些其他著作。这里请允许我至少推荐《资本论》第二卷,因为它为许多经济问题提供了丰富的思想食粮。对于那些只想快速了解马克思思想发展的人,我推荐《宣言》(马克思和恩格斯,1848 年)以及《政治经济学批判》的序言(马克思,1859 年)。这是对《资本论》(马克思,1865 年)中讨论的主题的基本阐述。关于从资本主义到社会主义再到共产主义的过渡,我推荐篇幅很小的《哥达纲领批判》(马克思和恩格斯,1878 年)。

杰文斯 1871 年问世的《政治经济学理论》是理解主观方法的必读经典,可与沙巴斯(1990 年)为其写的传记一起阅读。传记可读性极强,辩证地阐释了这位英国边际主义创始人的思想。

门格尔的《国民经济学原理》(1871 年)行文冗长,但书中关于商品和需求的第一部分有力地阐明了隐藏在简单数学下面的严肃的概念问题,这些简单的数学在当今的教科书中是用来说明消费者均衡的。韦伯(1904—1905,1922 年)是一位值得深入研究的作者。然而,今天的经济学家依然视他为经济学的局外人,这无疑是一种遗憾。维克塞尔是一位深刻的理论家,他的《政治经济学讲义》(维克塞尔,1901—1906)被认为可能是掌握边际主义方法的理论结构的最佳著作(至少斯拉法如此认为)。在阅读这本逻辑严谨的著作之余,不妨读读杰朗德(1956 年)引人入胜的传记,书中描述了维克塞尔的进步政治立场。另外,哈耶克是一位伟大的辩论者,其 1944 年的著作清晰地阐明了他的观点,这些观点影响深远并得到了许多保守派经济学家的认同。

瓦尔拉斯的著作深奥难读,很少有人读其原文。不妨先阅读瓦尔拉斯的著作(1874 年),然后再读读帕累托的著作(1906 年),寻找那些关于均衡稳定性的段落。

马歇尔的《经济学原理》(1890 年)是经济学基础读物,但艰深难解,原因在于静态均衡分析和进化观点之间始终存在模糊性。如果你决定一读,可尝试阅读《经济学原理》1961 年集注本的两卷,包括文本和注释,但阅读可能旷日弥久。

关于凯恩斯著作的阅读,前面已有提及,此处不再赘述。关于熊彼特,他 1934 年英文版的《经济发展理论》比 1912 年德语原版更简短,因此容易阅读。熊彼特的《资本主义、社会主义与民主》(熊彼特,1942 年)是一本生动风趣的著作,但是这本书现在也像韦伯的著作一样被认为与经济领域毫无关系。

斯拉法的《用商品生产商品》(1960 年)虽然薄薄一卷,但阅读时切不可囫囵吞枣,有必要参考古典经济学的著作,特别是李嘉图的著作进行逐行细读,也可参考相关的评论,如荣卡格利亚的评论(2009 年 b)。

对于最后一章,我就不再列出阅读清单,因为涉及的著作太多,并且已经包含在文本和脚注中。在此,请允许我推荐我的导师索罗斯·拉比尼的两篇文章(1956 年、1984 年)。

最后,祝阅读愉快!

参考文献

（作者译名参见“人名译名对照表”）

The year after the author's name indicates the original date of publication, except for pre-1500 writings. The original date of writing is occasionally indicated in square brackets. Page references in the text refer to the last of the editions cited below not in brackets. When this is not an English edition, the translation of the passages cited in the text is mine.

Acemoglu, D. and Robinson, J. A. 2006. *Economic origins of dictatorship and democracy*. Cambridge: Cambridge University Press.

Akerlof, G. 1970. 'The market for lemons', *Quarterly Journal of Economics* 84: 488–500.

Akerlof, G. and Kranton, R. 2000. 'Economics and identity', *Quarterly Journal of Economics* 115: 715–53.

Allais, M. 1953. 'Le comportement de l'homme rationnel devant le risque: critique des postulats et axiomes de l'école américaine', *Econometrica* 21: 503–46.

Andrews, P. W. S. 1993. *The economics of competitive enterprise. Selected essays*. ed. by F. S. Lee and P. E. Earl, Aldershot: Edward Elgar.

Anonymous [1581] 1893. *A discourse of the common weal of this realm of England*. New ed. by E. Lamond, Cambridge: Cambridge University Press; repr. 1929.

Aristotle 1977. *Politics*. With an English transl. by H. Rackham, The Loeb Classic Library, vol. 21, Cambridge (Mass.): Harvard University Press.

(Pseudo)Aristotle 1935. *The Oeconomica*. With an English transl. by G.C. Armstrong, London: Heinemann and Cambridge (Mass.): Harvard University Press.

Arrow, K. J. 1951. *Social choice and individual values*. New York: Wiley.

1962. 'The economic implications of learning by doing', *Review of Economic Studies* 26: 155–73.

Arrow, K. J. and Debreu, G. 1954. 'Existence of an equilibrium for a competitive economy', *Econometrica* 22: 265–90.

Arthur, B. 1994. *Increasing returns and path dependence in the economy*. Ann Arbor: University of Michigan Press.

Aspromourgos, T. 2009. *The science of wealth. Adam Smith and the framing of political economy*. Abingdon: Routledge.

Axelrod, R. 1984. *The evolution of cooperation*. New York: Basic Books.

Babbage, C. 1832. *On the economy of machinery and manufactures*. London: Charles Knight; fourth edn. 1835; repr. New York: M. Kelley, 1963.

Bacon, F. 1620. *Novum Organum*. London: Joannem Billium; repr. in *The works of Francis Bacon*, ed. by J. Spedding, R. Lesline Ellis, D. Demon Heath, vol. 4, London: Longman and Co. 1858.

1626. *New Atlantis*. London: J.H. for W. Lee; repr. in F. Bacon, *'The advancement of learning' and 'New Atlantis'*. ed. by T. Case, Oxford: Oxford University Press, 1974.

Bailey, S. 1825. *A critical dissertation on the nature, measure and causes of value*. London: R. Hunter; repr. London: Frank Cass 1967.

Bain, J. S. 1956. *Barriers to new competition*. Cambridge (Mass.): Harvard University Press.

Baran, P. A. 1957. *The political economy of growth*. New York: Monthly Review Press.

Baran, P. A. and Sweezy, P. M. 1966. *Monopoly capital. An essay on the American economic and social order*. New York: Monthly Review Press.

Barone, E. 1908. 'Il ministro della produzione nello stato collettivista', *Giornale degli economisti* 2: 267–93 and 391–414. (English transl., 'The ministry of production in the collectivist state', in Hayek [ed.] 1935).

Barro, R. J. and Grossman, H. I. 1971. 'A general disequilibrium model of income and employment', *American Economic Review* 61: 82–93.

Barton, J. 1817. *On the conditions of the labouring classes*. London: John and Arthur Arch.

Baumol, W. J. 1959. *Business behaviour, value and growth*. New York: Harcourt & Co.

1977. 'Say's (at least) eight laws, or what Say and James Mill may really have meant', *Economica* 44: 145–62.

Baumol, W. J., Panzar, J. C. and Willig, R. D. 1982. *Contestable markets and the theory of industry structure*. San Diego (Calif.): Harcourt Brace Jovanovich.

Beccaria, C. 1764. *Dei delitti e delle pene*. Livorno: Coltellini; repr. in F. Venturi (ed.), *Illuministi italiani. Tomo III. Riformatori lombardi piemontesi e toscani*, Milano-Napoli: Ricciardi, 1958, pp. 27–105.

1804. *Elementi di economia politica*, in P. Custodi (ed.), *Scrittori classici italiani di economia politica*, Milano: Destefanis, vol. 18, pp. 17–356 and vol. 19, pp. 391–543.

Benini, R. 1907. 'Sull'uso delle formule empiriche nell'economia applicata', *Giornale degli economisti*, second series, 35: 1053–63.

Bentham, J. [1776]. 'Fragment on government', in *The works of Jeremy Bentham*, 9 vols., ed. by J. Bowring, Edinburgh and London: William Tait-Simpkin and Marshall & Co., 1843–59, vol. 1, pp. 221–95; repr. in *'A comment on the commentaries' and 'A fragment on government'*, ed. by J.H. Burns and H.L.A. Hart, London: Athlone Press 1977.

[1787]. *Defence of usury*. Repr. in *Jeremy Bentham's economic writings*, 3 vols., ed. by W. Stark, London: Allen and Unwin with the Royal Economic Society, 1952, vol. 1, pp. 121–207.

Berg, M. 2005. *Luxury and pleasure in eighteenth century Britain*. Oxford: Oxford University Press.

Berle, A. A. and Means, G. 1932. *The modern corporation and private property*. New York: The Commerce Clearing House.

Bernstein, E. 1899. *Die Voraussetzungen des Sozialismus und die Aufgaben der Sozialdemokratie.* Stuttgart: Dietz. English transl., *Evolutionary socialism*, New York: Huebsch, 1909; repr. New York: Schocken, 1961.

Bible. *The Jerusalem Bible.* London: Darton, Longman and Todd, 1966.

Böhm-Bawerk, E. von 1889. *Kapital und Kapitalzins. Zweite Abteilung: Positive Theorie des Kapitales.* Innsbruck: Verlag der Wagner'schen Universitäts-Buchhandlung. English transl., *The positive theory of capital*, London: Macmillan, 1891.

1896. 'Zum Abschluss des Marxschen Systems', in O. von Boenigk (ed.), *Staatswissenschaftliche Arbeiten. Festgaben für Karl Knies.* Berlin: Haering. English transl., *Karl Marx and the close of his system*, London: Fisher Unwin, 1898.

Boisguilbert, Pierre le Pesant de 1695. *Le détail de la France.* Rouen: no publisher; repr. in Institut national d'études demographiques (INED), *Pierre de Boisguilbert or la naissance de l'économie politique*, 2 vols., Paris: Presses Universitaires de France, 1966.

Bortkiewicz, L. von 1906–7. 'Wertrechnung und Preisrechnung im Marxschen System', *Archiv für Sozialwissenschaft und Sozialpolitik* 23 (1906) n. 1 and 25 (1907) nn. 1–2. English transl., 'Value and price in the Marxian system', *International Economic Papers* 1952, 52: 5–60.

1907. 'Zur Berichtigung der grundlegenden theoretischen Konstruktion von Marx im dritten Band des "Kapital"', *Conrads Jahrbücher für Nationalökonomie und Statistik*, series 3, 34: 319–35. English transl., 'On the correction of Marx's fundamental theoretical construction in the third volume of *Capital*', in P. Sweezy (ed), *Karl Marx and the close of his system.* New York: Augustus M. Kelley, 1949.

Box, G. E. P. and Jenkins, J. M. 1970. *Time series analysis: forecasting and control.* San Francisco: Holden-Day.

Brundtland, G. H. (ed.) 1987. *Our common future* (Brundtland Report, World Commission on Environment and Development). Oxford: Oxford University Press.

Caldwell, B. 2004. *Hayek's challenge. An intellectual biography of F.A. Hayek.* Chicago: University of Chicago Press.

Campanella, T. [1602] 1964. *La città del sole.* Milano: Rizzoli.

Cantillon, R. 1755. *Essai sur la nature du commerce en général.* London: Fletcher Gyles. Repr. with English transl., *Essay on the nature of trade in general*, ed. by H. Higgs, London: Macmillan 1931; repr., New York: M. Kelley 1964.

Carlyle, T. 1888–89. *Works.* 37 vols., London: Chapman and Hall.

Chamberlin, E. 1933. *The theory of monopolistic competition.* Cambridge (Mass.): Harvard University Press.

Child, J. 1688. *Brief observations concerning trade and interest of money.* London: E. Calvert and H. Mortlock; repr. as *A discourse about trade*, London: A. Sowle, 1690.

Clapham, J. A. 1922. 'Of empty economic boxes', *Economic Journal* 32: 305–14.

Clark, J. B. 1899. *The distribution of wealth: a theory of wages, interests and profits.* New York: Macmillan.

Clower, R. W. 1965. 'The Keynesian counter-revolution: a theoretical appraisal', in F. H. Hahn and F. P. R. Brechling (eds.), *The theory of interest rates*. London: Macmillan, pp. 103–25.

Coase, R. H. 1937. 'The nature of the firm', *Economica* 4; repr. in R. H. Coase, *The firm, the market and the law*. Chicago: The University of Chicago Press 1988, pp. 33–55.

Colquhoun, P. 1814. *Treatise on the wealth, power and resources of the British Empire*. London: J. Mawman.

Comte, A. 1830–42. *Cours de philosophie positive*. 6 vols., Paris.

Croce, B. and Einaudi, L. 1957. *Liberismo e liberalismo*. ed. by P. Solari, Milano-Napoli: Riccardo Ricciardi editore.

Custodi, P. 1803. 'Notizie degli autori contenuti nel presente volume', in *Scrittori classici italiani di economia politica*, parte antica, tomo 1, Milano: Destefanis.

Darwin, C. 1859. *On the origin of species by means of natural selection*. London: Murray; sixth edn., 1872.

1871. *The descent of man, and selection in relation to sex*. London: Murray; second edn., 1874.

David, P. 1985. 'Clio and the economics of QWERTY', *American Economic Review, Papers and Proceedings* 75: 332–7.

Davidson, P. 1994. *Post Keynesian macroeconomic theory*. Aldershot: Edward Elgar.

Debreu, G. 1959. *Theory of value. An axiomatic analysis of economic equilibrium*. Cowles Foundation Monograph, n. 17, New Haven: Yale University Press.

De Finetti, B. 1930. 'Fondamenti logici del ragionamento probabilistico', *Bollettino dell'Unione matematica italiana* 9: 258–61.

De Finetti, B. 1931. *Probabilismo. Saggio critico sulla teoria delle probabilità e sul valore della scienza*. Napoli: Perrella.

1937. 'La prévision, ses lois logiques, ses sources subjectives', *Annales de l'Institut Henri Poincaré* 7: 1–68.

Defoe, D. 1719. *The life and strange surprizing adventures of Robinson Crusoe, of York, mariner*. 3 vols., London: W. Taylor.

De Quincey, T. 1821–22. 'Confessions of an English opium eater', *London Magazine*, Sept. 1821–Oct. 1822; repr. in volume form, 1822; second edn., 1856; repr. London: Grant Richards 1902.

1824. 'Dialogues of three templars on political economy', *London Magazine*; repr. in T. De Quincey, *Collected writings*, ed. by D. Masson, A. and C. Black, Edinburgh, vol. 9, repr. as *Political economy and politics*, New York: Augustus M. Kelley 1970, pp. 37–112.

1844. *The logic of political economy*. Edinburgh: William Blackwood and Sons; repr. in T. De Quincey, *Collected writings*, vol. 9, pp. 118–294.

Descartes, R. 1637. *Discours de la méthode*. Leyda: I. Maire. English transl., *Discourse on the method for conducting one's reason well and for seeking truth in the sciences*, Indianapolis: Hackett 1988.

D'Ippoliti, C. and Roncaglia, A. 2016. 'Heterodox economics and the history of economic thought', in T.-H. Jo and Z. Todorova, eds, *Advancing the frontiers of heterodox economics. Essays in honor of Frederick S. Lee*. Abingdon and New York: Routledge, pp. 21–38.

Dobb, M. 1928. *Russian economic development since the revolution*. London: Routledge.
1946. *Studies in the development of capitalism*. London: Routledge.
1955. *On economic theories and socialism*. London: Routledge.
1973. *Theories of value and distribution since Adam Smith*. Cambridge: Cambridge University Press.
Dosi G. 1984. *Technical change and industrial transformation*. London: Macmillan.
et al. 1988. *Technical change and economic theory*. London: Pinter.
Dunlop, J. T. 1938. 'The movement of real and money wage rates', *Economic Journal* 48: 413–34.
Edgeworth, F. Y. 1881. *Mathematical psychics. An essay on the application of mathematics to the moral sciences*. London: C. Kegan Paul; repr. San Diego: James and Gordon 1995.
1925. *Papers relating to political economy*. 3 vols., London: Royal Economic Society; repr. New York: Burt Franklin 1970.
Edwards, W. 1961. 'Behavioral decision theory', *Annual Review of Psychology* 12: 473–98.
Eichner, A. S. 1976. *The megacorp and oligopoly*. Cambridge: Cambridge University Press.
Ellsberg, D. 1961. 'Ambiguity, and the Savage axioms', *Quarterly Journal of Economics* 75: 643–69.
Fama, E. 1970. 'Efficient capital markets: a review of theory and empirical work', *Journal of Finance* 25: 383–417.
Ferguson, A. 1767. *An essay on the history of civil society*. Edinburgh: A. Kinkaid & J. Bell; repr. ed. by D. Forbes, Edinburgh: Edinburgh University Press 1966.
Feyerabend, P. 1975. *Against method. Outline of an anarchist theory of knowledge*. London: New Left Books.
Fisher, I. 1892. *Mathematical investigations in the theory of value and prices*. New Haven: Transactions of the Connecticut Academy of Arts and Sciences; repr. New York: A.M. Kelley 1965.
Flux, A.W. 1894. 'Review: K. Wicksell, *Über Wert, Kapital und Rente*; P.H. Wicksteed, *An essay on the coordination of the laws of distribution*', *Economic Journal* 4: 305–13.
Friedman, M. 1953. *Essays in positive economics*. Chicago: University of Chicago Press.
1956. 'The quantity theory of money. A restatement', in M. Friedman (ed.), *Studies in the quantity theory of money*. Chicago: University of Chicago Press, pp. 3–21.
1968. 'The role of monetary policy', *American Economic Review* 58: 1–17.
Frisch, R. 1933. 'Editorial', *Econometrica* 1: 1–4.
Fuà, G. 1993. *Crescita economica. Le insidie delle cifre*. Bologna: Il Mulino.
Galbraith, J. K. 1955. *The affluent society*. Boston: Houghton Mifflin.
1967. *The new industrial state*. Boston: Houghton Mifflin.
Galiani, F. 1751. *Della moneta*. Napoli: Giuseppe Raimondi; second edn. Napoli: Stamperia simoniana 1780; repr. Milano: Feltrinelli 1963. (English transl., *On money*, ed. by P. R. Toscano, Ann Arbor: University Microfilm International 1977).

1770. *Dialogues sur le commerce des blés*. Londres: no publisher; repr. ed. by F. Nicolini, Milano-Napoli: Ricciardi 1959; Italian transl., *Dialoghi sul commercio dei grani*, Roma: Editori Riuniti 1978.
Galilei, G. 1623. *Il Saggiatore*. Roma: Giacomo Mascardi e Accademia dei Lincei; repr. in *Opere*, Milano-Napoli: Ricciardi 1953, pp. 89–352.
Gårdlund, T. 1956. *Knut Wicksell, rebell l det nya riket*. Stockholm: Bonniers; English transl., *The life of Knut Wicksell*, Cheltenham: Edward Elgar 1996.
Garegnani, P. 1960. *Il capitale nelle teorie della distribuzione*. Milano: Giuffrè.
1970. 'Heterogeneous capital, the production function and the theory of distribution', *Review of Economic Studies* 37: 407–36.
1981. *Marx e gli economisti classici*. Torino: Einaudi.
1984. 'Value and distribution in the classical economists and Marx', *Oxford Economic Papers* 36: 291–325.
1990. 'Sraffa: Classical versus Marginalist analysis', in Bharadwaj, K. and Schefold, B. (eds.), *Essays on Piero Sraffa*, London: Routledge, pp. 112–41.
Genovesi, A. 1765–67. *Delle lezioni di commercio o sia d'economia civile*. 2 vols., Napoli: Fratelli Simone; repr. in *Scrittori classici italiani di economia politica*, ed. by P. Custodi, vols. 14–16, Milano: Destefanis, 1803.
Godfrey-Smith, P. 2009. *Darwinian populations and natural selections*. Oxford: Oxford University Press.
Godley, W. and Lavoie, M. 2007. *Monetary economics. An integrated approach to credit, money, income, production and wealth*. London: Palgrave Macmillan.
Godwin, W. 1793. *Enquiry concerning political justice, and its influence on moral and happiness*. London: G. G. and J. Robinson; repr. ed. by I. Kramnick, Harmondsworth: Penguin Books 1976.
1820. *Of population. An enquiry concerning the power of increase in the numbers of mankind, being an answer to mr. Malthus's essay on that subject*. London: Longman, Hurst, Rees, Orme and Brown.
Goodwin, R. M. 1967. 'A growth cycle', in C. H. Feinstein (ed.), *Socialism, capitalism and economic growth. Essays presented to Maurice Dobb*, Cambridge: Cambridge University Press, pp. 54–58.
1990. *Chaotic economic dynamics*. Oxford: Clarendon Press.
Gossen, H. H. 1854. *Entwickelung der Gesetze des menschlichen Verkehrs, und der daraus fliessenden Regeln für menschliches Handeln*. Brunswick: Vieweg; second edn. Berlin: Prager 1889. English transl., *The laws of human relations and the rules of human action derived therefrom*, ed. by N. Georgescu-Roegen, Cambridge (Mass.): MIT Press 1983.
Gray, J. 1825. *A lecture on human happiness*. Philadelphia: D. & S. Neall.
Graziani, A. 2003. *The monetary theory of production*. Cambridge: Cambridge University Press.
Haavelmo, T. 1944. 'The probability approach in econometrics', *Econometrica* 12 (Supplement): 1–118.
Hall, P. and Soskice, D. (eds) 2001. *Varieties of capitalism*. Oxford: Oxford University Press.
Hansen, A. 1938. *Full recovery or stagnation?*. New York: Norton.
Harcourt, G. C. 2006. *The structure of post-Keynesian economics. The core contributions of the pioneers*. Cambridge: Cambridge University Press.

Harrod, R.F. 1930. 'Notes on supply', *Economic Journal* 40: 232–41.
1939. 'An essay in dynamic theory', *Economic Journal* 49: 14–33.
1951. *The life of John Maynard Keynes*. London: Macmillan.
1961. 'Review of P. Sraffa, *Production of commodities by means of commodities*', *Economic Journal* 71: 78387.
Harvey, W. 1628. *Exercitatio anatomica de motu cordis et sanguinis*. Francoforti: G. Fitzeri. English transl., *The anatomical exercises*, ed. by G. Keynes, New York: Dover Publications 1995.
Hawtrey, R. G. 1919. *Currency and credit*. London: Longmans.
Hayek, F. von 1931. *Prices and production*. London: Routledge.
1932. 'Money and capital: a reply', *Economic Journal* 42: 237–49.
(ed.). 1935. *Collectivist economic planning*. London: Routledge.
1944. *The road to serfdom*. Chicago: Chicago University Press; repr. (with an introduction by M. Friedman) 1994.
1994. *Hayek on Hayek*, ed. by S. Kresge and L. Wenar, Chicago: University of Chicago Press.
Henrich, J. *et al.* (eds.), 2004. *Foundations of human sociality*. Oxford: Oxford University Press.
Heukelom, F. 2014. *Behavioral economics: a history*. Cambridge: Cambridge University Press.
Hicks, J. 1937. 'Mr. Keynes and the classics: a suggested interpretation', *Econometrica* 5: 147–59.
Hilferding, R. 1910. *Das Finanzkapital*. Wien: Wiener Volksbuchhandlung Ignaz Brand. English transl., *Finance capital: a study of the latest phase of capitalist development*, London: Routledge & Kegan Paul 1981.
Hirschman, A. 1977. *The passions and the interests*. Princeton: Princeton University Press.
1982. 'Rival interpretations of market society: civilizing, destructive, or feeble?', *Journal of Economic Literature* 20: 1463–84.
Hobbes, T. 1651. *Leviathan*. London: Andrew Crooke; repr. ed. by C. B. Macpherson, Harmondsworth: Penguin Books 1968, repr. 1987.
Hobson, J. 1902. *Imperialism: a study*. London: Nisbet.
Hodgskin, T. 1825. *Labour defended against the claims of capital or the unproductiveness of capital proved*. London: Knight and Lacey; repr. London: Hammersmith Bookshop 1964.
Hodgson, G.M. 1988. *Economics and institutions*. Cambridge: Polity Press.
1998. 'The approach of institutional economics', *Journal of Economic Literature*, 36: 166–92.
Hume, D. 1739–40. *A treatise of human nature*. 3 vols., London: John Noon; repr. Oxford: Clarendon Press 1978; repr. Bristol: Thoemmes 1990.
[1740] 1938. *An abstract of a treatise on human nature*. With an introduction and ed. by J. M. Keynes and P. Sraffa, Cambridge: Cambridge University Press.
1752. *Political discourses*. Edinburgh: A. Kincaid and A. Donaldson; repr. in *Essays: moral, political, and literary*, ed. by E. F. Miller, Indianapolis: Liberty Press 1987.
Huntington, S.P. 1996. *The clash of civilization and the remaking of the world order*. New York: Simon & Schuster.

Hutcheson, F. 1755. *A system of moral philosophy*. 3 vols., London: A. Millar.

Jevons, W. S. 1865. *The coal question*. London: Macmillan; repr. New York: Augustus M. Kelley 1965.

1871. *The theory of political economy*. London: Macmillan; second edn. 1879; repr. Harmondsworth: Penguin Books 1970.

1874. *The principles of science: a treatise on logic and scientific method*. London: Macmillan; second edn. 1877.

1881. 'Richard Cantillon and the nationality of political economy', *Contemporary Review*, January; repr. in R. Cantillon, *Essai sur la nature du commerce en général*, ed. by H. Higgs, London: Macmillan, 1931 (repr. New York: Kelley, 1964), pp. 333–60.

Kahn, R.F. [1929] 1983. *L'economia del breve periodo*. ed. by M. Dardi, Torino: Boringhieri; English edn., *The economics of the short period*. New York: St. Martin's Press 1989.

1931. 'The relation of home investment to unemployment', *Economic Journal* 41: 173–98; repr. in Kahn, 1972, pp. 1–27.

1972. *Selected essays on employment and growth*. Cambridge: Cambridge University Press.

Kahneman, D. and Tversky, A. 1979. 'Prospect theory: an analysis of decision under risk', *Econometrica* 47: 313–27.

Kaldor, N. 1942. 'Professor Hayek and the concertina effect', *Economica*. 9: 359–82.

1956. 'Alternative theories of distribution', *Review of Economic Studies* 23: 94–100.

1957. 'A model of economic growth', *Economic Journal* 67: 591–624.

1961. 'Capital accumulation and economic growth', in F. A. Lutz (ed.), *The theory of capital*, London: Macmillan, pp. 177–220.

1966. 'Marginal productivity and the macro-economic theories of distribution', *Review of Economic Studies* 33: 309–19.

Kalecki, M. 1943. *Studies in economic dynamics*. London: Allen & Unwin.

1971. *Selected essays on the dynamics of the capitalist economy*. Cambridge: Cambridge University Press.

1972. *Selected essays on the economic growth of the socialist and the mixed economy*. Cambridge: Cambridge University Press.

Kautilya [fourth century BC] 1967. *Arthaśāstra*. ed. by R. Shamasastri, Mysore: Mysore Printing and Publishing House.

Keynes, J. M. 1913. *Indian currency and finance*. London: Macmillan; repr. in J. M. Keynes, *Collected writings*, vol. 1, London: Macmillan 1971.

1919. *The economic consequences of the peace*. London: Macmillan; repr. in J. M. Keynes, *Collected writings*, vol. 2, London: Macmillan 1971.

1921. *A treatise on probability*. London: Macmillan; repr. in J. M. Keynes, *Collected writings*, vol. 8, London: Macmillan 1973.

1923. *A tract on monetary reform*. London: Macmillan; repr. in J. M. Keynes, *Collected writings*, vol. 4, London: Macmillan 1971. (Italian transl., ed. by P. Sraffa, *La riforma monetaria*, Milano: Fratelli Treves 1925).

1925. *The economic consequences of Mr. Churchill*. London: Hogarth Press; repr. in Keynes 1931, pp. 207–30 and in J. M. Keynes, *Collected writings*, vol. 9, pp. 272–94.

1930. *A treatise on money*. 2 vols., London: Macmillan; repr. in J. M. Keynes, *Collected writings*, vols. 5 and 6, London: Macmillan 1971.
1931. *Essays in persuasion*. London: Macmillan; repr. in J.M. Keynes, *Collected writings*, vol. 9, London: Macmillan 1972.
1933. *Essays in biography*. London: Macmillan; repr. in J. M. Keynes, *Collected writings*, vol. 10, London: Macmillan 1972.
1936. *The general theory of employment, interest and money*. London: Macmillan. (Repr. in J. M. Keynes, *Collected writings*, vol. 7, London: Macmillan 1973).
1937. 'The general theory of employment', *Quarterly Journal of Economics* 51: 200–23, repr. in Keynes 1973, vol. 14, pp. 109–23.
1940. *How to pay for the war*. London: Macmillan. (Repr. in J. M. Keynes, *Collected writings*, vol. 9, London: Macmillan 1972, pp. 367–439).
1973. *The General Theory and after*. In *Collected writings*, vols. 13 (*Part I: preparation*) and 14 (*Part II: defence and development*), ed. by D. Moggridge, London: Macmillan.
Keynes, J. N. 1891. *The scope and method of political economy*. London: Macmillan.
Kindleberger, C. P. 1978. *Manias, panics and crashes. A history of financial crisis*. New York: Basic Books.
Knight, F. H. 1921. *Risk, uncertainty and profit*. Boston: Hart, Schaffner & Marx; repr. Boston: Houghton Mifflin.
Kregel, J. A. 1976. 'Economic methodology in the face of uncertainty. The modelling methods of Keynes and the post-Keynesians', *Economic Journal* 86: 209–25.
Krugman, P.R. 1990. *Rethinking international trade*. Cambridge (Mass.): MIT Press.
Kuhn, T. S. 1962. *The structure of scientific revolutions*. Princeton: Princeton University Press; second edn. 1970.
Kula, W. 1958. *Rozwazania o historii*. Warszawa: Państwowe Wydawnictwo Naukowe. Italian transl., *Riflessioni sulla storia*, Venezia: Marsilio 1990. (English transl., *The problems and methods of economic history*, Aldershot: Ashgate 2001).
1970. *Miary i ludzie*. Warszawa: Państwowe Wydawnictwo Naukowe. English transl. *Measures and men*, Princeton: Princeton University Press.
Lafargue, P. 1880. 'Le droit à la paresse', *L'égalité*; repr. Paris: Maspero 1969. English transl., *The right to be lazy*, Chicago: C.H. Kerr 1989.
Lakatos, I. 1978. *The methodology of scientific research programmes. Philosophical papers*. Cambridge: Cambridge University Press.
Lange, O. 1936–37. 'On the economic theory of socialism', *Review of Economic Studies* 4: 53–71 and 123–42.
Leijonhufvud, A. 1968. *On Keynesian economics and the economics of Keynes*. London: Oxford University Press.
Lenin (Vladimir Ilyich Ulianov) 1916. English transl., *Imperialism, the highest stage of capitalism*, London: Junius 1996.
Leontief, W. 1941. *The structure of the American economy, 1919–1939*. New York: Oxford University Press; second edn. 1951.
Levhari, D. 1965. 'A nonsubstitution theorem and switching of techniques', *Quarterly Journal of Economics* 79: 98–105.

Levhari, D. and Samuelson, P. 1966. 'The nonswitching theorem is false', *Quarterly Journal of Economics* 80: 518–19.

List, F. 1841. *Das nationale System der politischen Oekonomie*. Stuttgard: J.G. Cotta. English transl., *The national system of political economy*, ed. by S. S. Lloyd, London: Longmans, Greene and Co. 1909.

Lloyd, W. F. 1837. *Lectures on population, value, poor laws and rent*. London; repr. New York: A.M. Kelley 1968.

Locke, J. 1690. *Two treatises of government*. London: Awnsham and John Churchill; critical edn., ed. by P. Laslett, Cambridge: Cambridge University Press 1960; edn. quoted, London: J.M. Dent (Everyman's Library) 1975.

1692. *Some considerations on the consequences of the lowering of interest, and raising the value of money*. London: A. and J. Churchill; repr. in *Locke on money*, 2 vols., ed. by P.H. Kelly, Oxford: Clarendon Press 1991.

Longfield, M. 1834. *Lectures on political economy*. Dublin: R. Milliken & Son.

1835. *Three lectures on commerce, and one on absenteeism*. Dublin: William Curry, Junior & Co.

Lucas, R.E. 1972. 'Expectations and the neutrality of money', *Journal of Economic Theory* 4: 103–24.

1976. 'Econometric policy evaluation: a critique', in K. Brenner and A. M. Meltzer (ed.), *The Phillips curve and labor markets*, Amsterdam: North Holland, pp. 19–46.

Luxemburg, R. 1913. *Die Akkumulation des Kapitals. Ein Beitrag zur ökonomischen Erklärung des Imperialismus*. Berlin: Paul Singer. Italian transl., *L'accumulazione del capitale*, Torino: Einaudi 1960; repr. 1968. English transl., *The accumulation of capital*, London: Routledge 2003.

Machiavelli, N. [1513] 1960. *Il principe*. Milano: Feltrinelli. English transl., *The prince*, ed. by R. M. Adams, New York: Norton 1992.

Maifreda, G. 2012. *From oikonomia to political economy*. Farnham: Ashgate.

Malinvaud, E. 1977. *The theory of unemployment reconsidered*. Oxford: Basil Blackwell.

Malthus, T. R. 1798. *An essay on the principle of population as it affects the future improvement of society*. London; second edn., 1803; critical edn., ed. by P. James, Cambridge: Cambridge University Press 1989.

Malthus, T. R. 1800. *An investigation of the cause of the present high price of provisions*. London: J. Johnson.

1820. *Principles of political economy*. London: John Murray; second edn., London: William Pickering 1836; repr. New York: Augustus M. Kelley 1964.

Mandeville, B. 1714. *The fable of the bees, or private vices, public benefits*. London: J. Roberts; critical edn., ed. by F. B. Haye, Oxford: Clarendon Press 1924; repr. Indianapolis: Liberty Press 1988.

Mann, T. 1901. *Buddenbrooks. Verfall einer Familie*. München: Fisher.

Marcuse, H. 1956. *One-dimensional man*. Boston: Beacon Press.

Marcuzzo, M. C. 2012. *Fighting market failure*. London: Routledge.

Marris, R. 1964. *The economic theory of 'managerial' capitalism*. London: Macmillan.

Marshall, A. 1872. 'Mr. Jevons's *Theory of political economy*', *Academy*, 1 April; repr. in Marshall 1925, pp. 93–100.

Marshall, A. and M. P. 1879a. *The economics of industry*. London: Macmillan. (Italian transl., *Economia della produzione*, Milano: Isedi 1975).

1879b. *The pure theory of foreign trade. The pure theory of domestic values*. Cambridge: Privately printed.

1890. *Principles of economics*. London: Macmillan; eighth edn., 1920; critical edn., ed. by C. W. Guillebaud, 2 vols., London: Macmillan 1961.

1892. *Elements of economics of industry*. London: Macmillan.

1919. *Industry and trade*. London: Macmillan.

1923. *Money, credit, and commerce*. London: Macmillan; repr., Fairfield: Augustus M. Kelley 1991.

1925. *Memoirs*. ed. by A.C. Pigou, London: Macmillan.

1926. *Official papers*. ed. by J.M. Keynes, London: Macmillan.

1996a. *The correspondence of Alfred Marshall economist*. ed. by J. K. Whitaker, 3 vols., Cambridge: Cambridge University Press.

1996b. *Official papers of Alfred Marshall. A supplement*. ed. by P. Groenewegen, Cambridge: Cambridge University Press.

Marx, K. [1844] 1932. *Ökonomisch-philosophische Manuskripte aus dem Jahre 1844*. In *Karl Marx – Friedrich Engels Historisc-kritische Gesamtausgabe*, ed. by V. Adoratskij, Berlin: Marx-Engels Gesamtausgabe (MEGA). English transl., 'Economic and philosophical manuscripts', in K. Marx, *Early writings*, ed. by T. B. Bottomore, London: C.A. Watts & Co. 1963, pp. 61–219.

1847. *Misère de la philosophie. Réponse à la philosophie de la misère de M. Proudhon*. Paris: A. Frank, and Bruxelles: C. G. Vogler. English transl., *The poverty of philosophy*, Moscow: Foreign Languages Publishing House 1962.

1859. *Zur Kritik der Politischen Ökonomie*. Berlin: Dietz. English transl., *Contributions to the critique of political economy*, London: Lawrence & Wishart 1970; passages quoted from Marx and Engels 1959, pp. 83–7.

[1865] 1898, *Value, price and profit*, ed. by E. Marx Aveling. Chicago: Charles Kerr & Company co-operative.

1867–94. *Das Kapital*. 3 vols., Hamburg: O. Meissner. English transl., *Capital*, London: Dent 1946 (for vols. 1 and 2) and Harmondsworth: Penguin Books 1976, repr. 1986 (for vol. 3).

1905–10. *Theorien über den Mehrwert*. ed. by K. Kautsky, Stuttgart: Dietz. English transl., *Theories of surplus-value*, Moscow: Foreign Languages Publishing House and London: Lawrence and Wishart, Part 1, 1963; Part 2, 1969; Part 3, 1972.

Marx, K. and Engels, F. [1845] 1888. 'Feuerbach', appendix to Engels F., *Ludwig Feuerbach*, Stuttgard: Dietz. English transl., 'Theses on Feuerbach', in Marx and Engels 1959, pp. 283–6.

[1845–46] 1932. *Die Deutsche Ideologie*. Berlin: Marx-Engels Gesamtausgabe (MEGA). English transl., *The German ideology*, London: Lawrence and Wishart 1939; passages quoted from Marx and Engels 1959, pp. 287–302.

1848. *Manifest der Kommunistischen Partei*. London: J.E. Burghard, Bildungs-Gesellschaft für Arbeiter. (Italian transl., *Manifesto del partito comunista*, Torino: Einaudi, fourth edn. 1966.) English transl., 'Manifesto of the Communist Party', in Marx and Engels 1959, pp. 43–82.

1878. 'Kritik des Gothaer Programms', *Die Neue Zeit*, n. 18. English transl., 'Critique of the Gotha programme', in Marx and Engels 1959, pp. 153–73.
Mas-Colell, A., Whinston, M. D. and Green, J. R. 1995. *Microeconomic theory*. New York: Oxford University Press.
McCloskey, D. 1985. *The rhetoric of economics*. Madison: University of Wisconsin Press.
McClure, S. M., Laibson, D. I., Loewenstein, G., Cohen and J. D. 2004. 'Separate neural systems value immediate and delayed monetary rewards', *Science* 306: 503–7.
McCormick, T. 2009. *William Petty*. Oxford: Oxford University Press.
McCulloch, J.R. 1825. *The principles of political economy*. Edinburgh: William and Charles Tait, and London: Longmans and Co..
1845. *The literature of political economy*. London: Longman, Brown, Green and Longmans; repr., Fairfield: Augustus M. Kelley 1991.
Meadows, D. H., Meadows, D. L., Randers, D. L. and Beherens, W. W. III 1972. *The limits to growth*. New York: New American Library.
Menger, C. 1871. *Grundsätze der Volkswirtschaftslehre*. Wien: Braumuller; second edn., ed. by K. Menger, 1923. English transl., *Principles of economics*, New York: New York University Press 1981.
1883. *Untersuchungen über die Methode der Sozialwissenschaften und der politischen Oekonomie insbesondere*. Berlin: Dunker & Humblot. English transl., *Problems of economics and sociology*, Urbana: University of Illinois Press 1963; repr. as *Investigations into the method of the social sciences with special reference to economics*, New York: New York University Press 1985.
Menger, C. 1884. *Die Irrthümer des Historismus in den deutschen Nationalökonomie*. Wien: Hölder; Italian transl., *Gli errori dello storicismo*, Milano: Rusconi 1991.
Mill, J. 1821. *Elements of political economy*. London: Baldwin, Cradock and Joy; repr. in J. Mill, *Selected economic writings*, pp. 203–366.
1843. *A system of logic*. 2 vols., London: John W. Parker.
Mill, J. S. 1844. *Essays on some unsettled questions of political economy*. London: John W. Parker; second edn., 1874; repr. Clifton: Augustus M. Kelley, 1974.
Mill, J. S. 1848. *Principles of political economy*. London: John W. Parker.
1859. *On liberty*. London: J.W. Parker. Repr. Northbrook (Ill.): AHM Publishing Co. 1947.
1861. 'Utilitarianism', *Fraser's Magazine* 64: 383–4; repr. in J. S. Mill and J. Bentham, *Utilitarianism and other essays*, A. Ryan ed., London: Penguin Books 1987, pp. 272–338.
Minsky, H. P. 1982. *Can 'it' happen again? Essays on instability and finance*, Armonk (N.Y.): Sharpe.
1993. 'Schumpeter and finance', in S. Biasco, A. Roncaglia and M. Salvati (eds.), *Market and institutions in economic development*. Houndmills: Macmillan, pp. 103–15.
Mirabeau (Victor Riqueti, marquis de) 1756. *L'ami des hommes*. Avignon: no publisher.
Mirowski, P. 2002. *Machine dreams. Economics becomes a cyborg science*. Cambridge: Cambridge University Press.

2012. *Science-Mart. Privatizing American science.* Cambridge (Mass.): Harvard University Press.

Mises, L. von 1920. 'Die Wirtschaftsrechnung im Sozialistischen Gemeinwesen', *Arkiv für Sozialwissenschaft und Sozialpolitik* 47: 86–121. (English transl. in Hayek (ed.) 1935).

Mishan, E. J. 1967. *The costs of economic growth.* London: Staples Press.

Modigliani, F. 1944. 'Liquidity preference and the theory of interest and money', *Econometrica* 12: 45–88.

1963. 'The monetary mechanism and its interaction with real phenomena', *Review of Economics and Statistics* 45 (Supplement): 79–107.

Modigliani, F. and Miller, M. 1958. 'The cost of capital, corporation finance and the theory of investment', *American Economic Review* 48: 161–97.

Moggridge, D. E. 1992. *Maynard Keynes. An economist's biography.* London: Routledge.

Montchrétien, A. de 1615. *Traité de l'oeconomie politique.* Paris; critical edn., ed. by F. Billacois, Genève: Droz 1999.

More, T. 1516. *Utopia.* Louvain: T. Martens. English transl., *Utopia*, in *The complete works of St. Thomas More*, vol. 4, ed. by E. Surtz and J. H. Hexter, New Haven: Yale University Press 1965; repr. 1979.

Murphy, A. E. 1986. *Richard Cantillon: entrepreneur and economist.* Oxford: Clarendon Press.

Muth, J. F. 1961. 'Rational expectations and the theory of price movements', *Econometrica* 29: 315–35.

Nash, J. F. 1950. 'Equilibrium points in N-person games', *Proceedings of the National Academy of Sciences* (USA) 36: 48–9.

Neisser, H. 1932. 'Lohnhohe und beschäftigungsgrad in Marktgleichgewicht', *Weltwirtschaftliches Archiv* 36: 415–55.

Nelson, R. 1995. 'Recent evolutionary theorizing about economic change', *Journal of Economic Literature* 33: 48–90.

Nelson, R. and Winter, S. 1982. *An evolutionary theory of economic change.* Cambridge (Mass.): Harvard University Press.

Neumann, J. von 1937. 'Über ein ökonomisches Gleichungssystem und eine Verallgemeinerung des Brouwerschen Fixpunktsatzes', in K. Menger (ed.), *Ergebrisse eines mathematischen Kolloquiums, 1935–36*, vol. 8, pp. 73–83, Wien: Deuticke. English transl., 'A model of general economic equilibrium', *Review of Economic Studies* 13 (1945): 1–9.

Neumann, J. von and Morgenstern, O. 1944. *Theory of games and economic behaviour.* Princeton: Princeton University Press; second edn. 1947; third edn. 1953.

Ortes, G. 1790. *Riflessioni sulla popolazione delle nazioni in rapporto all'economia nazionale.* Firenze: no publisher, repr. in P. Custodi (ed.), *Scrittori classici italiani di economia politica*, Parte moderna, vol. 24, Milano: Destefanis 1804, pp. 5–111.

Owen, R. 1813. *A new view of society.* London: Cadell and Davies; repr. in R. Owen, *Report to the county of Lanark. A new view of society.* Harmondsworth: Penguin Books 1970, pp. 85–198.

1820. *Report to the county of Lanark.* Lanark, 1 May; repr. in Owen 1857–58, vol. 2, pp. 261–310; repr. in R. Owen, *Report to the county of Lanark. A new view of society*, pp. 199–270.

1857–58. *The life of Robert Owen, written by himself.* 2 vols., London: Effingham Wilson; repr. Fairfield: Augustus M. Kelley 1977.
Pantaleoni, M. 1889. *Principii di economia pura.* Firenze: G. Barbera; second edn. 1894. English transl., *Pure economics*, London: Macmillan 1898.
1898. 'Dei criteri che devono informare la storia delle dottrine economiche', *Giornale degli economisti*, 4 novembre, repr. in Pantaleoni 1925, pp. 211–45.
Pareto, V. 1896. 'La courbe de la répartition de la richesse', in *Recueil publié par la Faculté de Droit de l'Université de Lausanne à l'occasion de l'Exposition nationale de 1896*, pp. 373–87. Italian transl., *La curva di ripartizione della ricchezza*, in M. Corsi (ed.), *Le diseguaglianze economiche*, Torino: Giappichelli 1995, pp. 51–70.
Pareto, V. 1896–97. *Cours d'économie politique.* 2 vols., Lausanne: F. Rouge.
1901–2. *Les systèmes socialistes.* 2 vols., Paris: Giard et Briére; second edn. 1926.
1906. *Manuale di economia politica.* Milano: Società editrice libraria; repr. Roma: Bizzarri 1965.
1916. *Trattato di sociologia generale.* 2 vols., Firenze: Barbera; repr. Roma: Bizzarri 1964.
Pasinetti, L. 1960. 'A mathematical formulation of the Ricardian system', *Review of Economic Studies* 27: 78–98 (repr. in Pasinetti 1974).
1962. 'Rate of profit and income distribution in relation to the rate of economic growth', *Review of Economic Studies* 29: 267–79 (repr. in Pasinetti 1974).
1965. 'A new theoretical approach to the problems of economic growth', *Academiae Pontificiae Scientiarum Scripta Varia*, n. 28: 571–696.
1966. 'Changes in the rate of profits and switches of techniques', *Quarterly Journal of Economics* 80: 503–17.
1969. 'Switches of technique and the "rate of return" in capital theory', *Economic Journal* 79: 508–31.
1973. 'The notion of vertical integration in economic analysis', *Metroeconomica* 25: 129.
1975. *Lezioni di teoria della produzione.* Bologna: Il Mulino. English transl., *Lectures in the theory of production*, London: Macmillan, 1977.
1981. *Structural change and economic growth.* Cambridge: Cambridge University Press.
Perrotta, C. 2004. *Consumption as an investment: I. On the fear of goods from Hesiod to Adam Smith.* Abingdon: Routledge.
Petty, W. 1662. *A treatise of taxes and contributions.* London: N. Brooke; repr. in Petty 1899, pp. 1–97.
1690. *Political arithmetick.* London: Robert Clavel and Henry Mortlock; repr. in Petty 1899, pp. 233–313.
1691a. *The political anatomy of Ireland.* London: D. Brown and W. Rogers; repr. in Petty 1899, pp. 121–231.
1691b. *Verbum sapienti.* In appendix to W. Petty 1691a; repr. in Petty 1899, pp. 99–120.
1899. *Economic writings.* ed. by C. Hull, 2 vols., Cambridge: Cambridge University Press; repr. New York: Augustus M. Kelley 1963.
1927. *Papers.* 2 vols., ed. by H. Lansdowne, London: Constable.

Phelps, E. S. 1967. 'Phillips curves, expectations of inflation and optimal unemployment over time', *Economica* 34: 254–81.
Phillips, A. W. 1958. 'The relationship between unemployment and the rate of change of money wage rates in the United Kingdom, 1861–1957', *Economica* 25: 283–99.
Pigou, A.C. 1912. *Wealth and welfare*. London: Macmillan; new ed., *The Economics of Welfare*, London: Macmillan 1920.
1922. 'Empty economic boxes: a reply', *Economic Journal* 32: 458–65.
1927. *Industrial fluctuations*. London: Macmillan.
1933. *The theory of unemployment*. London: Macmillan.
1950. *Keynes's General Theory: a retrospective view*. London: Macmillan.
Piore, M. and Sabel, C. 1984. *The second industrial divide*. New York: Basic Books.
Plato 1930. *The republic*. Books 1–5 (vol. 1), with an English transl. by P. Shorey, The Loeb Classic Library, London: Heinemann and Cambridge (Mass.): Harvard University Press.
Poitras, G. 2000. *The early history of financial economics, 1478–1776*. Cheltenham: Edward Elgar.
Popper, K.R. 1934. *Logik der Forschnung*. Wien: Springer. enlarged English edn., *The logic of scientific discovery*, London: Hutchison 1959.
1945. *The open society and its enemies*. 2 vols., London: Routledge and Kegan Paul; fifth edn., 1966.
1969. *Conjectures and refutations*. London: Routledge and Kegan Paul.
Postlethwayt, M. 1751–55. *Universal dictionary of trade and commerce*. London: W. Strahan.
Pownall, T. 1776. *A letter from Governor Pownall to Adam Smith, L.L.D. F.R.S., being an examination of several points of doctrine, laid down in his 'Inquiry in to the nature and causes of the wealth of nations'*. London; repr. New York: Augustus M. Kelley 1967; repr. in Smith 1977, pp. 337–76.
Proudhon, P.-J. 1840. *Qu'est-ce que la propriété?*. Paris: Brocard. English transl., *What is property?* Cambridge: Cambridge University Press 1994.
Quesnay, F. 1758–59. *Tableau économique*. Paris (first edn., 1758; second edn., 1759; third edn., 1759). Repr. with an English transl. in M. Kuczynski and R. L. Meek, *Quesnay's tableau économique*, London: Macmillan and New York: Kelley 1972.
Radcliffe Report 1959. Committee on the working of the monetary system, *Report*, London: HMSO.
Ramsey, F. P. 1931. *The foundations of mathematics*. London: Routledge and Kegan Paul.
Raphael, D. D. 2007. *The impartial spectator. Adam Smith's moral philosophy*. Oxford: Clarendon Press.
Ravix, J. and Romani, P.-M. eds. 1997. *Turgot. Formation et distribution des richesses*. Paris: Flammarion.
Rawls, J. 1971. *A theory of justice*. Cambridge (Mass.): Harvard University Press.
Reinert, S. A. 2011. *Translating empire. Emulation and the origins of political economy*. Cambridge (Mass.): Harvard University Press.
Remak, R. 1929. 'Kann die Volkswirtschaftslehre eine exakte Wissenschaft werden?', *Jahrbucher für Nationalökonomie und Statistik* 131: 703–36.

Ricardo, D. 1951–55. *Works and correspondence*. 10 vols., ed. by P. Sraffa, Cambridge: Cambridge University Press (vol. 11, *Indexes*, 1973).
Rickett, W. A. 1985–98. *Guanzi*. 2 vols., Princeton: Princeton University Press.
Robbins, L. 1928. 'The representative firm', *Economic Journal* 38: 387–404.
1932. *An essay on the nature and significance of economic science*. London: Macmillan.
Robertson, D. 1915. *A study of industrial fluctuations*. London: P.S. King & Son; repr., London School of Economics and Political Science 1948.
1924. 'Those empty boxes', *Economic Journal* 34: 16–30.
1926. *Banking policy and the price level. An essay in the theory of trade cycle*. London: King and Son.
1930. 'The trees of the forest', *Economic Journal* 40: 80–89.
Robinson, J. 1933. *The economics of imperfect competition*. London: Macmillan; second edn. 1969.
1953. 'The production function and the theory of capital', *Review of Economic Studies* 21: 81–106.
1956. *The accumulation of capital*. London: Macmillan; third edn. 1969.
Romer, P. 1986. 'Increasing returns and long-run growth', *Journal of Political Economy* 94: 1002–37.
1990b. 'Is the notion of long-period positions compatible with classical political economy?', *Political Economy* 6: 103–11.
2009a, 'Keynes and probability: an assessment', *European Journal of the History of Economic Thought* 16: 485–510.
Roncaglia, A. 1975. *Sraffa e la teoria dei prezzi*. Roma-Bari: Laterza; second edn., 1981. English transl. *Sraffa and the theory of prices*, Chichester: Wiley 1977.
1977. *Petty: la nascita dell'economia politica*. Milano: Etas Libri. English transl. *Petty. The origins of political economy*, Armonk: Sharpe 1985.
1990a. 'Le scuole sraffiane', in Becattini (ed.), *Il pensiero economico: temi, problemi e scuole*. Torino: Utet, pp. 233–74. English transl., 'The Sraffian schools', *Review of Political Economy* 1991, 3: 187–219.
1990b. 'Is the notion of long-period positions compatible with classical political economy?', *Political Economy* 6: 103–11.
2005a. *The wealth of ideas*. Cambridge: Cambridge University Press.
2005b. *Il mito della mano invisibile*. Roma-Bari: Laterza.
2009a, 'Keynes and probability: an assessment', *European Journal of the History of Economic Thought* 16: 485–510.
2009b, *Piero Sraffa*. Houndmills: Palgrave Macmillan.
2015. 'Institutions, resources and the common weal', in M. Baranzini, C. Rotondi and R. Scazzieri eds. *Resources, production and structural dynamics*. Cambridge: Cambridge University Press, pp. 259–78.
Roncaglia, A. and Tonveronachi, M. 2015. 'Post-Keynesian, post-Sraffian economics: an outline', in D. Papadimitriou (ed.), *Contributions to economic theory, policy, development and finance. Essays in honor of Jan A. Kregel*. Houndmills: Palgrave Macmillan, pp. 40–64.
Rosenberg, N. and Birdzell, L.E. 1986. *How the West grew rich*. New York: Basic Books.
Rossi, E. 1946. *Abolire la miseria*. La fiaccola; repr. ed. by P. Sylos Labini, Roma-Bari: Laterza 1977.

Rostow, W. W. 1960. *The stages of economic growth*. Cambridge: Cambridge University Press.

Russell, B. and Whitehead, A. N. 1910–13. *Principia mathematica*. 3 vols., Cambridge: Cambridge University Press.

Samuelson, P.A. 1947. *Foundations of economic analysis*. Cambridge (Mass.): Harvard University Press.

1948. *Economics*. New York: Mc Graw Hill.

1962. 'Parable and realism in capital theory: the surrogate production function', *Review of Economic Studies* 29: 193–206.

1966. 'A summing up', *Quarterly Journal of Economics* 80: 568–83.

Savage, L. J. 1954. *The foundation of statistics*. New York: Wiley.

Savary, J. 1675. *Le parfait negociant*. Paris: Louis Billaine; repr., Düsseldorf: Verlag Wirtschaft und Finanzen 1993.

Say, J. B. 1803. *Traité d'économie politique*. Paris: Detervilie. English transl., *A treatise on political economy*, New Brunswick and London: Transaction Publishers 2000.

Schabas, M. 1990. *A world ruled by numbers*. Princeton: Princeton University Press.

Schumpeter, J. 1908. *Das Wesen und der Hauptinhalt der theoretischen Nationalökonomie*. München-Leipzig: Duncker & Humblot. Italian transl., *L'essenza e i principi dell'economia teorica*, Roma-Bari: Laterza 1982.

1912. *Theorie der wirtschaftlichen Entwicklung*. München-Leipzig: Duncker & Humblot; second edn. 1926; third edn. 1931; fourth edn. 1935. English edn. *The theory of economic development*. Cambridge (Mass.): Harvard University Press 1934; repr. New York: Oxford University Press 1961.

1914. 'Epochen der Dogmen- und Methodengeschichte', in *Grundriss der Sozialökonomie*, Tübingen: Mohr, first part, pp. 19–124. English transl., *Economic doctrine and method: an historical sketch*. London: Allen & Unwin and New York: Oxford University Press.

1928. 'The instability of capitalism', *Economic Journal* 38: 361–86.

1939. *Business cycles. A theoretical, historical and statistical analysis of the capitalist process*. 2 vols., New York and London: McGraw Hill; repr., Philadelphia: Porcupine Press 1982. (Partial repr. ed. by R. Fels, New York and London: McGraw Hill 1964.)

1942. *Capitalism, socialism and democracy*. New York: Harpers & Bro.; second edn. 1947; third edn. 1950; fourth edn. 1954; fifth edn. 1976; repr. London: Routledge 1994.

1946. 'L'avenir de l'entreprise privée devant les tendences socialistes modernes', in *Comment sauvegarder l'entreprise privée*, Editions Association Professionelle des Industriels, Canada, pp. 103–08.

1954. *History of economic analysis*. ed. by E. Boody Schumpeter, New York: Oxford University Press.

1970. *Das Wesen Des Geldes*, ed. by F.K. Mann. Göttingen: Vanderlök & Ruprecht; English transl., *Treatise on money*. Aalten: Wordbridge, 2014.

Sen, A. 1984. *Resources, values and development*. Oxford: Basil Blackwell.

1991. *Money and value: on the etics and economics of finance*. Roma: Edizioni dell'Elefante.

2009. *The idea of justice*. London: Allen Lane.
Senior, W. N. 1827. *An introductory lecture on political economy*. London: J. Mawman.
1836. *An outline of the science of political economy*. London: W. Cloves and Sons.
1837. *Letters on the Factory Act*. London: B. Fellowes.
Serra, A. 1613. *Breve trattato delle cause che possono far abbondare li regni d'oro, e argento, dove non sono miniere. Con applicatione al Regno di Napoli*. Napoli: L. Scorriggio; repr., Düsseldorf: Verlag Wirtschaft und Finanzen GmbH 1994. English transl., ed. by S. Reinert. *A short treatise on the wealth and poverty of nations*. London: Anthem Press, 2011.
Shove, G. F. 1928. 'Varying costs and marginal net products', *Economic Journal* 38: 258–66.
Simon, H. A. 1957. *Models of man*. New York: Wiley.
1979. *Models of thought*. New Haven: Yale University Press.
Sims, C. A. 1980. 'Macroeconomics and reality', *Econometrica* 48: 1–48.
1982. 'Policy analysis with econometric models', *Brookings Papers on Economic Activity*, n. 1: 107–64.
Sismondi, S. de 1819. *Nouveaux principes d'économie politique, ou De la richesse dans ses rapports avec la population*. Paris: Delaunay; second edn., Paris: Treuttel et Würst 1827. English transl., *New principles of political economy*. New Brunswick (N.J.): Transaction Publishers 1991.
Skidelsky, R. 1983. *John Maynard Keynes. Hopes betrayed. 1883–1920*. London: Macmillan.
1992. *John Maynard Keynes. The economist as saviour, 1920–1937*. London: Macmillan.
2000. *John Maynard Keynes. Fighting for Britain, 1937–1946*. London: Macmillan.
2010. *Keynes. A very short introduction*. Oxford: Oxford University Press.
Smith, A. 1759. *The theory of moral sentiments*. London: A. Millar; critical edn., ed. by D.D. Raphael and A.L. Macfie, Oxford: Oxford University Press 1976.
1776. *An inquiry into the nature and causes of the wealth of nations*. London: W. Strahan and T. Cadell; critical edn., ed. by R.H. Campbell and A.S. Skinner, Oxford: Oxford University Press 1976.
1795. *Essays on philosophical subjects*. London: T. Cadell and W. Davies; critical edn., ed. by W.P.D. Wightman and J.C. Bryce, Oxford: Oxford University Press 1980.
1977. *Correspondence*. ed. by E. C. Mossner and I. S. Ross, Oxford: Oxford University Press.
1978. *Lectures on jurisprudence*. ed. by R. L. Meek, D. D. Raphael and P. G. Stein, Oxford: Oxford University Press.
1983. *Lectures on rhetoric and belles lettres*. Ed. by J. C. Bryce, Oxford: Oxford University Press.
Solow, R.M. 1956. 'A contribution to the theory of economic growth', *Quarterly Journal of Economics* 79: 65–94.
1957. 'Technical change and the aggregate production function', *Review of Economics and Statistics* 39: 312–20.
1963. *Capital theory and the rate of return*. Amsterdam: North Holland.

1967. 'The interest rate and transition between techniques', in C.H. Feinstein (ed.), *Socialism, capitalism and economic growth. Essays presented to Maurice Dobb*, Cambridge: Cambridge University Press, pp. 30–9.

Spaventa, L. 1968. 'Realism without parables in capital theory', in *Récherches récentes sur la fonction de production*, Centre d'études et de récherches universitaire de Namur, p. 15–45.

Spence, W. 1807. *Britain independent of commerce*. London: T. Cadell and W. Davies.

Sraffa, P. 1920. *L'inflazione monetaria in Italia durante e dopo la guerra*. Milano: Scuola tipografica salesiana. English transl., 'Monetary inflation in Italy during and after the war', *Cambridge Journal of Economics* 1993, 17: 7–26.

1922a. 'The bank crisis in Italy', *Economic Journal* 32: 178–97.

1922b. 'Italian banking today', *Manchester Guardian Commercial. The reconstrucion of Europe*, 7 December, n. 11: 675–76.

1925. 'Sulle relazioni fra costo e quantità prodotta', *Annali di economia* 2: 277–328. English transl., 'On the relations between cost and quantity produced', *Italian Economic Papers*, 1998, 3: 323–63.

1926. 'The laws of returns under competitive conditions', *Economic Journal* 36: 535–50.

1930. 'A criticism' and 'A Rejoinder', in 'Symposium on increasing returns and the representative firm', *Economic Journal* 40: 89–93.

1932. 'Dr. Hayek on money and capital' and 'A rejoinder', *Economic Journal* 42: 42–53, 249–51.

1951. 'Introduction', in Ricardo D., 1951–55, vol. I, pp. xiii–lxii.

1960. *Production of commodities by means of commodities*. Cambridge: Cambridge University Press.

1962. 'Production of commodities: a comment', *Economic Journal* 72: 477–79.

Stackelberg, H. von 1933. 'Zwei kritische Bemerkungen zur Preistheorie Gustav Cassel', *Zeitschrift für Nationalökonomie* 4.

Steindl, J. 1945. *Small and big business. Economic problems of the size of firms*. Oxford: Basil Blackwell; new Italian edn., *Piccola e grande impresa. Problemi economici della dimensione dell'impresa*, Milano: Franco Angeli 1991.

1952. *Maturity and stagnation in American capitalism*. Oxford: Basil Blackwell; repr. New York: Monthly Review Press 1976.

1990. *Economic papers, 1941–88*. London: Macmillan.

Steuart, J. 1767. *An inquiry into the principles of political oeconomy*. 2 vols., London: A. Millar and T. Cadell; critical edn., ed. by A. S. Skinner, Edinburgh and London: Oliver and Boyd 1966.

Stewart, D. 1794. 'Account of the life and writings of Adam Smith LL. D.', *Transactions of the Royal Society of Edinburgh* 3: 55–137; repr. in Smith 1795 (1980), pp. 269–332.

Sweezy, P. 1942. *The theory of capitalist development*. NewYork: Monthly Review Press; repr. 1968.

Sylos Labini, P. 1954. 'Il problema dello sviluppo economico in Marx ed in Schumpeter', in G.U. Papi (ed.), *Teoria dello sviluppo economico*, Milano: Giuffrè. English transl., 'The problem of economic growth in Marx and Schumpeter', in Sylos Labini 1984, pp. 37–78.

1956. *Oligopolio e progresso tecnico*. Milano: Giuffrè; fourth edn. Torino: Einaudi 1967. English transl., *Oligopoly and technical progress*, Cambridge (Mass.): Harvard University Press 1962; second edn., 1969.
1972. *Sindacati, inflazione e produttività*. Roma-Bari: Laterza. English transl., *Trade unions, inflation and productivity*, Westmead: Saxon House 1974.
1974. *Saggio sulle classi sociali*. Roma-Bari: Laterza.
1976. 'Competition: the product markets', in Wilson and Skinner (eds.), pp. 200–32.
1984. *The forces of economic growth and decline*. Cambridge (Mass.): MIT Press.
2000. *Sottosviluppo. Una strategia di riforme*. Roma-Bari: Laterza. English transl., *Underdevelopment. A strategy for reform*, Cambridge: Cambridge University Press 2001.
Tagliacozzo, G. (ed.) 1937. *Economisti napoletani dei sec. XVII e XVIII*. Bologna: Cappelli.
Tarshis, L. 1939. 'Changes in real and money wages', *Economic Journal* 49: 150–4.
Thomas Aquinas 1265–73. *Summa theologiae*. repr. in 5 vols., Roma 1962.
Thompson, W. 1824. *An inquiry into the principles of the distribution of wealth most conducive to human happiness*. London: Longman, Hurst, Rees, Orme, Brown and Green-Wheatley and Adlard.
Thornton, H. 1802. *Enquiry into the nature and effects of the paper credit of Great Britain*. London: Hatchard; repr. ed. by F. Hayek, London School of Economics, 1939.
Thünen, J. H. von 1826–50. *Der isolierte Staat in Beziehung auf Landwirtschaft und Nationalökonomie*. Part one, Hamburg: Perthes 1826; Part two, Rostock: Leopold 1850; Part three, Rostock: Leopold 1850 and 1863. English transl. of Part one, *Isolated state*, ed. by P. Hall, Oxford: Pergamon Press 1966.
Tirole, J. 1988. *The theory of industrial organization*. Cambridge (Mass.): MIT Press.
Tonveronachi, M. 1983. *J. M. Keynes. Dall'instabilità ciclica all'equilibrio di sottoccupazione*. Roma: NIS.
Tooke, T. 1838–57. *History of prices, 1793–1856*. 6 vols., London: Longman, Orme, Brown, Green & Longmans.
Tooke, T. 1844. *An inquiry into the currency principle*. London: Longman, Brown, Green & Longmans; repr., Series of reprints of scarce works in political economy, n. 15, London School of Economics and Political Sciences 1959.
Torrens, R. 1808. *The economists refuted*. Dublin: LaGrange and London: S.A. Oddy.
1815. *An essay on the external corn trade*. London: J. Hatchard.
1817. 'A paper on the means of reducing the poors rates and of affording effectual and permanent relief to the labouring classes', *The Pamphleteer* n. 20: 509–28.
1818. 'Strictures on Mr. Ricardo's doctrine respecting exchangeable value', *Edinburgh Magazine*, Oct., pp. 335–38.
1821. *An essays on the production of wealth*. London: Longman, Rees, Orme, Brown, & Longmans.
1835. *Colonization of South Australia*. London: Longman, Rees, Orme, Brown & Green.
Tugan-Baranovsky, M. J. 1905. *Theoretische Grundlagen des Marxismus*. Leipzig: Dunker & Humblot.

Turgot, A.-R.-J. [1759]. 'Éloge de Vincent de Gournai', *Mercure de France*; repr. in Ravix and Romani 1997, pp. 123–53.

[1766]. *Réflexions sur la formation et la distribution des richesses.* Publ. in 1769–70 in *Ephémérides du citoyen* with changes introduced by DuPont de Nemours; original text in Schelle, 1913–23, vol. 2, pp. 533–601; repr. in Ravix and Romani 1997, pp. 157–226.

Veblen, T. 1899. *The theory of the leisure class.* New York: Macmillan.

1904. *The theory of business enterprise.* New York: Charles Scribener's Sons.

Verdoorn, P. 1949. 'Fattori che regolano lo sviluppo della produttività del lavoro', *L'industria* 1: 3–10.

Viner, J. 1931. 'Cost curves and supply curves', *Zeitschrift für Nationalökonomie* 3: 23–46.

1937. *Studies in the theory of international trade.* New York: Harper.

1991. *Essays on the intellectual history of economics.* ed. by D.A. Irwin, Princeton: Princeton University Press.

Vromen, J. J. 2007. 'Neuroeconomics as a natural extension of bioeconomics: the shifting scope of standard economic theory', *Journal of Bioeconomics* 9: 145–67.

Wakefield, E. G. 1829. *A letter from Sydney, the principal town of Australasia.* London: Joseph Cross.

1833. *England and America.* 2 vols., London: R. Bentley.

Wald, A. 1936. 'Über einige Gleichungssysteme der Mathematischen Ökonomie', *Zeitschrift für Nationalökonomie* 7: 637–70. English transl., 'On some systems of equations of mathematical economics', *Econometrica* 19 (1951): 368–403.

Walras, L. 1867. 'La Bourse et le crédit', in *Paris guide, par les principaux écrivains et artistes de la France, deuxième partie*, Paris: Librairie Internationale, pp. 1731–51; repr. in Auguste et Leon Walras, *Oeuvres économiques complètes, vol. 7, Mélanges d'économie politique et sociale*, Paris: Economica 1987, pp. 180–200.

1874. *Eléments d'économie politique pure.* Lausanne: Corbaz; second part, 1877; second edn. 1889, third edn. 1896, fourth edn. 1900, 'definitive' edn. 1926. English transl. of the 1926 edn., ed. by W. Jaffé, *Elements of pure economics*, London: Irwin Inc. 1954; repr. London: Allen & Unwin 1965.

1880. 'La Bourse, la spéculation et l'agiotage', *Bibliothèque Universelle et Revue Suisse* n. 5 (March): 452–76 and n. 6 (April): 66–94.

1896. *Études d'économie sociale. Théorie de la répartition de la richesse sociale.* Lausanne: Corbaz; repr. Paris: Economica 1990.

1898. *Études d'économie politique appliquée. Théorie de la production de la richesse sociale.* ed. definitive ed. by G. Leduc, Lausanne: P. Rouge and Paris: F. Pichon 1936; repr. Paris: Economica 1992.

Weber, M. 1904–5. 'Die protestantische Ethik und der Geist des Kapitalismus', *Archiv für Sozialwissenschaft und Sozialpolitik* 20–21; second edn. in *Gesammelte Aufsätze zur Religionssoziologie*, Tübingen: Mohr 1922. English transl., *The protestant ethic and the spirit of capitalism*, London: Allen & Unwin 1930.

1922. *Wirtschaft und Gesellschaft.* 2 vols., Tübingen: Mohr. English transl., *Economy and society*, New York: Bedminster Press 1968.

Whately, R. 1831. *Introductory lectures on political economy.* London: B. Fellowes; second edn. 1832.

Wicksell, K. 1893. *Über Wert, Kapital, und Rente*. Jena: G. Fischer. English transl., *Value, capital and rent*, London: Allen & Unwin 1954.

1898. *Geldzins und Güterpreise bestimmenden Ursachen*. Jena: G. Fischer. English transl., *Interest and prices*, London: Macmillan.

1900. 'Om gränsproduktivitaten såsom grundval för den nationalekonomiska fördelningen', *Ekonomisk Tidskrift* 2: 305–37. English transl., 'Marginal productivity as the basis for distribution in economics', in K. Wicksell, *Selected papers on economic theory*, London: Allen & Unwin 1958, pp. 93–121.

1901–6. *Forelasningar i nationalekonomi*. 2 vols., Stockholm-Lund: Fritzes-Berlingska. English transl., *Lectures on political economy*, 2 vols., London: Routledge and Kegan Paul 1934–35.

Wicksteed, P. H. 1894. *An essay on the co-ordination of the laws of distribution*. London: Macmillan; repr. ed. by I. Steedman, Aldershot: Edward Elgar 1992.

1910. *The common sense of political economy*. London: Macmillan; repr. ed. by L. Robbins, 2 vols., London: Routledge 1933.

Wilson, T. 1572. *A discourse uppon usurye*. Londini: Rychardi Tottelli; repr. ed. by R. H. Tawney, London: Bell 1926; repr. London: Frank Cass 1963.

Wittgenstein, L. 1921. 'Logisch-philosophische Abhandlung', *Annalen der Naturphilosophie*, 14: 185–262. English edn. with revisions and the German text, *Tractatus logico-philosophicus*. London: Kegan Paul 1922.

1953. *Philosophische Untersuchungen*. (with English transl., *Philosophical investigations*). ed. by G. E. M. Anscombe and R. Rhees, Oxford: Blackwell; repr. 1972.

Wood, A. 1975. *A theory of profits*. Cambridge: Cambridge University Press.

Xenophon 1923. *Memorabilia and Oeconomicus*. ed. E. Capps, T.E. Page and W.H.D. Rouse, Loeb Classic Library, London: Heinemann and New York: Putnam's Sons.

Young, A. 1928. 'Increasing returns and economic progress', *Economic Journal* 38: 527–42.

Zeuthen, F. 1933. 'Das Prinzip der Knappheit, technische Kombination und ökonomische Qualität', *Zeitschrift für Nationalökonomie* 4: 1–24.

人名译名对照表

Abélard, P　皮埃尔·阿伯拉尔
Accmoglu, G　阿西莫格鲁
Aglietta, M　米歇尔·阿格列塔
Akerlof, G　乔治·阿克劳夫
Albert the Great　圣大亚尔伯
Allais, M　莫里斯·阿莱
Ambrose, St, Bishop of Milan　安布罗斯
Andrews, P　菲利普·安德鲁斯
Aristarchus of Samos　萨摩斯人阿里斯塔克斯
Aristotle　亚里士多德
Arrow, K. J　阿罗
Arthur, B　布莱恩·阿瑟
Aspromourgos, T　阿斯勃姆伍格斯
Augustine, St, Bishop of Hippo　奥古斯丁
Axelrod, R　艾克斯罗德

Babbage, C　查尔斯·巴贝奇
Bacon, F　弗朗西斯·培根
Bailey, S　塞缪尔·贝利
Bain, J. S　贝恩
Bakunin, M　米哈伊尔·巴枯宁
Baran, P　保罗·巴兰
Barone, E　恩里科·巴罗内
Barro, R. J　巴罗
Barton, J　约翰·巴顿
Bauer, O　奥托·鲍威尔
Baumol, W. J.　鲍莫尔
Beccaria, C　切萨雷·贝卡利亚
Bell. V　凡妮莎·贝尔
Bellarmino, R., Cardinal　枢机主教贝拉明
Benedict XIV(Prospero Lambertini)　教皇本尼狄克十四世
Benini, R　鲁道夫·贝尼尼
Bentham, J　杰里米·边沁
Berg, M　伯格
Berle, A　阿道夫·伯利
Bernardine from Siena, St.　来自锡耶纳的圣贝尔纳
Bernstein, E.　爱德华·伯恩斯坦
Birdzell, L. E.　伯兹尔
Bismarck, O. von　俾斯麦
Boethius　波爱修斯
Böhm-Boettke, E. von　庞巴维克
Boisguilbert, P. le Pesant de　皮埃尔·勒·庞逊·德·布阿尔吉贝尔
Bortkiewicz, L. von　拉迪斯劳斯·鲍特凯维茨
Botero, G.　乔万尼·博泰罗
Box, G. E. P　波克斯
Boyer, R　罗伯特·博耶
Bray, J.　约翰·布雷
Brouwer, L. E.　布劳威尔
Brown, F.　佛罗伦斯·布朗
Brundtland, G. H.　布朗德兰德
Bryce, J. C.　J. C. 布赖斯
Buccleuch, H. S., Duke of　巴克勒公爵
Buchanan, J. M.　詹姆斯·布坎南
Bucharin, N.　尼古拉·布哈林

Caldwell, B. J.　布鲁斯·考德威尔
Calvin, J.　凯文
Campanella, T.　托马索·康帕内拉
Campbell, R. H.　R. H. 坎贝尔
Cantillon, R.　理查德·坎蒂隆
Carlyle, T.　托马斯·卡莱尔
Chamberlin. E.　爱德华·张伯伦
Child, J.　约西亚·查尔德
Churchill, W.　温斯顿·丘吉尔
Clapham, J. H.　约翰·哈罗德·克拉潘

Clark, J. B. 克拉克
Clower, R. 罗伯特·克劳尔
Coase, R. H. 科斯
Cobden, R. 科布登
Colbert, J. -B. 科尔贝尔
Colquhoun, P. 帕特里克·科洪
Commons, J. 约翰·康芒斯
Comte, A. 奥古斯特·孔德
Condillac, E. B. 孔狄亚克
Condorcet, M. J. A. Carritat, marquis of 孔多塞侯爵
Copernicus, N. 哥白尼
Croce, B. 克罗齐
Cromwell, O. 克伦威尔
Custodi, P. 库斯托迪

D'Alembert, J. 达朗贝尔
Darwin, C. 查尔斯·达尔文
Davenant, C. 查尔斯·达文奈特
David, P. 大卫
Davidson, P. 戴维森
Debreu, G. 德布鲁
De Finetti, B. 德福内梯
Defoe 丹尼尔·笛福
De Quincey 托马斯·德·昆西
Descartes 笛卡尔
De Viti de Marco, A. 安东尼奥·德维蒂·德马尔科
Diderot 狄德罗
Diodorus Siculus 狄奥得罗斯·西丘勒斯
Dobb, M. 多布
Dosi, G. 多西
Douglas, P. 保罗·道格拉斯
Dunlop, J. T. 邓洛普
Dupuit, A. 杜标特

Edgeworth, F. Y. 埃奇沃思
Edwards, W. 沃德·爱德华兹
Eichner, A. 阿尔弗雷德·埃克纳
Einaudi, L. 路易吉·伊诺第
Einstein, A. 阿尔伯特·爱因斯坦
Ellsberg, D. 丹尼尔·埃尔斯伯格
Ely, R. 理查德·伊利
Engel, E. 恩斯特·恩格尔
Engels, F. 弗里德里希·恩格斯

Fama, E. 法马
Ferguson, A. 弗格森
Feuerbach, L. 路德维希·费尔巴哈
Feyerabend, P. 费耶阿本德
Fisher, I. 欧文·费雪
Flux, A. W. 弗拉克斯
Francis of Assisi, St. 圣弗朗西斯
Franklin, B. 本杰明·富兰克林
Friedman, M. 米尔顿·弗里德曼
Frisch, R. 拉格纳·弗里希
Fuà, G. 弗阿

Galbraith, K. 约翰·肯尼斯·加尔布雷思
Galiani, F. 费迪南多·加利亚尼
Galileo, G. 伽利略
Gardlund, T. 杰朗德
Garegnani, P. 加列格纳尼
Gauss, C. F. 卡尔·弗里德里希·高斯
Genovesi, A. 安东尼奥·杰诺韦西
Gobetti, P. 皮埃罗·戈贝蒂
Godfrey-Smith, P. 戈弗雷-史密斯
Godley, W. 戈德利
Godwin, W. 威廉·戈德温
Goodwin, R. 古德温
Gossen, H. H. 赫尔曼·海因里希·戈森
Gournay, V. de 文森特·德·古尔奈
Gramsci, A. 安东尼奥·葛兰西
Gray, J. 约翰·格雷
Graziani, A. 格拉齐亚尼
Gresham, T. 托马斯·格雷欣
Grossman, H. I. 格罗斯曼

Haavelmo, T. 特里夫·哈维尔莫
Hales, J. 约翰·海尔斯
Hall, P. 豪尔
Hammurabi 汉谟拉比
Hansen, A. 阿尔文·汉森
Haq, M. ul 马布·乌尔·哈克
Harcourt, G. C. 哈考特
Harrod, R. 哈罗德

Harvey, w.　威廉·哈维
Hawtrey, R. G.　拉尔夫·乔治·霍特里
Hayek, F. von　哈耶克
Héloïse　爱洛伊丝
Henrich, J.　亨利希
Heukelom, F.　赫克洛姆
Hicks, J.　希克斯
Hilbert, D.　戴维·希尔伯特
Hildebrand, B.　布鲁诺·希尔德布兰德
Hilferding, R　鲁道夫·希法亭
Hirsch, F　希尔斯
Hirschman, A. O.　赫希曼
Hobbes, T.　霍布斯
Hobson, J.　约翰·霍布森
Hodgskin, T.　托马斯·霍吉斯金
Hodgson, G. M.　霍奇森
Huberman, L.　利奥·胡贝尔曼
Hume, D.　大卫·休谟
Huntington, S. P.　亨廷顿
Hutcheson, F.　弗朗西斯·哈奇森

Jaffé, W.　杰富
Jenkins, J. M.　詹金斯
Jerome, St.　哲罗姆
Jevons , W. S.　威廉·斯坦利·杰文斯
John Chrysostom　约翰·克里索斯托

Kahn, R.　理查德·卡恩
Kahnemann, D.　丹尼尔·卡尼曼
Kaldor, N.　尼古拉斯·卡尔多
Kalecki, M.　米哈尔·卡莱斯基
Kant, I.　康德
Kautilya　考底里耶
Kautsky, K.　卡尔·考茨基
Keynes, J. M.　约翰·梅纳德·凯恩斯
Keynes, J. N.　约翰·内维尔·凯恩斯
Kindleberger, C. P.　金德尔伯格
King, G.　格列高列·金
Klein, L.　劳伦斯·克莱因
Knies, K.　卡尔·克尼斯
Knight, F. H.　奈特
Koopmans, T.　加林·库普曼斯
Kranton, R.　克拉顿
Kregel, J. A.　简·克里格尔
Krugman, P. R.　克鲁格曼
Kuhn, T. S.　库恩
Kula, W　库拉
Kuznetz, S　西蒙·库兹涅茨

Lactantius　拉克坦提乌斯
Lafargue, P.　保罗·拉法格
Lakatos, I.　拉卡托斯
Lamarck, J. -B. de　拉马克
Lange, O.　奥斯卡·兰格
Lassalle, F.　费迪南德·拉萨尔
Lauerdale (James Maitland, count of)　劳德戴尔
Lavoie, M.　拉沃伊
Lavoisier, A, -L.　拉瓦锡
Law, J.　约翰·罗
Leijonhufvud, A.　艾克塞尔·莱荣霍夫德
Lenin (Vladimir Il'ic Ul'janov)　列宁
Leo XIII (Vincenzo Gioacchino Pecci), Pope　教皇利奥十三世
Leontief, W.　瓦西里·列昂惕夫
Levhari, D.　勒哈里
Lindhal, E.　埃里克·林达尔
List, F.　弗里德里希·李斯特
Lloyd, W. F.　威廉·福斯特·劳埃德
Locke, J.　约翰·洛克
Longfield, M.　朗菲尔德
Lopokova, L.　莉迪亚·洛波科娃
Lorenz, K.　康拉德·洛伦兹
Louis XV, King of France　法国国王路易十五
Lucas, R. E.　罗伯特·卢卡斯
Luxemburg, R.　罗莎·卢森堡

Macfie, A. L.　A. L. 麦克菲
Machiavelli, N.　马基雅维利
Maifreda, G　梅弗雷达
Malinvaud, E.　马兰沃
Malthus, T.　马尔萨斯
Mandeville, B. de　曼德维尔
Mann, T.　托马斯·曼
Marcuse, H.　马尔库塞
Marcuzzo, C.　马尔库佐
Markowitz, H.　哈利·马科维茨

Marris, R. 罗宾·马里斯
Marshak, J. 雅各布·马沙克
Marshall, A. 阿尔弗雷德·马歇尔
Marshall, M. P. 马歇尔
Marx, K. 卡尔·马克思
Mas-Colell, A. 玛斯克莱
McCloskey, D. 麦克洛斯基
McClure, S. M. 麦克卢尔
McCormick, T. 麦考密克
McCulloch, J. R. 麦克库洛赫
Meade, J. E. 詹姆斯·米德
Meadows, D. H. 梅多斯
Means, G. 加德纳·米恩斯
Meek, R. L. R. L. 米克
Menger, C. 门格尔
Menger, K 小门格尔
Merton, R. 罗伯特默·顿
Mill, J. 詹姆斯 ·穆勒
Mill, J. S. 约翰·斯图亚特·穆勒
Miller, M. 默顿·米勒
Minsky, H. P. 海曼·明斯基
Mirabeau (Victor Riqueti, marquis of) 米拉波侯爵
Mirowski, P. 米卢斯基
Mises, L. von 路德维希·冯·米塞斯
Mishan, E. J. 米山
Modigliani, F 莫迪利亚尼
Montchrétien, A. de 安托万·德·蒙克莱田
Montesano, A. 奥尔多·蒙特萨诺
Moore, G. E. 乔治·爱德华·摩尔
Moore, H. 亨利·摩尔
Morgenstern, O. 奥斯卡·摩根斯坦恩
More, T 托马斯·莫尔
Mossner, E. C. E. C. 莫斯纳
Mun, T. 托马斯·孟
Murphy, A. E. 墨菲
Muth, J. F. 穆斯
Myrdal, G 纲纳·缪达尔

Nash, J. F. 纳什
Necker, J. 雅克·内克尔
Neisser, H. 汉斯·内舍
Nelson, R. 理查德·纳尔逊
Neumann, J. von 冯·诺依曼
Newton, I. 牛顿
North, D. 达德利·诺斯
North, D. C. 道格拉斯·诺斯

Ohlin, B. 贝蒂·俄林
Olstrom, E. 埃莉诺·奥斯特罗姆
Ortes, G. 吉昂马利亚·奥特斯
Overstone (S. Jones Lloyd), Lord 奥弗斯东勋爵
Owen, R. 罗伯特·欧文

Pacioli, L. 卢卡·帕乔利
Paley, M. 玛丽·佩利
Pantaleoni, M. 马费奥·潘塔莱奥尼
Pareto, V. 维弗雷多·帕累托
Pasinetti, L. 帕西内蒂
Patinkin, D. 唐·帕廷金
Paul (Saul of Tarsus), St. 保罗
Perrotta, C. 佩罗塔
Peter of Johann Olivi 彼得·约翰·奥利维
Petty, W. 威廉·配第
Phelps, E. S. 费尔普斯
Phillips, A. W. 菲利普斯
Pigou, A. C. 庇古
Piore, M. 彼瑞
Pius XI (Achille Ratti), Pope 罗马天主教教皇庇护十一世
Plato 柏拉图
Poitras, G. 波伊特拉斯
Pompadour, Madame de 蓬巴杜夫人
Popper, K. R. 卡尔·波普
Postlethwayt, M 波斯特尔思韦特
Pownall, T. 托马斯·波纳尔
Preobrazenskij, E. 叶甫盖尼·普列奥布拉任斯基
Proudhon, P. -J. 皮埃尔-约瑟夫·蒲鲁东
Ptolemy 托勒密
Pufendorf, S. 塞缪尔·普芬道夫

Quesnay, F. 弗朗斯瓦·魁奈
Quetelet, A. 阿道夫·凯特勒

Ramsey, F. P. 拉姆齐
Raphael, D. D. D. D. 拉斐尔

Rawls, J. 罗尔斯
Reinert, S. A. 赖纳特
Remak, R. 雷马克
Renner, K. 卡尔·伦纳
Ricardo, D. 大卫·李嘉图
Rickett, W. A. 里基特
Robbins, L. 莱昂尼尔·罗宾斯
Robertson, D. 丹尼斯·罗伯逊
Robinson, A. 奥斯汀·罗宾逊
Robinson, J. 琼·罗宾逊
Robinson, J. A. 罗宾逊
Rodbertus, J. K. 洛贝尔图斯
Roomer, P. 罗默
Roosevelt, F. D. 罗斯福
Roscelin (Roscellinus) of Compiègne 贡比涅的罗色林
Roscher, W. 威廉·罗雪尔
Rosenberg, N. 罗森伯格
Ross, I. S. I. S. 罗斯
Rosselli, N. 内洛·罗塞利
Rossi, E 埃尔斯内托·罗西
Rostow, W. 罗斯托
Rudolph of Austria 鲁道夫
Russell, B. 伯特兰·罗素

Sabel, C. 萨贝尔
Samuelson, P. A. 萨缪尔森
Savage, L. J. 萨维奇
Savary, J. 雅克·萨瓦里
Say, J. B. 让-巴蒂斯特·萨伊
Say, L. 里昂·赛伊
Schabas, M. 沙巴斯
Schmoller, G. von 古斯塔夫·冯·施穆勒
Schrödinger, E. 欧文·薛定谔
Schultz, H. 亨利·舒尔茨
Schumpeter, J. 约瑟夫·熊彼特
Scrope, G. P. 斯克罗普
Sen, A. 森
Senior, W. N. 西尼尔
Serra, A. 安东尼奥·塞拉
Sharpe, W. 威廉·夏普
Shaw, G. B. 乔治·萧伯纳
Shove, G. F. 杰拉尔德·肖夫
Sidgwick, H. 亨利·西奇威克
Simon, H. 赫伯特·西蒙
Sims, C. A. 希姆斯
Sismondi, J. -Ch. -L. Simonde de 西斯蒙第
Skidelsky, R. 斯基德尔斯基
Skinner, A. S. A. S. 斯金纳
Smith, A 亚当·斯密
Smith, V. 弗农·斯密斯
Solow, R. M. 罗伯特·索洛
Soskice, D. 索斯凯斯
Southwell, R. 索思韦尔
Spaventa, L. 斯潘万塔
Spence, W. 威廉·斯宾塞
Spencer, H. 赫伯特·斯宾塞
Sraffa, P. 斯拉法
Stackelberg, H. von 海因里希·冯·斯塔克尔伯格
Stein, P. G. P. G. 斯泰因
Steindl, J. 约瑟夫·斯坦德尔
Steuart, J. 詹姆士·斯图亚特
Stewart, D. 杜格尔·斯图尔特
Stiglitz, J. 约瑟夫·斯蒂格利茨
Stone, R. 理查德·斯通
Strachey, L. 斯特拉奇
Sweezy, P. 斯威齐
Sylos Labini, P. 索罗斯·拉比尼

Tagliacozzo, G. 塔哥里亚所佐
Tarshis, L. 塔西斯
Taylor, F. W. 弗雷德里克·温斯洛·泰勒
Taylor, H. 哈丽特·泰勒
Thomas Aquinas 托马斯·阿奎那
Thompson, W. 威廉·汤普森
Thornton, H. 亨利·桑顿
Thunen, J. H. von 约翰·海因里希·冯·杜能
Tinbergen, J. 简·丁伯根
Tirole, J. 让·梯若尔
Tobin, J. 詹姆斯·托宾
Tonveronachi, M. 马里奥·托维罗纳齐
Tooke, T. 托马斯·图克
Torrens, R. 罗伯特·托伦斯
Trotsky, L. 托洛茨基
Tsuru, S. 都留重人

Tugan-Baranovsky, M. J. 杜岗-巴拉诺夫斯基
Turgot, A. -R. -J. 杜尔哥
Tersky, A. 阿莫斯·特沃斯基

Veblen, T. 凡勃伦
Verdoorn, P. 凡登
Verri, P. 彼得罗·维里
Viner, J. 雅各布·维纳
Voltaire(pseud. of F. -M. Arouet) 伏尔泰
Volterra, V. 维托·沃尔特拉
Vromen, J. J. 弗罗门

Wakefield, E. G. 爱德华·吉本·韦克菲尔德
Wald, A. 亚伯拉罕·沃尔德
Walras, L. 里昂·瓦尔拉斯
Webb, B. 比阿特丽丝·韦伯
Webb, S. 西德尼·韦伯
Weber, M. 马克斯·韦伯
Weintraub, S. 西德尼·温特劳布
West, E. G. 韦斯特
Westphalen, J. von. 燕妮·冯·威斯特法伦
Whately, R. 理查德·惠特利
Whitehead, A. N. 阿尔弗雷德·怀特海
Wicksell, K. 克努特·维克塞尔
Wicksteed, P. H. 菲利普·亨利·威克斯蒂德
Wieser, F. von. 弗里德里希·冯·维塞尔
Wightman, W. P. D. W P. D. 怀特曼
William of Champeaux 香浦的威廉
Williamson, O. 奥利弗·威廉姆森
Winter, S. 西蒂尼·温特
Wittgenstein, L. 路德维希·维特根斯坦
Wood, A. 阿德里安·伍德
Woolf, V. 弗吉尼亚·伍尔夫

Xenophon 色诺芬

Young 杨格

Zeuthen, F 弗里德里希·邹腾